Nombres QUE DEJARON huella

Winston Churchill

John Fitzgerald Kennedy

CLUB INTERNACIONAL DEL LIBRO

Prólogo, diseño y maquetación:
Equipo Editorial CIL

Avda. de Manoteras, 50
28050 Madrid

ISBN: 978-84-407-2897-5 (O.C.)
ISBN: 978-84-407-2898-2
Depósito legal: M-2287-2019

Impreso en España por: Rol-Press, S.L. Barcelona

WINSTON CHURCHILL

PRÓLOGO

Churchill ha sido considerado por muchos el último de los grandes estadistas, por lo que su inclusión en este tomo no puede ser más acertada. Pero además de estadista, el británico fue también militar (oficial del Ejército británico) y escritor (recordemos que ganó el Premio Nobel de Literatura), lo que facilita sobradamente un relato biográfico muy entretenido para el lector por sus múltiples facetas y por la trascendencia del personaje.

Winston Churchill es considerado uno de los grandes líderes europeos del siglo XX y su osadía al enfrentarse a Hitler, le hizo tener un papel clave en el desarrollo de la II Guerra Mundial que ha sido reconocido internacionalmente. El sustituto de Chamberlain al frente del gobierno británico, se opuso a la sociedad mayoritariamente pacifista de los años treinta, al insistir en la necesidad de rearmarse frente a la amenaza hitleriana. La historia le dio la razón, aunque antes también había tenido su contrapunto, como el desastre de Galípoli o Dardanelos, donde murieron 45.000 soldados bajo su responsabilidad.

El carismático líder hizo política durante la guerra en los despachos y también procuraba mantener el ánimo en la ciudadanía. Célebre es su primer discurso en el Parlamento como Primer Ministro en el que afirmó con rotundidad: «No tengo nada más que ofrecer a los ingleses que sangre, esfuerzo, lágrimas y sudor». Esta famosa frase –cuyo autoría corresponde en realidad al poeta John Donne– sirvió para azuzar a las tropas. Y es que él había sido y era militar, por lo que comprendía muy bien lo que era estar en el campo de batalla. Pero además, como gran estadista, supo que resultaba necesario reunir fuerzas contra la amenaza nazi, por lo que se convirtió en el adalid de la «Gran Alianza», que aglutinó las fuerzas de EEUU, la URSS y el Imperio Británico, para lograr la victoria de los Aliados en la gran contienda bélica.

Su peculiar apariencia física y sus habituales complementos se convirtieron en su seña de identidad, dando lugar a una iconografía propia en la que destacan su sombrero de copa, su pajarita y los trajes Savile Row (que alternaba con batines de seda); así como sus inseparables habanos acompañados de whisky o champán, puesto que era un gran bebedor y amante del buen comer. Esta particular «marca de la casa» se fue consolidando gracias también a las numerosas películas que se han filmado sobre el notable personaje, que ha sido encarnado por actores tan diversos como Richard Burton, Bob Hoskins, Christian Slater, Simon Russell Beane, John Lithgow, Brendan Gleeson, Brian Cox, Albert Finney, Michael Gambon, Robert Hardy, Julian Fellowes, Timothy Spall o Gary Oldman.

Winston Churchill ha sido, pues, un personaje muy estudiado y versionado dada su importancia en la Historia no solo británica o europea, sino en la mundial (sobre todo por su trascendente papel en la II Gran Guerra). En esta biografía conoceremos un poco más al líder basándonos en su perfil humano. El niño que soñaba con revivir el histórico pasado de su ilustre apellido pero que no siempre encontraba el camino más adecuado para lograr tal hazaña, ni la comprensión necesaria para poder desarrollar sus planteamientos. En esta trayectoria vital descubriremos también sus propias contradicciones y su versatilidad, que le permitió pasar de la carrera militar a la política y viceversa, así como alternar su militancia en los dos grandes y antagónicos partidos políticos de Gran Bretaña de ese momento. Una intensa fuerza interior que no se apagó ni en los peores momentos, pues como él mismo decía «El éxito consiste en ir de fracaso en fracaso sin perder el entusiasmo». Y eso, el entusiasmo, no le faltó nunca a este político de raza.

CAPÍTULO PRIMERO

El día 3 de diciembre de 1874, el *Times* de Londres publicó una noticia, aparentemente vulgar: lady Randolph Churchill había tenido un niño el día 30 de noviembre. La Historia se encargaría de otorgar a aquel acontecimiento la debida trascendencia. De momento, lo único notable que hubo en aquel parto de la dama fue que se trató de un parto prematuro y que el infante, Winston Leonard Spencer Churchill, vio la primera luz de este mundo en el guardarropa del Blenheim Palace, mansión donde se celebraba el tradicional baile de San Andrés. Al experimentar los dolores inconfundibles, lady Randolph Churchill se refugió precipitadamente en el cuartucho y su hijo nació, pues, no entre pajas, sino entre gabanes victorianos. Sin embargo, aquellos tres kilos de carne inglesa iban a meter mucho ruido en la historia de Inglaterra. A su muerte, la conciencia de toda la nación se concentraba en una frase: «Hemos perdido al mejor inglés». Winston Leonard Spencer Churchill llegaría a convertirse en un astuto político que alcanzaría los mayores honores, dirigiría con mano maestra la Segunda Guerra Mundial, ganaría como escritor el Premio Nobel de Literatura y sería uno de los oradores más brillantes y demoledores jamás conocidos. Valiente, apasionado, fogoso, mezcla de reaccionario y reformador, el nacionalsocialismo tuvo en él a su más feroz enemigo. Supo transformar sus derrotas en asombrosos triunfos, revolviéndose como una fiera para emerger de sus propias cenizas como un animal invencible.

El apellido Churchill no era excesivamente antiguo, teniendo en cuenta que estamos en Inglaterra. Los había muy anteriores al tiempo en que el primer Churchill pasó de Normandía a Inglaterra, allá por el siglo XI, acompañando a Guillermo el Conquistador. Aunque el apellido no empezó a sonar hasta el siglo XVII, cuando un Winston del condado de Dorset, nieto de herrero e hijo de abogado, soldado y miembro del Parlamento, escribió un libro titulado *Divi Britannici*. Quiso sostener aquel Winston en su libro que los reyes, por haber recibido directamente de Dios su elevado cargo, tenían total derecho a gravar a su pueblo con impuestos, sin permiso del Parlamento. En premio a su esfuerzo una hija suya fue recibida en la Corte y él fue nombrado caballero. Un hijo suyo, John Churchill, nacido en 1650, fue el primer duque de Marlborough, y ganó la fama de ser uno de los hombres más bellos de Europa. Sin embargo, habiendo sido acusado de inmoral y de traidor, fue destituido por el rey Guillermo y, más tarde, por la reina Ana. Pero si nos atenemos al juicio de su esposa Sara, se trató de un hombre especial. Al enviudar y ser requerida en matrimonio por el riquísimo duque de Somerset, la enamorada Sara le contestó:

—Soy una anciana marchita, pero aunque fuera joven y bella como en otros tiempos, y vos tuvierais poder para colocar un imperio a mis pies, jamás compartiría el corazón y la mano que pertenecieron a John, duque de Marlborough.

Por su parte, Winston Churchill, el hombre de nuestro libro, así opinaba de él:

«Ningún comandante, hasta la llegada de Napoleón, empuñó el cetro de un poder tan extendido en Europa. Sobre su persona centraba la unión de cerca de veinte Estados confederados. Mantenía la unión de la Gran Alianza, no solamente por su diplomacia sino también por sus victorias. Se lanzó a la acción con la combinación de tres cuartas partes de Europa en su mano... Durante seis años, no solo fue Comandante en Jefe de los Aliados sino virtualmente el amo de Inglaterra, exceptuando una persona».

La figura del poderoso duque de Marlborough siempre fascinó a Winston Churchill. Han llegado a asegurar sus biógrafos que sus ambiciones, su coraje, su afán de triunfo, los extraía de su necesidad de imitar al gran Duque. Y perfectamente pudo creer que él era un predestinado: había venido al mundo en Blenheim Palace, la mansión ancestral de los Marlborough. Y no había ocurrido aquello de modo natural, sino por accidente, pues, de no haber asistido lady Churchill a aquel baile y no haber sentido los dolores de parto en el mismo, Winston no habría nacido en el guardarropa del sagrado recinto de la familia. Era bien cierto que su padre Randolph Churchill, era el tercer hijo del séptimo hijo de Marlborough; aunque también que se hallaba en Blenheim Palace como simple invitado. Pudo parecer, ciertamente, una predestinación.

Los biógrafos consideran, igualmente, que Winston Churchill tuvo en su padre otro excelente modelo. Por las venas de uno y otro circulaba la encrespada sangre del viejo Marlborough. Lord Randolph fue un hombre tan notable como el propio Winston. Se había incorporado al Parlamento en 1874, cosa bien fácil en un distrito como el suyo, con predominio de la clase alta. En aquel tiempo, el pueblo aún carecía de voto. La vida en el Parlamento se deslizó apaciblemente para lord Randolph hasta que un escándalo vino a cambiar incluso su carácter, quedando transformado el hombre en un león. Un hermano suyo, lord Blandford, era el amante de cierta dama casada la cual también había tenido relaciones con el príncipe de Gales, el futuro rey Eduardo VII. Furioso, el príncipe de Gales pregonó el escándalo para hundir a lord Blandford. Intervino lord Randolph y amenazó al príncipe con dar a la luz ciertas cartas altamente comprometedoras para él. El príncipe de Gales reaccionó de un modo aristocrático: anunció que jamás pondría los pies en la casa que se atreviera a recibir a un Churchill. La sociedad victoriana hubo de elegir... y lo hizo razonablemente. Lord Blandford y lord Randolph se exiliaron: el primero aceptó el puesto de virrey de Irlanda y el segundo el de secretario de este. Corría el año 1875.

Para entonces, Randolph Churchill ya estaba casado y el pequeño Winston contaba un año. Había conocido a Jeanette Jerome en un baile del Royal Yatch Squadron, en la isla de Wight. Randolph se enamoró desde el primer momento de aquella bellísima muchacha americana de 19 años. Era hija de Leonard Jerome, propietario y director del *New York Times,* hombre rico y con agallas, como lo demuestra el hecho de haber rechazado a tiros, durante la guerra de Secesión, a los revolucionarios que pretendían asaltar su diario. Pertenecía a la aristocracia americana, circunstancia que decía muy poco a la aristocracia inglesa, la cual entendía que todos los yankis, por alto que estuvieran, no dejaban de ser «salvajes americanos». Sin embargo, seis meses después el séptimo duque de Marlborough aprobaba la boda de su hijo.

Tres años permanecieron lord Randolph, su esposa Jennie y el pequeño Winston en el exilio voluntario de Dublín. A su regreso, lord Randolph se reintegró al Parlamento hecho una furia. Atacaba tanto a su propio partido, el conservador, como al de la oposición. No perseguía más que vengarse de aquella aristocracia que le había humillado. Paralelamente a su partido, fundó con tres amigos un grupo político que se llamó «El Cuarto Partido», inspirado en la «Democracia Tory». Embistió contra los intocables Chamberlain y Gladstone, contra los políticos de la «vieja escuela», y pronto se ganó la simpatía de las clases bajas de la sociedad. Se convirtió en el político más controvertido del país. En 1885 fue nombrado Secretario de Estado para la India, siendo Salisbury Primer Ministro. Meses después, cuando los liberales de Gladstone luchaban por conseguir un mayor autogobierno para Irlanda, lord Randolph tomó en el Parlamento la defensa de la causa contraria, y derrotó claramente a los liberales. En premio a su triunfo, lord Salisbury lo nombró canciller del Exchequer (Ministro de Hacienda) y Presidente de la Cámara de los Comunes. Lord Randolph pudo sentirse satisfecho de los resultados de la venganza contra sus enemigos. Empezó a rumorearse que llegaría a Primer Ministro. Entonces, ya ocupaba el cargo inferior.

Pero cuando todo parecía sonreírle sufrió la más estrepitosa de las derrotas. Había propuesto un programa que reducía el presupuesto militar, al que se opuso con todas sus fuerzas el Ministerio de la Guerra, y el

Parlamento cerró filas contra lord Randolph. Este decidió jugárselo todo a una sola carta; no jugarse su programa, sino también su carrera política: amenazó con dimitir si no se aceptaba su programa. Y lord Salisbury aprovechó la gran oportunidad de dejar en la cuneta a quien se había convertido más bien en un estorbo, y aceptó su dimisión. Era el fin de lord Randolph Churchill. Murió ocho años después, contando cuarenta y cinco. Su hijo Winston tenía entonces veinte años.

Las relaciones entre Randolph y su hijo siempre fueron muy lejanas. Winston creció y vivió en adelante muy afectado por esta separación. A lo largo de su infancia y su primera juventud fue testigo gozoso de los triunfos de su padre, luego de su lucha feroz en el Parlamento y finalmente de su derrota. La frialdad de sus relaciones la compensaba Winston sumergiéndose por su cuenta en los avatares de la vida de su progenitor, esperando de esta forma establecer algún lazo entre ambos. Ya desde sus primeros años Winston se aferró con ahínco a la imagen de un padre corajudo y triunfal, pues constituía la única manera de poseerlo. En cuanto a lord Randolph, sus muchas ocupaciones en la política le impedían atender debidamente a su hijo, y era consciente de ello, como lo demuestra el que se gastara en el niño elevadas sumas comprándole juguetes: Winston llegaría a poseer mil soldados de plomo y una verdadera máquina de vapor. Era un modo de compensarle por su distanciamiento.

Al parecer, no era solo el trabajo la causa de este alejamiento.

Lord Randolph no sentía un gran entusiasmo por su hijo. Winston era un niño más bien feo, torpe de movimientos, con cabellos desagradablemente rojos y una nariz excesivamente chata. Tampoco destacaba entonces por su inteligencia; en realidad, daba muestras de poseer tan poca, que lord Randolph llegó a pensar que tenía un hijo corto mental. El niño era consciente de este silencioso desprecio, y la reacción fue buscar con más desesperación a su padre, al que acabó por idealizar. Desde muy temprano, todo su afán se cifró en ser como el gran Randolph, en conseguir que el invencible Randolph descubriera que él, su hijo olvidado, tenía cualidades para elevarse a su altura. En resumen, ansiaba demostrar a su padre que valía más de lo que pensaba. Se ha dicho que este fue uno de los grandes motores que lo convertirían en uno de los más importantes personajes de la Historia. Sin olvidar el primer estímulo, aquel Marlborough de otro tiempo. Así, pues, Winston habría tenido dos poderosos motores. ¿Fue consciente de ello? Posiblemente, no. Sea como fuere, lo verdaderamente importante son los resultados, es decir, la grandiosa figura de Winston Churchill, uno de los pocos hombres a quienes les es dado cambiar el curso de la Historia.

CAPÍTULO SEGUNDO

Winston Leonard Spencer Churchill nunca llegó a vivir en Blenheim Palace. Esta mansión había sido construida por aquel primer duque de Marlborough, John Churchill, con el dinero que le entregara el Parlamento por haber salvado a Europa de las embestidas de Luis XIV. La magnífica residencia de los Marlborough fue, desde entonces, lugar de interés patriótico y turístico, y, desde 1950, sus dueños permitieron que el público visitara, en determinados días, el Ala Izquierda y el Gran Hall. Nada más expresivo, sobre el particular, que las sensaciones que Jeanette experimentó cuando su esposo la llevó, en 1874, a admirar el magnífico palacio, sensaciones que ella nos ha dejado por escrito:

«Cuando cruzamos el arco de la entrada y el maravilloso paisaje se abrió ante mí, Randolph me dijo con un orgullo fácil de comprender: "Esta es la vista más bella de Inglaterra". Al contemplar el lago, el puente, las millas de magnífico parque engastado con antiquísimos robles..., y el inmenso y grandioso palacio, debo confesar que sentí una reverencia sumisa. Pero mi orgullo americano no me permitió confesarlo».

El niño Winston tuvo la suerte de ser criado por una excelente mujer, Mrs. Everest, que le entregó un verdadero amor de madre. El niño hubo de refugiarse en ella para paliar su soledad, pues no solo era el padre quien descuidaba su trato, absorbido por sus deberes políticos, sino que también su madre se hallaba demasiado atareada con una intensa vida social. Nos imaginamos a la bella Jeanette deslumbrada por aquella aristocracia inglesa, excesivamente preocupada –ella, la yanki– por colocarse a su altura. El resultado era un Winston solitario, un niño que jamás olvidaría el amor que le entregaba Mrs. Everest, la paciencia con que escuchaba sus confidencias. Cuando, años después, Winston Churchill ocupó grandes despachos, en todos ellos había siempre un retrato de Mrs. Everest.

Con todo, el amor que profesaba a su madre fue intenso. El buen recuerdo que conservó de ella le siguió hasta su muerte:

«Mi madre fue siempre para mí algo brillante y mágico –escribiría Winston años después–. Lucía como una estrella del atardecer. Aunque alejado de ella, la quise mucho. Siempre me pareció una princesa de un cuento de hadas».

Teniendo Winston seis años, su madre puso a su lado un hermanito. Le llamaron John, y vino a colaborar con Mrs. Everest en la tarea de paliar la soledad de Winston. John nunca intervendría en política, abrazó la profesión de corredor de Bolsa y falleció en 1947.

Un año después del nacimiento de John, la madre anunció a Winston que se había decidido que fuera de interno al colegio de St. James, cerca de Ascot, una institución especializada en preparar alumnos con destino a Eton.

Winston, que se sentía muy feliz en su hogar, protestó con fuerza. Se hallaba en la indefensa edad de los siete años y la perspectiva de perder el apoyo de Mrs. Everest y la compañía de su hermanito de un año le aterrorizó. Nada sabía del colegio al que pensaban enviarlo, pero su instinto lo rechazó desde el principio. La realidad que encontraría en St. James iba a darle la razón.

Prevaleció la resolución de su madre y Winston hubo de despedirse de su hogar, de sus juguetes, de Mrs. Everest, de su hermanito e incluso de la libertad. El viaje, muy triste, lo realizó sentado junto a su madre, quien trataba de infundirle ánimos. Los propósitos de Jeanette no eran librarse de él, sino colocarlo en el camino de acceder dignamente a la alta sociedad inglesa: Eton era una especie de fábrica de caballeros de la aristocracia.

Fue bastante terrible el momento de la despedida, con un Winston entregado en manos de un profesor duro y agrio, un profesor que, según opinión general, nunca amó a sus alumnos. Winston Churchill calificaría su estancia en Eton como «una temporada gris y sombría en el camino de mi existencia; un interminable período de aburrimiento y el ciclo más desgraciado de mi vida». Todo, allí, era odioso: los antipáticos textos que le obligaban a estudiar, la áspera disciplina. La primera de las muchas experiencias desagradables que tuvo Winston se relacionó con el latín. Se estremeció al verse ante aquel cúmulo de palabras indescifrables. El profesor le ordenó que aprendiera de memoria la declinación de la palabra latina «mensa» (mesa). Tras unos momentos de estudio, el chiquillo formuló la siguiente pregunta:

—¿Qué significa «oh, mesa»?

—Es el vocativo.

—¿Cuándo ha de emplearse?

—Cuando se le hable a una mesa.

—Yo nunca hablo a las mesas –exclamó Winston.

Se trataba del primer enfrentamiento entre el maestro y el alumno. El primero, a través de la mirada con que fulminó al segundo, expresó claramente el tono que tendrían los dos años siguientes. La disciplina que imperaba por entonces en los colegios ingleses era de cuartel. Algunos historiadores y novelistas se han referido a ella, especialmente Dickens, cuyas descripciones acerca de la crueldad de los maestros para con sus indefensos alumnos corresponden totalmente a la realidad de lo que ocurría. El Imperio necesitaba ciudadanos endurecidos y disciplinados y el palo era un buen método para conseguirlos. El director del colegio de St. James parecía divertirse llevándose a sus alumnos al patio para azotarlos hasta hacer brotar la sangre. Los golpes y los gritos de dolor de las víctimas eran escuchados desde las aulas, con horror, por los demás muchachos. Cuenta Winston que él mismo fue azotado muchas veces. Pero nada logró doblegar su rebeldía. Su rechazo del latín se convertiría en una especie de símbolo de resistencia. Se negó tercamente a estudiar el latín, por encima de todas las palizas. A tal extremo llevó su decisión, que llegaría a ser el único gran escritor inglés que desconocía esta lengua. Al abandonar aquel colegio, dejó tras de sí una verdadera leyenda. Su guerra contra el profesorado adquirió características épicas. Un día, ante los ojos atónitos de sus asustados compañeros, destrozó a puntapiés el sombrero del director.

Sin embargo, era evidente la desigualdad de fuerzas. Se trataba del enfrentamiento de un niño contra una institución. Ganó Winston, pero el precio que hubo de pagar por su triunfo resultó altamente duro: enfermó gravemente de los pulmones. El médico que le examinó recomendó a los padres sacarlo de aquel colegio y trasladarlo a la costa, buscando un clima más benigno. Nada se habló de los palos y de los castigos. Así fue como Winston Churchill ingresó en el colegio de Brighton. Pero, antes de abandonar St. James, se juramentó para volver algún día a propinar al maestro déspota la paliza que se merecía. Se dio esta satisfacción diez años después, estando de cadete de una academia militar. Aprovechó un permiso para presentarse en el viejo colegio. Preguntó por aquel maestro y le contestaron que había fallecido. De manera que Winston no pudo cumplir su juramento, aunque su satisfacción no fue menor, pues había sabido mantener su propósito a lo largo de diez años. Esta tozudez iba a constituir una de sus características.

Brighton era otra cosa. Regentaban el colegio dos amables ancianas, que se las veían y deseaban para meter en cintura a un tropel de alborotadores demonios. No empleaban el palo, pero sí la más estricta disciplina, contra la que Winston siguió rebelándose. Para él, no había ni reglas, ni textos, ni lecciones. Las ancianas no podían con él y en más de una ocasión estuvieron tentadas de contratar a un hombre diestro en el palo. Esto pensaban las ancianas de Winston Churchill:

«...un pequeño y pelirrojo alumno, el chico más malo de toda la clase; con frecuencia hemos pensado que es el chico más malo del mundo».

Entre las características del pequeño Winston estaban sus triunfos jugando al rugby, que, al parecer, alcanzaba con una especie de grito de guerra:

—¡San Jorge, San Dunstan y el Demonio!

Estas exclamaciones, proferidas en tono apocalíptico, bastaban para vencer al enemigo aterrorizado.

Por entonces empezó a descubrir Winston que su padre era un hombre importante. A sus nueve años, el pequeño se enorgulleció de que lord Randolph saliera en los periódicos, de que se le tuviera por el mejor orador de Inglaterra y de que el *Punch* le dedicara caricaturas. Todo el mundo decía que era el gran rival de Gladstone y el futuro Primer Ministro. Como el partido de lord Randolph era el conservador, el pequeño Winston se negó a jugar con los hijos de los liberales. De haber atendido más a las inclinaciones de su hijo, aquel padre hubiera sabido que tenía en él a su más fervoroso defensor: Winston se daba de tortas con quien criticara a lord Randolph o sostuviera ideas políticas diferentes a las de la familia. Semejante lealtad no tenía la justa correspondencia. Lord Randolph seguía poseyendo de su hijo una opinión muy baja. Su rebeldía, sus malas notas, sus continuos escándalos, habían obligado al padre a pensar que tenía un hijo perdido sin remedio. Perdió por él la poca ilusión que pudiera albergar. El pequeño Winston, el eterno rebelde, se rebelaba igualmente contra este destino. Con su tozudez, se empeñó a disponer de su padre a la medida de sus deseos. Y, en gran parte, lo consiguió. Durante un tiempo, vivió de la ilusión, de su desesperada esperanza de que así fuera. Luego, un día, con ocasión de que el padre le presentara al famoso novelista Bram Stoker, el creador del personaje Drácula, le oyó decir:

—Todavía no es gran cosa, pero mi hijo tiene madera.

Winston recogió cuidadosamente estas palabras y las depositó en su mente. Fueron como una gota de agua en un desierto. Se alimentó de ellas en los años siguientes.

Un día, también, visitó Blenheim Palace, que entonces pertenecía al hermano mayor de lord Randolph, es decir, al octavo duque de Marlborough. El encuentro con tanta reliquia de sus antepasados constituyó para Winston un revulsivo. Blenheim Palace dejó en el pequeño una huella indeleble. Recorrió los inmensos salones, las 320 habitaciones, admiró las armaduras y uniformes, los cuadros, los trofeos de guerra del legendario Marlborough y los murales representando batallas renombradas. Winston halló en aquella Historia viva un calor como jamás lo encontrara en los textos. Tuvo allí, bien palpable, la inutilidad de cuanto pretendían enseñarle los maestros. Vibró con tanta autenticidad como aparecía ante su visita y se sintió profundamente identificado con ella, y comprendió, también, por qué nunca habían logrado satisfacerle los libros ni la disciplina colegial. Entendió que su destino estaba por encima de tales pequeñas cosas, le entusiasmó saber –algo nebulosamente, es la verdad– que él estaba llamado a grandes hazañas, a proezas por encima de todos los demás hombres, superando la mediocridad general. ¡Él era un Marlborough! Aquella visita a Blenheim Palace estableció las bases sobre las que se erigió el futuro animal político que llegaría a ser Winston Leonard Spencer Churchill.

CAPÍTULO TERCERO

Estudiaba aún en Brighton cuando llegó el hundimiento de lord Randolph. Winston contempló su sufrimiento y se desesperó viendo que el gran hombre no reaccionaba, no ponía remedio al desastre. Sin embargo, lo justificó. Y cuando, nueve años después, lo vio morir, su rabia se volvió hacia la sociedad que lo había vencido y humillado y el muchacho se impuso el deber de sojuzgarla algún día. En realidad, todo su aprendizaje como hombre constituyó una acumulación de razones para alcanzar el más alto puesto en aquella sociedad.

Contaba trece años cuando concluyó sus estudios en Brighton. Normalmente la familia le hubiera enviado a Eton, que era donde tradicionalmente estudiaban todos los Churchill, pero la madre tuvo en cuenta que su hijo ya había sufrido dos pulmonías y no quiso exponerle a una tercera en el mal clima de Eton; eligió Harrow, lugar más benigno, situado sobre una colina. Solo gracias a su ilustre apellido pudo superar el examen de ingreso: en su trabajo, en la parte correspondiente al latín, no aparecía más que el número 1 enmarcado por dos paréntesis, una mancha de tinta, unos garabatos y su firma. Su paso por Harrow fue un verdadero desastre: además de no salir de los cursos inferiores, siempre fue el último en las clases. Le llamaban «Cabeza de Zanahoria». Winston seguía, terco, aborreciendo el latín y no lo consideraba como asignatura. Sin embargo, fue en Harrow donde se apasionó por el idioma inglés. Llegó a aprenderse de memoria 1.200 versos de la obra de Macaulay *Lays of Ancient Rome* y sus poemas épicos. En este sentido, años después, el director de Harrow manifestaría:

—Jamás conocí a otro muchacho tan fascinado como él por el idioma inglés.

En aquel centro, Winston siguió siendo el mismo rebelde de St. James y de Brighton. Se mofaba de la disciplina, de sus profesores, cuando prestos censuraban su desaplicación. En el fondo de esta actitud se ha visto un rechazo a cuanto se refiriera a «acciones conjuntas». Por ejemplo, en Harrow, Winston solo destacó en los deportes que se practicaban individualmente, como la hípica y la natación. No quería saber nada de los que se ejecutaban en grupo. Su vida política posterior se descollaría por el mismo camino: nunca se alió con nadie, siempre hizo un culto del individualismo.

En realidad, todo cuanto llevamos dicho sobre Winston Churchill nos habla de algo evidente: su valor. En Harrow realizaba los actos de valor más increíbles, como era pedir a sus familiares que lo visitaran con más frecuencia, rogando a Mrs. Everest que pasara las tardes con él. Debemos explicar esto: en los colegios ingleses imperaba la norma de no demostrar los afectos; los alumnos pedían encarecidamente a sus familiares que no los visitaran, para no convertirse en mofa de sus compañeros. Winston se rebeló también contra este hábito, haciendo precisamente lo contrario. Naturalmente, sus compañeros, al verle pasear por el patio con Mrs. Everest, se burlaban de él y le criticaban, sin que su actitud hiciera mella en Winston. Uno de estos compañeros, llamado Leo Amery, y que, años después, alcanzaría el Parlamento y formaría con Churchill en el Gabinete, llegó a manifestar:

—Lo que hacía Winston era uno de los actos más valerosos que yo haya podido ver.

Winston Churchill siempre conservaría un excelente recuerdo de Mr. Somervell, el profesor que le enseñó a amar el inglés.

«Estando durante tanto tiempo en los puestos más bajos –escribiría después–, obtuve una gran ventaja sobre los alumnos más hábiles. Todos ellos estudiaban latín y griego y otras cosas espléndidas. Pero, a mí me enseñaron inglés. Mr. Somervell, un hombre ameno, con quien mi deuda es muy grande, era el encargado de enseñar a los muchachos más estúpidos la cosa más despreciada; concretamente, escribir el inglés. Él sabía cómo hacerlo. Lo enseñaba como nadie hubiera podido enseñarlo... Al tener que quedarme en el tercer grado tres años consecutivos, tuve tres veces más tiempo para ello. Lo aprendí cuidadosamente. De esta forma, logré compenetrarme con la estructura esencial de las frases comunes británicas, cosa en verdad muy noble».

Otra causa de rechazo de aquellos colegios era la costumbre de que los alumnos pequeños realizasen trabajos para los mayores, como limpiarles el calzado y la ropa, barrer y ordenar sus habitaciones. A estos sirvientes se les llama *fag* y sus amos tienen permiso para propinarles alguna pequeña paliza si no cumplen debidamente. A Winston le correspondió ser *fag* de Nugent Nicks –quien, años después, llegaría a ser obispo de Lincoln– y recibió de él algunos golpes.

—¡Yo seré un personaje más importante que tú! –exclamaba Winston.

Como si supiera realmente que iba a ser así, Nugent Nicks descargaba un par de puntapiés en el trasero de su *fag*.

A lord Randolph, los éxitos en el dominio del inglés de su hijo no le compensaban de su fracaso en las demás materias. Aunque nunca había esperado grandes cosas de él, las noticias que recibía de Harrow eran realmente penosas. Se ratificó en su primera idea de que Winston era retrasado mental. En cierta ocasión, durante unas vacaciones del chico, lord Randolph entró en la habitación donde Winston jugaba con su magnífica colección de soldados de plomo y lo vio muy entusiasmado tratando de resolver una esforzada batalla militar.

—¿Te gustaría ser soldado? –le preguntó impulsivamente.

Winston se emocionó mucho con el interés por él que leyó en la mirada de su padre. Nunca había pensado en la cosa militar como carrera, pero creyó advertir cierto entusiasmo en su progenitor por la idea, y aquello le bastó para decidirse. En adelante, Winston se orientó hacia la carrera militar. Lord Randolph entendió que se trataba del único destino para un muchacho particularmente torpe.

El Centro elegido fue el Real Colegio Militar de Sandhurst. Winston Churchill estudió como nunca en Harrow, a fin de aprobar el examen de ingreso... pero fue suspendido en las dos veces en que se presentó. Furioso, lord Randolph sacó a su hijo de Harrow y lo puso en manos del capitán James, confiando en que sus procedimientos militares sacaran algún provecho del alumno. Este llegó al tal capitán James en tan precarias condiciones de sabiduría, que el nuevo profesor exclamó:

—Este muchacho no ha pasado por Harrow, sino por debajo de Harrow.

Winston se entregó casi con desesperación a los estudios, algo insólito en su historial de estudiante. Por desgracia, un infortunado accidente vino a truncar aquellos buenos propósitos. Hallándose jugando en la finca de una tía suya, lady Wimborne, con su hermano Jack y un primo, por huir de sus perseguidores se arrojó sin vacilar a un barranco de diez metros de profundidad, en cuyo fondo había un bosque cerrado de pinos. Winston esperó que el follaje mitigara su caída, pero no ocurrió así. El golpe fue tan duro que permaneció tres días sin conocimiento. Se llamó a los más famosos médicos de Inglaterra, aunque fue la propia naturaleza del enfermo la que triunfó sobre la muerte.

Winston tuvo una maravillosa convalecencia en casa de su padre, en Londres. Conoció a grandes personajes de la política, que acudían a pedir consejo, todavía, al derrotado lord Randolph. Fue testigo, igualmente, de muchas sesiones del Parlamento, impresionándole particularmente la pasión que se ponía en los debates. Sin embargo, esta admiración se mezclaba con la desilusión que emanaba de aquel ejército de atildados caballeros victorianos que habían causado el hundimiento de su padre.

Winston permaneció casi todo el año 1893 reponiéndose. Entre otras lesiones, la caída le había afectado seriamente un riñón. Sus padres lo enviaron a Suiza con su hermano y un tutor, y allí se fortaleció montando a caballo y practicando el alpinismo. Llegó a entusiasmarle sobremanera la equitación. Cuando, por fin, al tercer intento, fue admitido en el Real Colegio Militar de Sandhurst, destinándosele a la *cavalry class,* su alegría no tuvo límites. La *cavalry class* era el regimiento de caballería al que eran enviados los jóvenes pudientes capaces de comprarse sus propios caballos.

El gozo de Winston rayó a tanta altura como el furor de su padre. Lo último que había esperado para un hijo suyo era un regimiento de caballería. Ocurría, además, que el chico no hubiera sido admitido en Sandhurst –la calificación de su examen en aquel tercer intento fue, también, bajísima– de no haber aceptado pertenecer a la *cavalry class.* Lord Randolph se sintió profundamente avergonzado. Escribió a Winston una carta furiosa, en la que muy sinceramente le advertía que acabaría siendo un «desperdicio de la sociedad». Pero al muchacho no le conmovió aquella amenaza: estaba demasiado entusiasmado por abandonar Harrow y haberse convertido en un soldado de caballería... y por disponer de un caballo propio.

En el Real Colegio Militar de Sandhurst iba a codearse con cadetes que pertenecían a las mejores familias, no solo de Inglaterra sino del mundo: los príncipes Alamayn de Abisinia, Ibrahim Hassan de Egipto y el de Siam; el futuro rey Alfonso XIII de España... Pero Winston Churchill los contempló a todos con la cabeza muy alta, no en balde era un Marlborough. ¿Qué ilustre apellido de las aristocracias inglesas o europeas podía igualarse al suyo? Aunque no todo fueron triunfalismos: en lo único en lo que Winston no aventajaba a los demás cadetes era en el dinero. Lord Randolph no atravesaba una situación económica muy boyante y, por añadidura, la enfermedad y la convalencencia de su hijo habían ocasionado demasiados gastos. La verdad era que la permanencia del muchacho en Sandhurst constituía un auténtico sacrificio familiar. Muy consciente de ello, Winston se aplicó seriamente a los estudios, algo nunca visto en él. Sin embargo, ha de decirse que no le costó demasiado esfuerzo tomar por aquel nuevo camino, toda vez que las materias que se impartían en el Real Colegio eran de su agrado: legislación militar, topografía, tácticas, fortificaciones... Era como seguir jugando a los soldaditos de plomo. Las prácticas incluían voladura de puentes, maniobras con la caballería, construcción de trincheras, dibujar planos militares y mapas e interpretarlos. Los cadetes habían de soportar entrenamientos solo aptos para superhombres. Quedaban destrozados por las marchas agotadoras, los tremendos ejercicios realizados a temperaturas bajo cero, el cavado de trincheras, no con palas y picos, sino con las manos. Pero Winston Churchill era feliz. Nunca hasta entonces se había movido en el mundo de las cosas reales. Se sintió endurecido, dueño de los elementos para alcanzar la gloria de sus antepasados los Marlborough.

Y, de pronto, Winston Churchill empezó a echar en falta una guerra. Así se expresaba ante sus compañeros:

—El Ejército británico no ha disparado sobre soldados blancos desde la guerra de Crimea. ¡Ah, si hubiéramos vivido hace cien años, qué hazañas no habríamos protagonizado! ¡Qué estupenda cosa contar diecinueve años en 1793, con más de veinte años de guerra, con Napoleón frente a nosotros!

La guerra que reclamaba Winston Churchill no podía ser una guerra cualquiera: los enemigos no tenían que ser gente de color, sino blancos; solo combatiendo contra otra raza superior ganaría verdadera gloria. Sin embargo, el soberbio guerrero hubo de contentarse con lo que entonces le ofrecía el mundo, pues las tropas británicas solo combatían en África, la India y Afganistán. Winston se consolaba pensando que aún quedaban por ahí pueblos bárbaros y salvajes para ser aprovechados.

Mientras llegaba su guerra, Winston siguió entusiasmándose con los caballos. Esto escribiría años después:

«Disfrutaba ampliamente con la escuela de caballería. Los caballos constituyeron mi mayor pasatiempo en Sandhurst».

Lord Randolph apoyó esta inclinación de su hijo y quiso que aprovechara unas vacaciones para seguir un curso especial en la Real Guardia Montada de Knightsbridge, en Londres, que resultó de gran provecho para el chico. Este empezó a sospechar que su padre estaba creyendo en él y el descubrimiento le hizo concebir la ilusión de que, por fin, había llegado la hora de la mutua aproximación. Desgraciadamente, lord Randolph siguió comportándose con la misma lejanía. Winston sintió que se le abría con más dolor la vieja herida.

«Si demostraba la más leve camaradería –escribiría Churchill años después–, al punto se molestaba. Y cuando en una ocasión le indiqué que podía ayudar a su secretario privado a escribir algunas cartas, me miró con tal frialdad que me heló los huesos».

Esta falta de calor continuaba sustentándose en el convencimiento por parte de lord Randolph de que su hijo era muy corto de inteligencia y que lo más conveniente era enviarlo lejos, a la Colonias. Y llegó a escribir en este sentido a un amigo de África del Sur.

Ello no era obstáculo para que Winston sintiera por su padre la misma admiración. Recogía cuidadosamente las ideas políticas de lord Randolph y las vertía después en unos discursos a sus compañeros cadetes que levantaban su entusiasmo. Fue entonces cuando Winston Churchill empezó a tomarle gusto a la actividad de hablar en público. Y ocurrió así porque lo hacía bien, porque el auditorio le escuchaba embobado.

Su primer discurso público no tuvo por escenario un salón, como podía esperarse de un hijo de lord Randolph, sino un cabaret, el Teatro Imperio, frecuentado por cadetes de Sandhurst. Era un local atacado furibundamente por las «fuerzas del Bien» de la ciudad, encabezadas por la señora Ormiston Chant, dama puritana que se había propuesto desterrar de la faz del planeta al alcohol y a las prostitutas. No eran de la misma opinión muchos ciudadanos de humor, que les agradaba pasarlo bien. Winston Churchill se unió a ellos. Tenía entonces 20 años. En cierta ocasión, estaba convocada una reunión de la Liga de Defensores del Teatro Imperio, y Winston acudió con un discurso preparado. Pero cuando, después de recorrer las 30 millas que separan Sandhurst de Londres, se presentó en el salón, no vio en él más que al fundador de la Liga. No solo tuvo que guardarse su discurso, sino empeñar su reloj para pagarse el viaje de regreso.

Poco después, la señora Chant logró colocar unos tabiques entre la calle y el Teatro Imperio, con objeto de arrinconar el vicio, y Winston se puso al frente de un grupo de cadetes para derribarlos. Las huestes de la señora Chant protestaron ruidosamente, y en medio del alboroto Winston logró subir al escenario para pronunciar, al fin, su discurso:

—¿En qué lugar de la capital es mejor recibido el inglés que llega de fuera? ¿Dónde sabe que encontrará descanso después de la batalla y compañía si está solo? ¿Quién le cura las heridas del combate? ¿Quién le sirve bebida cuando se halla sediento? ¿Quién le espera con fidelidad inquebrantable, con lealtad imperecedera? Yo os lo diré: ¡las chicas del Teatro Imperio!

Aquel primer discurso de Winston Churchill tuvo mucho éxito, aunque no impidió que la señora Chant se alzara con el triunfo final. Consignó que se levantaran tabiques no solo ante el Teatro Imperio sino ante todos los teatrillos de mala nota de Londres.

Pero Winston no pensó más que en el éxito que había tenido su discurso, en las felicitaciones que recibía. El único detalle alarmante en su disertación fue un molesto ceceo, defecto que podía dar al traste con el más brillante de sus discursos. Le preocupó mucho el problema, tanto, que consultó el caso con un especialista, el doctor Feliz Semon. No le dio ninguna solución. En adelante, Winston cuidó meticulosamente su pronunciación, con la esperanza de ver eliminado su defecto. Y, aunque realizó algunos progresos, todavía en la cumbre de su carrera se le advertía evitando escrupulosamente las palabras terminadas en «s».

En el Real Colegio Militar de Sandhurst, Winston Churchill dejó de ser un rebelde, como lo prueba el que se graduase en octavo lugar entre ciento cincuenta alumnos. Su padre había fallecido dos meses antes, el 24 de enero de 1895. Se fue de este mundo derrotado y abatido. Y, desde la perspectiva de su hijo, había desaparecido sin darle tiempo a él, a Winston, a demostrarle que sus méritos no desmerecían de los de los Marlborough.

Y, así, de pronto, Winston Churchill se vio convertido en el cabeza de familia. Madre e hijo se sintieron más unidos que nunca. El propio Winston escribiría después:

«Trabajábamos juntos en todos los aspectos, más como hermanos que como madre e hijo».

Entre ambos eligieron la carrera de Winston: oficial de caballería. Tuvieron que hacer muchos cálculos monetarios, por ver si les alcanzaba el dinero, pues la carrera de las armas era difícil y costosa de sostener económicamente. Los catorce chelines diarios del sueldo de oficial se los llevaba el pienso para el caballo. Y las quinientas libras anuales que lady Randolph le entregaba a su hijo tampoco eran suficientes. Lord Randolph les había dejado una suma tan ridícula, que no sirvió más que para pagar sus deudas. La situación financiera de la familia era, pues, difícil, pero prevaleció la decisión de que Winston siguiera la carrera de las armas.

El uniforme del 4.º Regimiento de Húsares de la Reina era muy vistoso y Winston lo lució en los salones. Estaba al mando de este Regimiento de un tal coronel Brabazon, un amigo de lord Randolph que se distinguía por llevar un inmenso bigote. Aquellos húsares disponían de cinco meses de descanso al año, que los aprovechaban exhibiéndose en los salones de la aristocracia, persiguiendo a las jóvenes herederas y dejándose perseguir por ellas. Eran perfectamente conscientes de que constituían uno de los mayores ornatos de Inglaterra. Winston se incorporó fácilmente a este mundo blando y aburrido de una época victoriana ya en decadencia. Usaba un bigotito de canalla de folletín, con el que pretendía seducir a las damitas de los salones. Bailó, cazó zorros y no perdía ocasión de defender la ideología política de su padre. Disertando sobre ello durante una cena, una señora que se sentaba a su lado se volvió y le dijo:

—Joven, me interesa tan poco su bigotito como sus opiniones políticas.

A lo que Winston replicó:

—Señora, usted nunca se podría compenetrar ni con lo uno ni con lo otro.

Sus respuestas, sus explosiones verbales siempre introducían un elemento discordante en aquellos salones. Resultaban molestas sus opiniones sobre historia, política o sociología, y, especialmente, su modo de emitirlas. No era difícil deducir de todo ello que el joven húsar despreciaba a la sociedad en que se desenvolvía, aquel mundo que le venía demasiado estrecho. Winston no cesaba de lanzar su mirada por todo el mundo buscando una guerra.

Por entonces, murió Mrs. Everest. Estuvo con ella durante sus últimas horas y, ante su tumba, lloró como no lo hiciera cuando el fallecimiento de su padre.

«Fue mi más querida e íntima amiga a lo largo de aquellos veinte años», escribiría.

El retrato de aquella excelente mujer siempre estuvo presidiendo los despachos que ocupó Winston Churchill durante su larga y notable carrera.

Cada vez se le hacía más insoportable aquella insulsa existencia. Y, un día, descubrió en el mapa que había una guerra en Cuba.

CAPÍTULO CUARTO

Corría el año 1895. Los cubanos se habían sublevado contra los ocupantes de la isla, los españoles, y los Estados Unidos habían tomado partido, aunque no de modo oficial, por los cubanos. No habrían de transcurrir muchos meses antes de que se encontraran luchando abiertamente contra España.

Winston habló a su madre de sus deseos de marchar a Cuba, y a lady Randolph no le disgustó del todo el que su hijo conociera el continente del que ella procedía. Prometió tocar sus influencias. Recurrió a un buen amigo del difunto lord Randolph y embajador británico en España, sir Henry Drummond-Wolff, y este caballero proporcionó a Winston cartas de presentación para las autoridades españolas en La Habana.

Tampoco hubo obstáculos cuando solicitó permiso en su regimiento: le fue concedido al punto.

«La superioridad entendió –escribiría Winston Churchill– que esa experiencia podía equivaler, por sus riesgos, a esas peligrosas correrías que todo caballero ha de emprender para que todos empiecen a descubrir que lleva una vida respetable».

Luego, el viajero pensó en el modo de pagarse los gastos. Recordó que su padre había escrito artículos para el *Daily Graphic,* y fue a ver al editor para ofrecerse como corresponsal en Cuba. No había entonces ninguna ley que prohibiera a un oficial del Ejército escribir para la prensa. Y así fue como Winston Churchill se inició en la carrera literaria, pues convino con el *Daily Graphic* el envío de crónicas al precio de ocho libras cada una.

Pero no quiso desplazarse solo, y convenció a otro húsar de su Regimiento para que le acompañara, embarcándose con un tal Reginald Barnes el 3 de noviembre de 1895.

Tras un viaje sin incidentes dignos de destacar, llegaron a La Habana y se alojaron en el mejor hotel, entregándose durante dos magníficos días a comer naranjas y fumar cigarros. Después, se presentaron a las autoridades españolas. En el cuartel general de Martínez Campos creyeron que eran observadores oficiales enviados por Gran Bretaña, lo que parecía indicar que no tardaría en intervenir en aquella guerra al lado de España. Winston y Reginald no les sacaron de su error y así se ganaron unos agasajos principescos. Luego, quisieron conocer la guerra y se dirigieron al encuentro del general Suárez Valdés, que mandaba una expedición de cuatro mil hombres y les invitó a engrosar aquel pequeño ejército que marchaba contra los rebeldes. Proporcionó caballos a los dos ingleses, y les preguntó:

—¿Cuándo piensa Gran Bretaña enviar tropas a Cuba?

—Aún no se ha decidido nada concreto al respecto –respondió Winston evasivamente.

Después de atravesar la espesa jungla, siempre bajo la amenaza de un ataque enemigo por sorpresa, Winston recibió su bautismo de fuego el 30 de noviembre, justamente el día en que cumplía 21 años. Se hallaba sentado cerca de su tienda, devorando una gallina, cuando zumbó sobre su cabeza una nube de balas. Contaría después que se trató de una sensación muy saludable. Por supuesto como buen inglés, ni siquiera interrumpió su banquete. Quizá creyera, también como buen inglés, que aquella raza inferior no podía hacer mella en un Marlborough.

«Apenas conocíamos nada sobre las cualidades de nuestros amigos ni de los enemigos –escribiría–. No teníamos nada que ver con sus problemas. Solo en caso de defensa propia podíamos tomar parte en sus combates. Pero sentíamos que aquel era un gran momento de nuestra vida. Sí, no hay duda: fue uno de los mejores episodios que me ha tocado vivir».

En sus *Recuerdos,* también podemos leer:

«Con respecto a Cuba, los españoles sentían lo que nosotros respecto a Irlanda. El hecho me impresionó mucho. Pensé, por de pronto, que estos extranjeros mostraban cierto atrevimiento empleando, a propósito de sus colonias, el mismo lenguaje que los ingleses usamos hablando de las suyas. Acabé por aceptar el hecho y clasificarlo en el archivo de mi memoria».

Los naturales siguieron hostigando a la columna desde la espesura de la selva. Llegaron a disparar también contra Winston mientras este se bañaba en un río, y por las noches las balas tamborileaban contra los techos de «totora» de las cabañas.

Las crónicas que Winston Churchill enviaba al *Daily Graphic* eran muy frías. Parecía estar contando la batalla que un niño juega con sus soldaditos de plomo. ¿De parte de qué bando estaba? Lo confiesa en una de sus crónicas:

«Simpatizo con la revolución... no con los rebeldes».

Describía más los pequeños detalles que los problemas de fondo. Por ejemplo, dedicó amplio espacio a explicar un ingenioso invento de los cubanos consistente en atar trapos encerados con fósforo a la cola de serpientes, cuando el sol caía del lado de las tropas españolas; las serpientes se arrastraban hacia el astro, el calor fundía la cera y el fósforo se inflamaba, causando incendios y confusión en el campo enemigo.

Contaba, en otra crónica, cómo quedó en tierra de nadie, con los españoles delante y los cubanos detrás, y sin atreverse a llamar a sus amigos por no atraer la atención de los otros. El mal trance se resolvió con tiempo y paciencia.

El general Valdés soportó a lo largo de tres días el ataque fantasma de los rebeldes, hasta que decidió atacar. Winston y Reginald se pusieron a cabalgar junto al general, a cincuenta metros de la infantería, mientras las balas silbaban a la altura de sus cabezas. Pero nadie les hacía caso. Los soldados españoles fueron desalojando a los cubanos de sus posiciones en la jungla y finalmente todo quedó en silencio. Los rebeldes huyeron por los vericuetos de la selva que hacían inútiles todos los intentos de perseguirlos.

Al día siguiente, Winston Churchill y Reginald Barnes regresaron a Inglaterra, cansados de los mosquitos y de una guerra que ofrecía tan pocos alicientes. Sin embargo, el general Martínez Campos les condecoró con la Orden del Mérito Militar de Primera Clase, por el valor que demostraron los representantes ingleses en la campaña. Winston correspondió a sus homenajeadores presentando solemnemente su espada de segunda mano. Estaba de regreso en Londres a principios de 1896.

No le había servido de mucho aquella experiencia, aunque tanto él como su amigo se encargaron de pregonar que regresaban armados de profundos conocimientos militares. Ciertamente Winston no había perdido el viaje: había descubierto el ron y la siesta, y, sobre todo, los puros cubanos.

A ambos viajeros se les empezó a conocer como «los húsares cubanos» y ellos explotaron el aura fantástica con que se les contemplaba. En realidad, habían participado en una auténtica guerra, mientras que sus compañeros se divertían bailando en los salones.

Además, en el caso de Winston, había otra gran razón para que se sintiera orgulloso: sus crónicas habían alcanzado un gran éxito. Todo el mundo le felicitaba. Pero su inquieto temperamento ya estaba exigiendo otra guerra.

CAPÍTULO QUINTO

Por fin, el Cuarto Regimiento de Húsares fue destinado a la India y partió seis meses después, en el otoño de 1896. Llegaron a Bombay en 23 días. La guarnición de Bangalore recibió con júbilo a los 1.200 húsares de refuerzo. Había que tener bastante imaginación para no aburrirse en Bangalore, donde solo se podía, aparte de los ejercicios castrenses, jugar al polo o echarse la siesta. Como, en general, todos los húsares, Winston se unió a dos compañeros para alquilar una casa y contratar una docena de sirvientes. Estos gastos, unidos a los que había de tener un húsar que se estimara y a los altos precios que imperaban en la India, hicieron que Winston estuviera en todo momento en deuda con los prestamistas indios, pues resultaban insuficientes su sueldo de subteniente y la ayuda que recibía de su madre.

Para no aburrirse y para gastar menos, nuestro húsar se dedicó a leer afanosamente: *Decadencia y caída del Imperio Romano,* de Gibbon; *La República,* de Platón; *Política,* de Aristóteles, y otros muchos autores, como Darwin, Malthus, Schopenhauer, Montaigne, Macaulay... Se convirtió en una especie de pedante, censurando a sus compañeros sus ignorancias, discutiendo con ellos de los temas más abstrusos. No vacilaba en criticar también a sus superiores, y en cierta ocasión, en el palacio del virrey, no vaciló en dar lecciones de Estado a unos príncipes indios. Con un comportamiento así no se estaba ganando las simpatías, precisamente.

En parte, sus maneras agresivas seguramente brotaban del mal humor que le producía aquella existencia tan monótona. Él había ido allí a guerrear, no a arrastrar una existencia lánguida. Cuando no pudo resistir más, solicitó un permiso de tres meses para regresar a Londres.

Y fue, durante su ausencia, cuando se rebelaron los *pathans* de la frontera, y todos sus compañeros entraron en acción. Desesperado, Winston preguntó quién mandaba las tropas inglesas. Winston conocía a sir Blindon Blood, quien, meses antes, le había prometido tenerle a su lado en el primer enfrentamiento. Pero no había libre más que un puesto de corresponsal de guerra. Mientras su madre, en Londres, movía los hilos de sus amistades para que el *Daily Telegraph* nombrara a su hijo corresponsal en la India, Winston viajó a Bombay y solicitó un puesto en el periódico *Allahabad Pioneer.* Finalmente, su madre se salió con la suya y Winston Churchill fue nombrado corresponsal del *Daily Telegraph.*

Fue destinado a una brigada de caballería e infantería denominada Fuerzas de Campo Malakand, que no tardaría en entrar en combate. El escenario iba a ser el valle de Mamund, un áspero desierto entre altas montañas. Los expedicionarios sufrieron tal sed durante la travesía, que fue allí donde Winston bebió whisky por primera vez en su vida.

«Al término de cinco días –escribió– me había sobrepuesto totalmente a la repugnancia del sabor del whisky. Y esto no fue un acontecimiento momentáneo. Por el contrario, el terreno que gané en esos días lo mantuve firmemente a lo largo de toda mi vida y jamás lo cedí. Una vez que se descubre su sabor, su misma repulsión se convierte en un atractivo propio; y hasta hoy, a pesar de que siempre he cultivado la verdadera templanza, nunca he echado pie atrás cuando la ocasión garantizaba que se serviría el principal refresco del oficial blanco en el Este».

Finalizando la primera jornada de marcha, la columna se dividió en grupos, y el de Winston fue atacado por numerosos *pathans.* Uno de estos se precipitó sobre un oficial inglés herido, al que remató diestramente con su enorme sable. A la vista de ello, Winston cobró conciencia de lo que era una guerra y se encendió la sangre de Marlborough que circulaba por sus venas. Empuñó con firmeza su espada y su pistola y disparó contra el *pathan,* quien huyó dando chillidos de rata. Winston le persiguió, hasta que, de pronto, se halló rodeado de enemigos. Para salvarse, corrió a una loma, donde tropezó con un grupo de soldados ingleses, que también estaban cercados por el enemigo. Combatieron hasta que se agotaron las municiones. Winston lo hizo con furor, temerariamente. En una ocasión, un teniente coronel le ordenó que se retirara a posiciones más seguras, a lo que el fogoso húsar le replicó:

—Tendrá que darme esa orden por escrito.

No le obedeció. Siguió disparando como un loco con un fusil prestado. Sin embargo, ni su bravura hubiera servido para nada sin la oportuna llegada del 11.º de Lanceros de Bengala, que pusieron a los *pathans* en fuga.

En los días siguientes, Winston participó en una larga expedición de castigo, interviniendo en un número suficiente de combates como para enviar sabrosas crónicas al *Daily Telegraph* y al *Allahabad Pioneer.* Destacó, igualmente, en el campo de la guerra, pues cuando concluyeron aquellas operaciones, el propio sir Bindon Blood manifestó en un despacho que «sus oficiales habían alabado el coraje y la resolución del teniente W. L. S. Churchill, del 4.º de Húsares... quien había resultado de gran eficacia en los momentos de mayor peligro».

Winston aprendía a escribir crónicas a marchas forzadas. Estas segundas fueron de más calidad que las enviadas desde Cuba. Había en ellas garra, color y viveza, aparte de una crítica –firme, aunque respetuosa– de los militares de la India. Estos se sintieron espiados y formaron un frente común contra el intruso. El resultado fue que, cuando se produjo otra rebelión de nativos en la frontera, en Tirah, y Winston pidió permiso para acompañar a la tropa, los generales se lo denegaron.

—¿Vamos a facilitar a ese entrometido de Churchill su antipática profesión de fisgoneo en todos los frentes de batalla de la India?

Para combatir la monotonía, Winston empezó a escribir un libro, que fue algo así como una ampliación de sus crónicas. Se tituló *The Story of the Malakand Field Forces* (La historia de las Fuerzas de Campo

Malakand), y contenía duras críticas a los generales de la India, a las estrategias que empleaban, a su hábito de estimular a los oficiales civiles a obtener información militar del enemigo, a que no ordenaban un fuego continuo cuando se retiraban las compañías; incluso criticaba el método de «servicio corto» de los reclutas y el que los soldados partieran a la guerra sin chocolate ni salchichas.

«Estoy seguro –escribiría Winston, anticipándose a las censuras que el libro iba a recibir– de que me criticarán y recordarán que mis opiniones no están avaladas por la edad ni la experiencia. Mi respuesta es la siguiente: si lo que he escrito es falso o estúpido, ni la edad ni la experiencia podrían mejorarlo; y, si es cierto, no necesita de ninguna ayuda».

El editor al que se lo ofreció Winston no vaciló en publicar el libro, el cual tuvo una buena acogida de críticas y público. Los parabienes procedieron de los más altos personajes, como, por ejemplo, el príncipe de Gales y el Primer Ministro lord Salisbury.

Winston Churchill no cabía en sí de entusiasmo y, animado por aquel primer éxito, decidió escribir otro libro, ahora una novela. Sobreponiéndose al agobiante calor de la India, trabajó duramente durante varias semanas, hasta concluir el relato. La novela se titulaba *Savrola* y hablaba de un héroe revolucionario que se apoderaba del gobierno de Ruritania y luego había de afrontar nada menos que una revolución socialista. Se trataba de una novela mediocre y el propio Winston lo reconoció así.

«Rogué a mis amigos, encarecidamente, que se abstuvieran de leerla», confesaría después.

Pero llegó a publicarse en capítulos en la revista *Macmillan* y produjo a su autor unas 1.000 libras. Con todo, el resultado no fue del agrado de Winston, quien nunca más volvió a escribir otra novela.

CAPÍTULO SEXTO

Reducido al sopor y al aburrimiento de Bangalore, Winston se desesperaba. Toda su meta, por entonces, era entrar en acción, tomar parte en la guerra que se ventilaba en la frontera, en Tirah, no por una vana ansia juvenil de aventura, sino debido a un propósito muy concreto: sumar méritos y prestigio para emprender una carrera parlamentaria, pues el joven húsar se hallaba con fuerzas y muy seguro de sí mismo para intentar acceder al Parlamento. Solo pedía otra oportunidad en una guerra para que el país se fijara en él.

Pero todas sus solicitudes se seguían estrellando contra el muro de los generales, aún irritados con él. Finalmente, a fuerza de insistir, consiguió su propósito a través de un tal capitán Haldane, el cual convenció a sir William Lockhart, jefe de las operaciones en Tirah, para que aceptara al húsar. Muy a disgusto, Lockhart le admitió como oficial extraordinario, recomendándole que no se extralimitara. Winston se lo prometió.

Al cabo, resultaron baldíos tantos trabajos y tantas prevenciones: la rebelión en Tirah se desinfló tan rápidamente como había empezado y Winston Churchill se encontró, de nuevo, sin guerra.

No tardó en levantársele el ánimo ante una nueva esperanza: sir Herbert Kitchener, comandante en jefe del Ejército anglo-egipcio, estaba preparando una ofensiva contra los derviches. Los mandaba un curioso profeta llamado Mahdi, que había fundado algo semejante a una comunidad marxista, en la que nadie poseía bienes, estos pertenecían a todos. Los derviches, o «santos mendigos», contaban con un ejército poderoso, que ya había derrotado al general inglés Gordon, por no haberlos tomado en serio.

Winston empezó a ejercer presiones al más alto nivel, hasta conseguir que el Ministerio de la Guerra le autorizase a formar parte de las tropas de Kitchener. Este se negó rotundamente.

—¡No quiero a mi lado a escritores como el segundo teniente Churchill! –exclamó, indignado.

Había leído el libro de Winston y sus artículos criticando a los militares de las colonias, y no necesitaba saber nada más de él. Llovieron sobre Kitchener las súplicas, entre ellas las de lady Randolph y el propio lord Salisbury, pero sir Herbert Kitchener se mantuvo firme en su negativa.

Winston no se dio por vencido. Pidió ayuda a sir Evelyn Wood, general-ayudante en el Ministerio de la Guerra, no ignorando que mantenía con Kitchener un continuo forcejeo debido a la persistente negativa de este a admitir a los oficiales que Wood le enviaba.

—¡Kitchener es el jefe del Ejército de Egipto... pero no de todo el Ejército inglés! –solía exclamar Wood.

Destinó a Winston al 21° de Lanceros, ordenándole se presentara en el Cuartel General de El Cairo.

«...se trasladará por sus propios medios –rezaba el despacho–, y, en el caso de que sea muerto o herido en esta campaña o por otro motivo cualquiera, no cobrará indemnización de ninguna naturaleza de los fondos del Ejército británico».

A Winston Churchill, que no pensaba morir todavía, le tuvo sin cuidado la advertencia. Realizó igualmente gestiones en el *Morning Post,* periódico con el que acordó enviar crónicas en exclusiva, al precio de 15 libras cada una.

Llegaba a los Cuarteles de Abassiyeh el 1 de agosto de 1898. Se vivía una tensión de guerra, cosa que entusiasmó al húsar-periodista. Dos escuadrones ya habían partido hacia el Nilo y otros dos estaban preparados para seguirlos. Cayó sobre Winston una ducha de agua fría cuando le notificaron que el mando del escuadrón a él reservado había sido entregado al teniente Robert Grenfell. Sin embargo, lo que al principio pareció mala suerte, luego resultó ser todo lo contrario: pocos días después, el escuadrón del teniente Grenfell era aniquilado por los derviches. Incluso aquel descendiente de los Marlborough opinó que mejor que estar muerto era ocuparse de las raciones y de las mulas... que fue el destino que le correspondió en la fuerza expedicionaria que partió en seguida hacia el sur.

Tardaron tres semanas en recorrer 1.400 millas, en tren, en barco y a pie las últimas etapas. Caía sobre los expedicionarios un sol insufrible. Después de haber acampado a unas cuantas millas de la ciudad de Ondurman, el día 1 de septiembre Churchill pudo ver al enemigo. Ante él, como un mar, se extendía una masa de 60.000 derviches, con atuendos blancos y sables curvos. Entonces recibió la orden de montar a caballo y llevar a Kitchener las últimas noticias.

Viajó Winston lleno de preocupación. ¿Cómo le recibiría el comandante en jefe cuando supiera que se trataba del entrometido escritor? Al término de su cabalgata descubrió los estandartes del ejército británico desde una colina. No tardó en verse ante el temible Kitchener. Le transmitió el despacho, contestó a unas preguntas... y ahí acabó todo. Kitchener, preocupado con la inminente batalla, no supo quién era, no le conoció.

El ejército inglés se componía de 20.000 hombres, es decir, el combate sería de uno contra tres. Esta desproporción quedaba compensada por el armamento: mientras los británicos disponían de la mejor artillería existente entonces en el mundo, los derviches se enfrentaban a ella con armamento casi prehistórico. El choque se produjo al amanecer del día siguiente. Después de entregarse a sus rezos preparatorios, los derviches se arrojaron suicidamente contra los cañones ingleses, que realizaron entre ellos una gran carnicería.

«Estábamos tan cerca –escribiría Churchill después–, silenciosos sobre nuestros caballos, que corríamos casi tanto peligro como el enemigo.

Asistí a la sangría de la muralla humana. Sus estandartes eran barridos por docenas y sus hombres por cientos. Su frente se rompía por muchos puntos. Los veía saltar y rodar bajo los estallidos de las granadas, pues ninguno retrocedía».

La carnicería se concretó en 20.000 muertos habidos en una sola hora, todos derviches. Cuenta Churchill que él no fue más que un mero espectador de aquella batalla, hecho que le disgustó. Al parecer, los cañones estaban despojando a los hombres de su gloria. Aunque no tardó mucho el Marlborough en encontrar lo que iba buscando. Kitchener dio orden al 25º de Lanceros de realizar un reconocimiento para ver si estaba libre el camino hacia Ondurman. En realidad, acababa de ordenar una carga de la caballería contra los supervivientes. Iba a ser la última carga de esta índole que contemplaría la Historia.

Así la cuenta Winston Churchill:

«La trompeta dio la orden de girar hacia la derecha y formar líneas, y todas las dieciséis tropas giraron en torno a los fusileros. En seguida el regimiento salió al galope y el 21.º de Lanceros se lanzó al ataque.

»En cierta forma, una carga de caballería es similar a la vida común. Mientras se está bien firme sobre la silla de montar, con las riendas en la mano, y bien armado, muchos enemigos te abrirán paso. Pero en cuanto hayas perdido un estribo, te hayan cortado una rienda, se te haya caído el arma, estés herido o sea tu caballo el que lo esté, entonces es el momento en que de todas partes surgen enemigos para abalanzarse sobre ti».

Winston tenía el hombro lesionado de su pasado enfrentamiento guerrero. Todos sus compañeros esgrimían espada, él no, por resultarle imposible. Solo iba armado de una pistola máuser. Sigue contando:

«Vi que un hombre se tiraba al suelo delante de mí. Al mismo tiempo, observé el brillo de un sable curvo dispuesto a cortarme el muslo. Pude poner el caballo fuera de su alcance e inclinarme sobre él para dispararle tres tiros casi a bocajarro. Al enderezarme en la silla vi ante mí a otro hombre con el sable levantado. Disparé contra él a tan corta distancia que el cañón del arma alcanzó a golpearle... ¿Dónde estaban los soldados? ¿Dónde se encontraba mi escuadrón? No pude ver ni un solo oficial o soldado a cien metros a la redonda. Miré hacia los derviches. Vi a dos o tres de ellos que, echados en el suelo, me apuntaban con sus rifles. Y por primera vez en aquella mañana tuve miedo. Me sentí completamente solo. Pensé que aquellos hombres dispararían contra mí y que el resto de la manada me devoraría como si fuesen lobos...».

Pero Winston Churchill se revolvió como un verdadero Marlborough y disparó su arma y derribó a varios derviches. El destino le había colocado en el centro de aquella carga, que pareció interminable aunque solo duró tres minutos. Los Lanceros habían salido triunfantes a costa de veinte muertos y cincuenta heridos.

«Finalmente –escribe Winston–, sus filas quedaron convertidas en un cuadro espantoso: caballos sangrantes, saltando en tres patas, hombres queriendo levantarse del suelo, vaciándose de sangre por terribles heridas, cuerpos traspasados de parte a parte por lanzas, brazos y rostros descuartizados, vientres desgarrados mostrando los intestinos, infelices agonizando, llorando, desmayándose».

No obstante haber estado en el centro de todo el peligro, Winston salió sin un rasguño. La única piel que perdió fue la que entregó voluntariamente para que fuera remendado el brazo de un oficial amigo al que casi se lo había cercenado un sablazo.

Aquel gran triunfo fue acogido con entusiasmo en Inglaterra, aunque el *Morning Post* lo despachó en menos de cien palabras: se trató de un reportaje enviado por Churchill... en el que ni siquiera figuró su nombre.

En el barco de regreso a su patria, Winston meditó acerca de su futuro. La vida militar le había proporcionado algunas emociones, no excesivas para un Marlborough, y posiblemente hubiera seguido en ella. Pero se alzaba ante él un grave impedimento: la animosidad de sus jefes. Sus opiniones no eran bien vistas y sus ofensas a algunos altos jefes le privaban de toda esperanza de ascenso. Así, pues, se imponía la búsqueda de otro teatro de operaciones para medrar a base de acciones más o menos gloriosas.

Winston Churchill, finalmente, optó por algo que, en realidad, nunca había abandonado: la Cámara de los Comunes. Exactamente, la lucha en la Cámara de los Comunes.

Presentó su dimisión en el Ejército y empezó a escribir un nuevo libro sobre la campaña del Sudán. Título: *The River War* (La Guerra del Río). El autor no había escarmentado, y vertió en las nuevas páginas críticas implacables y atrevidas a sus jefes, en especial a Kitchener. Se ensañó, por ejemplo, en la censura por haber profanado la tumba de Mahdi, el profeta derviche.

«El cuerpo de Mahdi –escribiría Winston– fue desenterrado. La cabeza fue separada del tronco... y pasó de una mano a otra hasta El Cairo. El tronco y los miembros fueron arrojados al Nilo. ¡Tal fue la caballerosidad de los vencedores!».

Es fácil juzgar la furia que invadió a Kitchener y los demás oficiales que habían ordenado, o consentido, aquel acto tan poco civilizado. Pero el libro tuvo muy buena prensa, se vendió mucho y los críticos aseguraron que se trataba de un excelente relato militar. Apoyado en su prestigio de soldado y de escritor, Winston habló con los altos jefes conservadores para ofrecerse a ellos.

También sintió tentaciones de ingresar en Oxford, para revestirse de un nuevo prestigio, aunque desechó la idea al saber que tendría que habérselas de nuevo con el griego y el latín.

En aquel año, era el partido conservador el que se hallaba en el poder, siendo lord Salisbury el Primer Ministro. Y el verdadero partido de la oposición era el liberal, pues entonces el laborista se encontraba en plena formación y crecimiento. La alta política oficial, es decir, la visible, funciona así en Inglaterra: el poder se halla en el Parlamento, que se halla dividido en dos cámaras: la de los Lores y la de los Comunes. La primera es hereditaria, la segunda, electiva. La primera, igualmente, es puramente de adorno, como ocurre con el Rey. Cada miembro de la Cámara de los Comunes es elegido por sufragio universal y representa a un distrito parlamentario.

En respuesta a su ofrecimiento, el partido conservador le propuso la candidatura por Oldham, Lancashire, un distrito eminentemente proletario. Churchill aceptó. Su primera experiencia en la política constituyó un fracaso, por culpa, también, de su osadía, de su agresividad y falta de respeto a las normas e instituciones. Eligió como tema de su campaña electoral el de la Iglesia de Inglaterra. Aseguró que sus ritos extravagantes, sus inciensos y campanillas, la hacían anticuada. Y prometió a sus electores, si salía elegido, suprimir el diezmo clerical que se entregaba a los pastores pobres. El partido conservador puso el grito en el cielo. Los conservadores siempre habían defendido este diezmo, y la promesa de Churchill provocó la carcajada de los liberales. Ni los propios obreros de Oldham creyeron del todo al joven y loco político. Churchill no solo perdió, sino que se ganó también la enemistad de los jefes de su partido. Los periódicos se ocuparon del asunto, y en términos duros recomendaron al partido conservador que eligiera mejor a sus representantes. Sin embargo, Churchill no había perdido por mucho margen: los votos a favor habían sido 11.477; el ganador había obtenido 12.976.

Por encima del revés sufrido, Winston Churchill había causado a muchos una excelente impresión, como futuro político, como carácter. El corresponsal del *Daily Mail*, G. W. Steevens, llegó a comentar que Churchill era «el hombre más joven de Europa». Y anadió que no vacilaba en asegurar que llegaría al Parlamento, el cual le quedaría pequeño a sus treinta años, y que a sus cuarenta incluso Inglaterra le resultaría pequeña.

CAPÍTULO SÉPTIMO

De pronto, Winston Churchill se encontró sin actividad, circunstancia grave, en su caso, en razón a la necesidad que tenía de «hacer cosas notables» para rodearse de prestigio y poder así imponerse en aquel mundo de seres mediocres. Y, como siempre, al no ofrecérsele otra cosa, recorrió el mapa del mundo a ver dónde había una guerra.

La encontró en el sur de África: la guerra de los bóeres. Aquel territorio había sido ocupado en el siglo XVII por granjeros holandeses, creando en él dos repúblicas: el Transvaal y el Estado libre de Orange. Estos granjeros holandeses eran los bóeres.

Después llegaron colonos británicos, los cuales se extendieron por el interior cuando se descubrieron en Johannesburgo minas de oro y diamantes. El enfrentamiento por la posesión de las tierras era irremediable. El problema se enconó cuando Joseph Chamberlain, Secretario de las Colonias, tuvo una idea eminentemente imperialista: colocar todas las colonias bajo el amparo del pabellón británico.

Los bóeres estaban dirigidos por Paul Kruger, hombre de fanática religiosidad, que aún creía que la tierra era plana y que sentía en las órdenes que daba a su pueblo una intervención directa de la mano de Dios. Pero sus convicciones irreductibles hubieron de ceder ante la poderosa fuerza que representaba Chamberlain: garantizó todos los derechos de ciudadanía a los británicos que llevaban viviendo más de cinco años en el Transvaal. Alentados con esta primera cesión de Kruger, los ingleses intentaron ganar más beneficios, pero el bóer se negó. Unos y otros empezaron a preparar las armas. En Sudáfrica ya se encontraban tropas inglesas, pero al producirse aquella tensión Chamberlain las reforzó con 10.000 soldados más. Paul Kruger les dio un plazo para que se retiraran: el 12 de octubre de 1899. Los ingleses no se movieron. Era, pues, la guerra.

Winston Churchill saltó de entusiasmo cuando el *Morning Post* le ofreció un puesto de corresponsal en aquel conflicto. Recibiría 250 libras al mes, suma verdaderamente fuerte para aquel tiempo. Pero es que Winston no era considerado como un simple reportero. Se había ganado un sólido prestigio de escritor con sus dos libros: *La Historia de las Fuerzas de Campo Malakand* y *La Guerra del Río;* sin contar sus sabrosas crónicas de las otras guerras.

Además, entre el *Morning Post* y él siempre hubo excelentes relaciones. Fue este periódico de los pocos que alabaron los discursos de Churchill durante su campaña electoral. Incluso le llamaban a la redacción para corregir las pruebas. En una de estas ocasiones, Winston pidió que fuera suprimida la palabra «aplausos» de la referencia que se hacía a un discurso suyo, y el editor quedó profundamente conmovido con su modestia. Sin embargo, lo que Winston quería decir era que se sustituyera por «largos y prolongados aplausos».

Zarpó el 12 de octubre en el *Dunottar Castle,* con destino a Capetown. Durante el viaje entabló amistad con un tal J. B. Atkins, corresponsal del *Manchester Guardian.* A este periodista le debemos una descripción del Churchill de aquel tiempo:

«No habían transcurrido muchas horas a bordo cuando me fijé en un joven bastante extraordinario. Era delgado, de cabello rojizo, pálido, vivaracho y frecuentemente se le encontraba apoyado en la barandilla, inclinado hacia adelante, tal como Browning definiera a Napoleón. Algunas veces se sentaba meditativamente, cruzando y entrelazando las manos, no nerviosamente, sino como si estuviera intentando deshacer nudos mentales. Muy pronto empezamos a charlar. Me dijo que se llamaba Winston Churchill.

»...Era obvio que estaba enamorado del buen vocabulario. En algunas oportunidades, vacilaba antes de elegir una palabra o cambiarla por otra mejor. Podría haber sido, hasta ahora, un joven escritor o un orador muy consciente de sí mismo y de su arte. Pero, cuando la proyección de una carrera como la de su padre lord Randolph le excitaba, entonces esa brillantez se exteriorizaba y parecía transfigurarse.

»Nunca antes me había enfrentado a esta clase de ambición desvergonzada, francamente egoísta, comunicando su excitación y exigiendo simpatía... Estaba solo y confiado en sí mismo, y su poder natural le inclinaba a ello, sin apoyarse en ninguna persona extraña. No es que careciera de autocrítica. Podía reírse de sus sueños de gloria y tenía una alegría endiablada: eso es lo que era en esos días, en vez de un ingenio infernal. Era como si una luz se encendiera en su interior y súbitamente se reflejara a través de sus ojos».

La gran preocupación de Churchill durante el viaje fue que concluyera la guerra antes de que él llegara. Es que no podía entender cómo unos simples campesinos resistirían solo unas horas al disciplinado ejército inglés. Sin embargo, al pisar tierra, las primeras noticias que tuvo le informaron de que los bóeres eran enemigos de cuidado: habían invadido la colonia inglesa de Natal y habían puesto cerco a las tropas británicas en la localidad de Ladysmith.

Cuatro días después, Winston y su amigo Atkins se encontraban en Estcourt, un poblado casi totalmente cercado por los bóeres. Allí tuvo Churchill la confirmación de que la gloria británica era mucho más meritoria, pues frecuentemente había de sobreponerse a militares particularmente ineptos. Al comandante se le ocurrió la curiosa idea de enviar una expedición exploradora de caballería, a la que acompañaría un tren blindado viajando sobre su línea férrea. El plan era demencial, excepto para el comandante, al parecer, pues bastaría que los bóeres volaran un trozo de esa vía para apoderarse del convoy. Al mando de esta empresa fue puesto el capitán Haldane, el mismo que interviniera para que Winston se incorporara a la campaña de Tirah. Preguntó a los dos jóvenes periodistas si les apetecía acompañarle. Atkins se apresuró a contestar que no.

—Todo esto es muy absurdo –dijo Churchill–, aunque sospecho que se puede sacar algo en limpio de ello.

De modo que se puso en camino con la expedición. Se componía el tren de una máquina y tres o cuatro vagones forrados de planchas de acero, con orificios para los rifles. En la cola del tren viajaba un cañón naval.

Todo discurrió sin incidentes durante catorce millas, hasta llegar a la estación de Chieveley. En este punto, los bóeres habían preparado una emboscada. Lanzaron sobre el convoy una lluvia de plomo procedente de un cañón rápido, dos piezas de artillería ligera y trescientos fusiles. El tren había sido paralizado por una bomba que estalló debajo de la locomotora. Churchill se puso a examinar la avería, mientras el capitán Haldane, al frente de sus fusileros de Dublín, trataba de rechazar el ataque, despreciando los proyectiles que caían a su alrededor. Churchill inspeccionó la locomotora y entendió que aún podía hacerse algo en ella. Pidió voluntarios. La tarea consistía en desatascar la máquina del montón de hierros que la retenían. Trabajaron arduamente durante una hora. Una bala hirió al maquinista y Churchill exclamó:

—¡Adelante! Nunca se ha dado el caso de que a alguien le hieren dos veces en el mismo día.

Finalmente, se puso en uso la locomotora, no así los vagones. Y se acordó abandonar estos y regresar llevando en la máquina a los heridos, mientras los hombres sanos marcharían detrás, amparados por la locomotora.

Los bóeres, envalentonados con su triunfo, les persiguieron. En cierto momento, la máquina se alejó demasiado de los soldados de a pie y Churchill, que iba en ella, bajó para ayudarlos. Un instante después se encontraba rodeado de bóeres. Dio media vuelta y fue seguido por un jinete con un rifle. Churchill quiso sacar su pistola máuser, pero descubrió que no la llevaba.

—¡Ríndete! –le gritó el bóer.

Winston Churchill comprendió que, si no se rendía, sería muerto allí mismo por el jinete. De modo que alzó los brazos y se detuvo.

Resultaba humillante caer prisionero en la primera escaramuza. Hubiera recibido algo de consuelo de haber sabido que su capturador era Louis Botha, quien llegaría a ser Primer Ministro de la Unión Sudafricana.

Pronto llegó la noticia a Natal y después a Inglaterra. Aquella misma noche, el inspector del ferrocarril, J. Campbell, transmitió a Natal el siguiente despacho:

«...el personal del ferrocarril que acompañaba al tren esta mañana... converge su admiración por la frialdad y valentía desplegadas por el señor Winston Churchill», y «están de acuerdo en alabar al señor Churchill, quien, para mi pesar, ha sido hecho prisionero. Respetuosamente le pido transmitan su admiración por un hombre valiente».

En Inglaterra, el *Daily Telegraph* publicó el siguiente telegrama de agencia:

«La valentía de Winston Churchill y su sangre fría han sido consideradas magníficas, y su ejemplo enardeció a los demás a trabajar como héroes, logrando limpiar la línea para que la máquina pudiera pasar».

Si Winston Churchill perseguía la fama, gracias a aquel revés en la guerra la había conseguido. Aunque solo de milagro se salvó de perder allí la vida, pues, según las leyes de las guerras, al menos de aquella guerra, podía haber sido fusilado. Sin embargo, los bóeres se limitaron a encerrarlo en el Colegio Estatal Modelo de Pretoria, junto con un grupo de oficiales ingleses, entre los que se encontraba el capitán Haldane. Churchill protestó: no podían retener a un corresponsal de Prensa. Los bóeres le contestaron:

—No todos los días hacemos prisionero al hijo de un lord.

El capitán Haldane y un tal sargento Brockie, habían elaborado un plan de fuga, consistente en salir por el techo de la letrina y salvar el muro de tres metros de altura. Churchill se les unió. La noche fijada para la fuga, esta no pudo realizarse, pues el centinela no se movió de su sitio. La noche siguiente, Churchill se escondió en los lavabos y, cuando el centinela se alejó, trepó a lo alto de la pared y saltó sobre unos matorrales del otro lado. De pronto, le llegó la voz de Haldane:

—No nos es posible salir ahora. Regresa.

Pero Churchill no se resignó a perder la libertad recién ganada. Llevaba encima unas galletas, cuatro tabletas de chocolate y 75 libras, y, aunque carecía de mapas y de brújula, resolvió seguir adelante.

Nunca se lo perdonó Haldane. Ni otras personas. Al menos, esta resolución de Churchill de huir sin sus compañeros sería esgrimida en su contra por sus enemigos políticos en cuantas ocasiones se les presentaron. Churchill siempre tuvo la misma respuesta a este asunto: era lo único sensato que podía haber hecho en aquel momento de la fuga.

Subió a un tren de carga, creyendo que lo iba a conducir en dirección al África Oriental. Al descubrir que no era así, saltó del vagón y se puso a caminar todo el día bajo un sol de fuego. Se arriesgó a dejarse ver en un poblado minero, confiando en que en él hubiera ingleses. Llamó a la puerta de una casita y le abrió un hombre alto y delgado. Churchill le contó una historia falsa, pero el hombre le sorprendió con sus palabras:

—No se moleste en mentirme. Sé quién es usted: Winston Churchill. Tranquilícese. Ha venido a la única persona que no le denunciará.

Era el administrador de la mina de carbón Transvaal y se llamaba John Howard. Vivía con él otro inglés, Dewsnap, natural –cosa muy curiosa– de Oldham, el distrito donde Churchill fuera derrotado políticamente por primera vez.

—La próxima vez votaré por usted –le aseguró Dewsnap.

Durante tres días lo tuvieron escondido en la mina de carbón y luego consiguieron pasarlo a un vagón de carga, donde Churchill quedó alojado entre balas de algodón. Destino: la colonia portuguesa de Lourenço Marques. El oculto viajero asomaba la cabeza cuando el tren se detenía, por leer el nombre de la estación, y así fue aprendiéndose aquel itinerario: Dalmanutha, Machadodorp, etc. Fueron nombres –dieciocho– que quedaron grabados al fuego en su memoria y que podría repetir muchos años después. Finalmente, el tren cruzó la frontera y Churchill pudo presentarse en el Consulado Británico, donde, al principio, no le reconocieron, tan sucio estaba.

—Todos los periódicos de Europa hablan de su huida de la prisión –le dijeron–, y los bóeres han ofrecido 25 libras por su cabeza.

También le informaron de la descripción que hacían de él los enemigos:

«Inglés, de 25 años, de unos cinco pies y ocho pulgadas de estatura, complexión normal, camina inclinado hacia adelante, pálido, cabello rojizo, bigote pequeño y escasamente notorio, habla nasalmente y no pronuncia bien la letra "s"».

Un nuevo viaje, esta vez en barco, lo dejó en Durban, donde le recibieron con banderas, sirenas y tres bandas de música. Se cansó de contar su aventura y le faltó tiempo para reanudar el envío de sus crónicas al *Morning Post.* También escribió al Cuartel General británico unas indicaciones personales derivadas de su corta experiencia:

«El bóer, bien adaptado al país, vale tanto como tres o cinco de nuestros soldados regulares. La única forma de enfrentarse a ellos es con hombres tan valerosos e inteligentes... o con grandes masas de tropas. Sudáfrica bien vale el gasto en sangre y en dinero. Se necesitan más tropas no regulares. ¿Es que todos los señores de Inglaterra están cazando zorros?».

La pequeña proeza de Winston Churchill infundió ánimos a toda una nación, pues Gran Bretaña estaba viendo últimamente cómo aquella guerra de los bóeres se le iba de las manos. Churchill representó entonces algo así como el emblema de su invencibilidad. No resulta exagerado decir que Gran Bretaña vibró.

Sin embargo, no todo el mundo compartió este entusiasmo. Algunos periódicos le acusaron de hacerse una publicidad gratuita colocándose deliberadamente en situaciones comprometidas. Varios altos militares de cierto club de Londres le enviaron el siguiente telegrama:

«Tus mejores amigos te piden que no sigas haciendo el asno».

Churchill reaccionó noblemente a todo ello. No dudó en alistarse como oficial en la Caballería Ligera sudafricana, sin estipendio de ninguna clase. A nuestro hombre apenas le quedaba tiempo de transmitir sus crónicas, tanta entrega le exigía aquella unidad activa e incansable.

Participó en la batalla de Spion Kop y entró con las primeras tropas en la sitiada Ladysmith. Liberó Johannesburgo y luego paseó la ciudad en bicicleta, y tuvo el honor de llegar a Pretoria con las avanzadas y con el propósito de liberar a sus antiguos compañeros de cautiverio.

El triunfo de Gran Bretaña en aquella guerra llegó a parecer, en ocasiones, que todo él era obra de Winston Churchill, a juzgar por la fama que adquirió. En realidad, aquí estuvo el comienzo de su mito.

CAPÍTULO OCTAVO

Corría el año 1900. Solo unos meses antes, Churchill era casi un desconocido, un político derrotado en el distrito de Oldham. Ahora, era una gloria nacional. Gloria que no quiso desaprovechar el partido conservador: el héroe nacional recibió ofertas de muchos distritos parlamentarios para que los representara en las próximas elecciones. Pero Winston Churchill solo pensaba en Oldham, en un triunfo donde fuera derrotado. Acudió a esta ciudad, que lo recibió con un entusiasmo pocas veces visto, engalanada y con las calles atiborradas de una multitud delirante. Hermosas jovencitas portaban bandas con la leyenda: DIOS BENDIGA A CHURCHILL, EL MÁS NOBLE DE LOS HÉROES DE INGLATERRA, y varias bandas de música interpretaban el *See the Conquering Here Comes* (Venid a recibir al héroe conquistador).

Acertó igualmente Churchill en la elección del tema para sus discursos: la guerra. Por entonces, el país se hallaba dividido en dos bandos: belicistas y antibelicistas. Cabeza visible de los primeros era Chamberlain, a quien los liberales acusaban de haber provocado una guerra imperialista para apoderarse de las minas de los bóeres. La tensión se ponía al rojo cuando Churchill aparecía en la tribuna personificando el ardiente debate. Sus enemigos no se cansaban de acusarlo de cobarde (¿por qué no había ido a Sudáfrica de soldado en vez de ir de corresponsal?) y de haber sido expulsado del Ejército. Una de las muchas voces que se elevaron para defenderlo fue la del propio Chamberlain. Churchill se lo agradeció pero se bastaba a sí mismo. En las siguientes elecciones ganó por 230 votos. Ya era miembro del parlamento. Había comenzado una de las más fulgurantes carreras políticas de nuestros tiempos.

El Primer Ministro, lord Salisbury, se apresuró a felicitarle. Recibió muchas invitaciones para dar conferencias. En un principio, Churchill no las atendió, pero hubo de reconsiderar su resolución cuando realizó un examen de su economía. La carrera de parlamentario era muy cara y él no contaba entonces más que con las 4.000 libras que le habían producido *La Guerra del Río* y otros dos libros, de menos extensión, sobre la guerra de los bóeres: *London to Ladysmith via Pretoria* (De Londres a Ladysmith vía Pretoria) y *Ian Hamilton's March* (La Marcha de Ian Hamilton). Aceptó, pues, las conferencias. Cobraba entre 100 y 300 libras cada una, y así ganó 4.500 libras. Pero el Parlamento aún seguía estando fuera de su alcance, económicamente. Un empresario, Major Pond, le propuso realizar una *tournée* por América. Hizo Churchill sus maletas y partió. El éxito fue, también, rotundo. En Nueva York, Pond lo presentó como «el héroe de cinco guerras, el autor de seis libros y el futuro Primer Ministro de Gran Bretaña». El propio Mark Twain ocupó la presidencia. Se trató de un esfuerzo agotador, pero el inglés logró reunir, al cabo de la gira, 10.000 sabrosas libras. Con ellas, y las anteriores, se encontró en disposición de acceder dignamente al Parlamento. Considérese lo que hubiera ocurrido de no disponer Winston Churchill de ese pequeño capital en libras esterlinas: que Gran Bretaña hubiera perdido a uno de sus mejores dirigentes. De lo que se deduce que, para ocupar un cargo político en la democracia inglesa, hace falta dinero. Es decir que, por mucho que se titule democracia el sistema político inglés, en su Parlamento no caben los pobres.

El surgimiento de Winston Churchill a la política coincidió con el fin de una era, la victoriana, pues la reina Victoria falleció el mismo mes en que el Marlborough se hacía cargo de su escaño. El cambio operado en Gran Bretaña no solo afectó a las alturas –con la subida al trono del príncipe de Gales como Eduardo VII–, sino también a las capas más bajas de la población: el proletariado. Este había empezado a tomar conciencia de sí mismo, a exigir que su voz fuera oída. Al parecer, habían pasado los tiempos en que las clases altas tenían convencidas a las bajas de que se dejasen mandar por seres superiores en cultura, prestigio y capacidad para dirigir una política paternalista.

En Gran Bretaña mandaba la «Democracia Tory», cuyo espíritu había heredado de los conservadores y luchaba ferozmente por seguir manteniendo los privilegios de clase, aquella época victoriana ya sentenciada pero que se resistía a desaparecer. Recordemos que lord Randolph, padre de Churchill, fue uno de los grandes prohombres de esta «Democracia Tory». Los conservadores dominaban fácilmente en un marco en el que su oponente, el partido liberal –tradicional defensor de la clase trabajadora contra la oligarquía– estaba dividido por causa del problema irlandés. El Parlamento se hallaba controlado por los conservadores, merced a una red de parentescos que cerraban el paso a extraños. Lord Cranborne, lord Hugh Cecil y lord Robert Cecil (Subsecretario de Estado de Asuntos Exteriores y miembros del Parlamento, respectivamente), eran hijos de lord Salisbury, el gran pope. Un primo suyo, Gerald Balfour, era miembro del Gabinete, e igualmente un sobrino, lord Balfour de Burleigh; otro sobrino, Arthur Balfour, era director de la Cámara de los Comunes. Se trataba, pues, de una fortaleza sin resquicios.

Winston Churchill vino a introducir, en cierto modo, un nuevo modo de hacer política. Nunca aceptó la disciplina de ningún partido. Siempre anduvo saltando de uno a otro, buscando el que mejor se acomodara a su ideología. En realidad, el único partido al que perteneció Winston Churchill fue el de Winston Churchill.

Desde el principio manifestó unos aires de independencia que asombraron a los sesudos miembros del Parlamento. Se saltó también, todas las normas. Por ejemplo, solían pasar meses, y aun años, antes de que un nuevo miembro tomara la palabra: Churchill tomó la suya el 21 de febrero, tres días después de haberse incorporado el Parlamento. Primero había hablado David Lloyd George, liberal, que censuró duramente la guerra colonial llevada a cabo por los conservadores contra los bóeres; dijo que se trataba de una carnicería inútil, de un gesto grandilocuente de Gran Bretaña por defender la idea de Imperio. Cuando le correspondió hablar a Churchill, los miembros de la Cámara se susurraron con expectación unos a otros: «Es el hijo de lord Randolph». Empezó muy nervioso, tartamudeando, pero se sabía el discurso de memoria y en seguida cobró aplomo.

«Creo que los bóeres no darán mucha importancia a las palabras del honorable miembro –dijo, entre otras cosas–. No hay pueblo en el mundo que reciba más simpatía verbal y menos ayuda política que los bóeres. Si yo fuera un bóer luchando en el campo de batalla... y si yo fuera un bóer estaría luchando en el campo de batalla... no me dejaría engañar por los mensajes de simpatía, aunque los firmaran cien honorables miembros».

Winston Churchill no pretendió entonces imponer ninguna política, simplemente porque no tenía ninguna elaborada. Fue el suyo un discurso perfectamente montado para contentar a los belicistas y a los antibelicistas, compadeciendo, por un lado, a los bóeres, y, por el otro, defendiendo al Gobierno conservador. No dominaba la historia, ni la filosofía política ni la economía; así, pues, en aquellos primeros pasos hubo de refugiarse en el viejo programa de su padre. Él mismo lo confesaría:

«La mayor y más poderosa influencia en los primeros años de mi vida fue, indudablemente, mi padre. Mis ideas políticas, sin duda, eran las de él».

Incluso, aquel su primer discurso en la Cámara concluyó con un recuerdo a lord Randolph:

«Me he extendido bastante, lo sé, pero no por cuenta propia, sino por el espléndido recuerdo que de mi antecesor aún conservan muchos honorables miembros».

Su primera aparición dejó una estela de incógnitas. ¿Cómo sería el nuevo Churchill? Para empezar, ya les había dejado estupefactos. La segunda sorpresa se la proporcionó a la Cámara cuatro meses después, al atacar el excesivo presupuesto militar:

«¿Es que no existe la pobreza en Inglaterra? ¿Se ha secado el Canal de la Mancha y hemos dejado de ser una isla? ¿Ha crecido tanto la renta nacional que no sabemos en qué gastarla? ¿Han sido demolidos los edificios de la Tesorería y huido todos nuestros economistas? Durante las breves semanas en que he sido miembro de esta cámara, he oído a los honorables miembros abogar por muchas causas; pero ni una sola voz se ha levantado para defender la causa de la economía. Creo que ha llegado el momento de que una voz se levante para abogar por esta causa tan poco popular; que alguien que no esté en los bancos de la oposición, sino un conservador por tradición, cuya fortuna está ligada indisolublemente al partido tory, que algo sabe acerca de la majestad y el poder de Gran Bretaña allende los mares, que carece de todo cosmopolitismo, se levante y proteste contra una política del diario aumento de la carga pública. Si alguien debe defender esta causa, entonces digo con humildad, pero espero que con legítimo orgullo: nadie tiene más derecho que yo, porque esta es la causa por la cual lord Randolph Churchill hizo el más grande de los sacrificios que haya hecho un ministro en los tiempos modernos».

Y no mentía. Siendo Canciller del Exchequer, lord Randolph había dimitido de este cargo por no admitir un presupuesto militar demasiado alto. ¿Qué se proponía aquel jovenzuelo? ¿Atacar a quienes habían relegado a su padre? No cabía otra explicación, pues la situación no era la misma. En 1886 había paz en el mundo. Sin embargo, en 1901, Inglaterra estaba empeñada en una costosa guerra en Sudáfrica y, además, Alemania se estaba convirtiendo a marchas forzadas en una poderosa potencia militar. El discurso de Churchill fue del agrado de los liberales. Los conservadores no podían creer que un miembro de su propio partido se revolviera tan fieramente contra ellos. El *tory* James Ferguson escribió en el *Daily Telegraph:*

«...no he conocido un ataque organizado como este contra un Gobierno... particularmente cuando provenía de aquellos miembros elegidos para defenderlo».

Así empezó el apartamiento de Winston Churchill de los conservadores. Entendiendo que dentro de este partido había dos grupos: el de los viejos conservadores y el de los nuevos, como él, concibió la idea de aislar a los primeros y erigirse él, como Primer Ministro, al frente de los segundos. Pero fracasó. En seguida, su fogosidad le llevó a crear un grupo de rebeldes *tories,* llamados *Hughligans,* que los viejos aceptaron, pensando que resultaba muy aleccionador mantener una oposición dentro de casa. Sin embargo los discursos de Churchill seguían haciendo temblar. Se llegó a decir que no hubo en la Cámara de los Comunes hombre más odiado que él. El viejo sir William Broderick, que era miope, pudo creer que era el propio lord Randolph quien se expresaba. Avalando esta sospecha, leamos lo que escribió el biógrafo C. E. B. Roberts.

«Tiene los mismos grandes ojos y frente amplia; la misma costumbre de echar hacia atrás la cabeza y reírse fuertemente de cualquier cosa que le divierta; los mismos manerismos... refregar la mano sobre su levita como si el corazón le doliese, rompiendo constantemente en pequeños pedazos los papeles de órdenes, inclinándose hacia adelante para escuchar las conversaciones con extrema atención, sus manos entrelazadas, paseándose con gran rapidez por el pasillo, encorvado pronunciadamente y su sombrero balanceándose en su mano como si fuera un bastón. Hasta su voz, resonante y con cierta aspereza, es curiosamente similar a la de lord Randolph».

Es lógico, pues, que muchos creyeran estar viendo su fantasma.

CAPÍTULO NOVENO

Cuando Joseph Chamberlain planteó la supresión del sistema de libre comercio, Winston Churchill ya había aprendido mucho. No solo de su padre, sino también de sir Francis Mowatt, jefe del Servicio Civil y viejo amigo de lord Randolph. Sostenía Winston Churchill por entonces que toda reforma social era innecesaria, y sustentaba su juicio en que los ricos siempre están dispuestos a ayudar a los pobres. Según él, resultaba inútil toda legislación en este sentido. Incluso, sonaría a inmoral. Decía:

—No admito que se haga legislación sobre algo que corresponde exclusivamente a la caridad.

Sin embargo, siempre se confesó amigo de la clase obrera, «como lo fuera mi padre», aunque no tardaría en desprenderse de estos viejos conceptos.

La batalla sobre el libre comercio hizo que afloraran las posturas irreconciliables que habían aparecido en el seno del partido conservador. Hasta entonces, ni liberales ni conservadores habían puesto en duda la bondad del principio del libre comercio, la norma de comerciar con todos los países sin ninguna traba, sin tarifas aduaneras. La guerra la introdujo Joseph Chamberlain, en 1903, cuando anunció su política proteccionista, consistente en que las importaciones de las Colonias y Dominios disfrutarían de un régimen de tarifas inferior al de los demás países. Entre las cosas nuevas que introducía semejante política estaban las tarifas, que no existían y había que inventarlas.

El nuevo Primer Ministro era, por entonces, Arthur Balfour, que acababa de sustituir a lord Salisbury. El nuevo Gobierno *tory* se inclinó por la teoría del proteccionismo. Por el contrario, los liberales lo atacaron duramente; el hijo de lord Randolph era uno de sus más feroces enemigos:

«La nueva política fiscal –argumentó Winston Churchill en el Parlamento– representa un cambio, no solamente en los históricos partidos ingleses, sino en las condiciones de nuestra vida pública. El antiguo partido conservador, con sus convicciones religiosas y principios constitucionales, desaparecerá y surgirá un nuevo partido... quizás como el partido republicano en los Estados Unidos de América... rígido, materialista y secular, cuyas opiniones se negarán a las tarifas y que motivará que los pasillos estén repletos de clientes de las industrias protegidas... Jamás, en los últimos cien años, se ha sugerido una política más sorprendente».

Los que desconocían, aún, el temperamento de Churchill, tuvieron ocasión de descubrirlo durante aquella campaña. Combatió como un león, persiguiendo implacablemente a Chamberlain durante la gira que este realizó para explicar su programa al pueblo. Churchill hablaba allá donde hablaba Chamberlain, rebatiendo punto por punto sus argumentos. Con frecuencia, Chamberlain se sorprendía defendiéndose del joven político, en vez de ocuparse de su propio programa. Acusó Churchill a los conservadores de oponerse a las reformas sociales, de que permitieran esclavos chinos en las minas de oro de África y de que la guerra de los bóeres fue, en realidad, «su guerra». Los *tories* quedaron escandalizados de que un enemigo semejante hubiera surgido de sus propias filas. El coronel Kennyon-Slaney le llamó, simplemente, traidor.

«Si yo fuera un traidor –le replicó Churchill–, de ninguna manera hubiera estado luchando contra los bóeres en Sudáfrica, mientras el coronel Kennyon-Slaney les calumniaba desde su casa. Tuve el honor de servir en el campo de batalla por nuestro país, mientras este coronel, galante y fanfarrón, se contentaba con denigrar a Kruger desde la comodidad de Inglaterra».

Winston Churchill siempre se caracterizaría por sus réplicas contundentes e ingeniosas. Aunque sus enemigos no le iban a la zaga. Tanto presumió de haber estado en aquella guerra, que otro conservador, Claude Lowthe, quiso saber si había contraído en ella el beriberi, en razón de «lo mucho que se le había hinchado la cabeza».

Sabía Churchill que en aquel lance se lo estaba jugando todo. Por ello, no vacilaba en emplear argumentos en los que no creía con tal de derrotar a sus adversarios. Pues, realmente, lo único que perseguía era su victoria sobre los personajes más relevantes de su partido, a fin de implantar la hegemonía de su pequeño grupo en el bando conservador. De lograrlo, él, Winston Churchill, quizá fuera Primer Ministro.

La ruptura llegó en marzo. En una sesión del Parlamento, Churchill apoyó abiertamente a Lloyd George... y Balfour se retiró. Churchill tomó la palabra de nuevo –furioso por aquella desconsideración– y los conservadores, unos 250, empezaron a desfilar tras su jefe, dirigiendo al orador frases acusatorias. Los únicos que le aplaudieron fueron los liberales.

—Es una suerte que contemos con un partido liberal –comentó Churchill gravemente, revolviéndose ante la humillación que le acababan de arrojar.

Sin embargo, había sabido defenderse más hábilmente que su padre, el cual, debido a una crisis semejante, había abandonado la política. Su hijo se limitó a abandonar un partido por otro.

Winston Churchill fue recibido con entusiasmo en el seno de los liberales, aunque no por todos: los más radicales sabían de su reaccionarismo, así como de su afición a las guerras. El nuevo liberal siguió atacando despiadadamente a los conservadores, tanto al grupo como a las personas, especialmente a aquellas que aplastaron a su padre, como, por ejemplo, aquel Balfour. Los argumentos que esgrimía en sus discursos resultaron tan demoledores, que, en las elecciones generales de 1906, los conservadores, sus víctimas, solo obtuvieron 157 escaños, por 401 de los liberales. Hacía más de setenta años que no se producía un cambio político tan abrumador. El propio Churchill ganó, sin apenas oposición, un puesto de diputado en el distrito noroccidental de Manchester. Balfour no solo perdió su cargo de Primer Ministro

–que fue ocupado por el liberal Henry Campbell-Bannerman– sino también su asiento en el Parlamento. Reconociendo la gran deuda que tenía con él por su eficaz campaña, el partido liberal nombró a Churchill Subsecretario de Estado para las Colonias. Para acceder al Gabinete, lord Randolph había debido esperar a los 35 años; su hijo lo acababa de conseguir a los 31.

Winston Churchill también escribió, y salió por entonces a la luz, una biografía de su padre, en la que hacía una crítica a los conservadores. Se hablaba en él sobre cómo lord Randolph había sido aniquilado por su propio partido, debido a que ya era un verdadero liberal. En el libro, Churchill justificaba igualmente su paso al liberalismo. Del conjunto se deducía, pues, que, de vivir en este tiempo, lord Randolph habría actuado de la misma manera. Pero, ¿era sincero este cambio de Winston Churchill?

Sus enemigos le acusaban de falsedad, de asumir la ideología liberal por simple conveniencia. En realidad, Churchill estaba haciendo cosas en las que ni siquiera hubiera pensado solo unos años antes. Habiendo ayudado a derrotar a los bóeres, ahora se enfrentaba a los *tories* para otorgar libertad de gobierno a las repúblicas bóeres. Cuando Louis Botha llegó a ser Primer Ministro del Transvaal, Winston Churchill negoció en Londres muchos problemas con el hombre que, en 1899, le hiciera su prisionero. Así era el nuevo pensamiento de Churchill:

«Cuando uno considera los gigantescos poderes que con el consentimiento de ambos partidos se ha dado a las clases obreras; cuando, por otra parte, uno considera la influencia en esta Cámara de los directores de las Compañías, los estudiosos profesionales, los miembros del servicio, los ferrocarriles y los intereses de la tierra, seguramente se admitirá que la influencia de la clase obrera en la actual legislación es aún ridículamente pequeña. Es labor del Gobierno la de satisfacer a las clases obreras. No hay ninguna justificación...».

Emprendió una profunda reforma social, en colaboración con Lloyd George. Luchó por elevar los impuestos de las clases altas, por un régimen de pensiones, el salario mínimo, el seguro de enfermedad y las retribuciones especiales para los trabajadores.

«Admito que he cambiado de partido –replicaba a quienes le acusaban de cambio de chaqueta–. No lo niego. Estoy orgulloso de ello. Cuando pienso en todas las fatigas que lord Randolph se tomó por el partido conservador y el desagradecimiento con que fue tratado por ellos una vez que llegaron al poder, que jamás habrían logrado sin su ayuda, me siento dichoso de que las circunstancias me hayan permitido apartarme de ellos mientras aún soy joven y mientras aún cuento con las primeras energías de mi vida para entregarme a la causa popular».

Los planteamientos de Churchill eran cada vez más izquierdistas:

«...Hay un sentimiento creciente, que cuenta con mi total aprobación, que va contra aquellos servicios que están dentro de la naturaleza de los monopolios y que caen en manos privadas... Mis esperanzas son las de establecer un mínimo de condiciones de vida y de trabajo, y su ascensión progresiva en tanto lo vaya el aumento de las fuerzas de producción... No creo que el liberalismo, bajo ninguna circunstancia, pueda apartarse de este fértil campo de esfuerzos sociales, y les recomendaría que no se amedrentaran ante estos puntos de vista, solamente porque alguna mujer vieja les dice que se trata de socialismo».

Se trataba de un resuelto propósito de realizar avances sociales... que siempre chocaban contra el muro reaccionario de la Cámara de los Lores. Expusieron claramente los liberales que la voluntad del pueblo y la Cámara de los Lores eran incompatibles. Churchill se mostró implacable con la vieja institución:

«¿Es que alguna vez la Cámara de los Lores ha estado en lo cierto? ¿Estuvo acertada en retardar la emancipación católica y la remoción de las inhabilidades de los judíos? ¿Estuvo acertada en llevar a la nación casi hasta una revolución en sus esfuerzos por oponerse al paso de las reformas?... ¿Estuvo acertada en los innumerables esfuerzos para impedir que esta Cámara gestionara con la pureza de su propia maquinaria electoral?... Desafío al partido opuesto a que nombre una sola oportunidad en que la Cámara de los Lores haya estado en lo cierto en un debate establecido».

Pero ni el ardor ni la inteligencia de Winston Churchill fueron capaces de triunfar entonces, pues la situación no estaba madura para ello. Los Lores se mantuvieron donde estaban y el agresivo político, para consolarse del fracaso, decidió hacer un viaje por África. Circuló por las selvas de Uganda como si lo hiciera por Londres, sin preocuparse de los leones y empeñándose en fotografiar cocodrilos nilóticos subido a un tronco flotante. Se internó en un mar de hormigas blancas, desatendiendo todos los consejos y nada faltó para desaparecer devorado por ellas. Regresó a Inglaterra con una incipiente y apasionada afición por las mariposas. En seguida se puso a escribir un libro: *My East African Journey* (Mi viaje por el África Oriental).

Poco después, Churchill subía otro peldaño de su carrera. Campbell-Bannerman hubo de retirarse de la vida política, por enfermedad, y dejó su puesto de Primer Ministro a Herbert Asquith. El presidente de la Cámara del Trabajo, Lloyd George, pasó a ser Canciller del Exchequer (el equivalente a Ministro de Hacienda), y el propio rey Eduardo VII recomendó a Winston Churchill para aquella presidencia vacante.

Pero se precisaba del triunfo en una elección parcial para alcanzar los altos cargos del Gabinete. Churchill fijó su esperanza en el distrito noroeste de Manchester, el mismo que se mostrara tan liberal en 1906. Era de esperar que, a pesar de ser tradicionalmente conservador, votara de nuevo liberalismo. Mas no ocurrió así. En aquella ocasión siguieron a Churchill por coincidir con él en el asunto del libre cambio. Después, regresaron a sus convicciones.

Churchill sufrió el ataque de los *tories* y de una población de crispadas mujeres reclamando su voto, las sufragistas. Invadían retadoramente las calles y ocupaban las plazas resueltas a no abandonarlas mientras no les concedieran lo que pedían. Churchill también tuvo palabras para ellas:

—Un hombre puede igualmente encadenarse a las barandillas de Santo Tomás y decir que no se moverá de allí hasta dar a luz un niño.

Las sufragistas no se lo perdonaron. Una llegó a golpearle con una correa para perros y otra con un látigo, mientras las demás le apedreaban. En las elecciones, triunfaron las mujeres: Churchill, el liberal, obtuvo 4.988 votos, su rival, Joyson-Hicks, conservador, 5.517. Más calmadas las sufragistas, una de ellas le tomó del brazo a Winston y le dijo:

—¡Ha sido usted vencido por las mujeres, señor Churchill! ¡Aprenda la lección y en adelante defienda nuestro voto!

Por su parte, el *Morning Post* escribió:

«...el señor Churchill, a pesar de ser un ministro del Gabinete, es un ismaelita vagabundo y es objeto de compasión y de conmiseración. Manchester se ha librado de él».

Entonces, los liberales le ofrecieron a Churchill presentarse por Dundee, donde Edmond Robertson, el titular, acababa de pasar a la Cámara de los Lores. Esta vez, Winston Churchill no quiso correr riesgos y, a pesar de saber que aquel distrito era preponderantemente liberal, sus discursos fueron muy moderados, nada radicales. Ganó las elecciones por más de tres mil votos, aunque en este triunfo jugaron importante papel el desagradable nombre de su rival, el conservador Scrymgeour, quien, además, decía en sus discursos que iba a cerrar las destilerías. En cambio, por todos era conocida la afición de Churchill al alcohol, circunstancia que, entre escoceses, resultó definitiva.

De Winston Churchill dijo entonces el *Times* que era «el más grande orador del partido liberal». Por su parte, el *Daily News* escribió:

«¿Cuál será su futuro? A los 34 años se alza ante la nación como la más interesante figura en la política, su vida es un continuo suceder de acciones, su valor es grande, su visión diáfana, sus barcos en llamas. "Me gusta Churchill y confío en él –me decía uno de sus colegas–. Tiene verdadera pasión por la democracia, más que ningún otro hombre que yo haya conocido. Pero no hay que olvidar que el aristócrata aún está presente... latente y sumergido, pero, sin embargo, está allí. La ocasión puede presentarse cuando los dos Churchill se enfrenten en un grave conflicto, y yo no me aventuraría a predecir el resultado".

»¿Posee un poder de resistencia? ¿Es posible para alguien que ha devorado la vida con tal celeridad mantener y retener ese ritmo hasta el final de la fiesta? ¿Cómo le encontrarán los 40 años? Esos fatales 40 cuando la juventud color de rosa y romántica cede paso a la luz del día común... Esta es la pregunta que nos hace reflexionar. Porque por todas sus extrañas cualidades, el señor Churchill es de la clase de los "caballeros con fortuna". Está de aventura. Persigue a la política como perseguiría a los perros de caza... sin importarle demasiado quién sea el enemigo o los méritos de la presa, sino, más bien, el estar en medio de la lucha y pasar un buen rato. Con la facilidad de la mente de los Churchill, pulsa el liberalismo con asombrosa seguridad y lo interpreta con extraordinaria habilidad. Pero, el sentido de alta responsabilidad aún no se trasluce a través de esa feroz alegría por luchar que le domina».

CAPÍTULO DÉCIMO

Por entonces, Winston Leonard Spencer Churchill hubo de enfrentarse a una experiencia de la que no se libran, en general, ni los animales políticos, y con la que no contaba: sencillamente, se enamoró. Aunque el hecho revistió una importancia decisiva en su existencia, Churchill no quiso sacarlo de su intimidad, no lo aireó como lo haría, en sus escritos, con los demás acontecimientos de su vida. Por ejemplo, en sus Memorias, se limitó a decir algo tan escueto que asombra en un temperamento ardiente como el suyo. Despachó el acontecimiento con estas palabras: «...luego me casé y fui desde entonces muy feliz».

Ocurrió en la primavera de 1908. La muchacha se llamaba Clementina Hozier y era de familia noble, aunque arruinada. Su abuelo fue el conde de Airlie y su madre era lady Blanche Hozier. Pero Clementina carecía de prejuicios tontos y, al comprender la situación familiar, no vaciló en ponerse a trabajar dando lecciones de francés y como señorita de compañía de una anciana dama.

Se conocieron en un baile organizado por la condesa de Airlie, la abuela de Clementina. Se enamoraron desde el primer momento. Para reforzar su propio prestigio, poco después Churchill rogó a su primo, el duque de Marlborough, que invitara a la muchacha y a su madre a pasar unos días en el palacio de Blenheim, estrategia perfectamente innecesaria, toda vez que el enamorado era uno de los mejores partidos de Inglaterra. Declaró su amor a Clementina delante de un templete griego de los jardines del palacio, y ella le correspondió sin reservas. Para la madre de Churchill constituyó una excelente noticia, pues apreciaba sinceramente a Clementina.

Y, por suerte también para el novio, los padres y abuelos de la muchacha eran entusiastas liberales.

La boda fue el acontecimiento social de aquella temporada en Londres. El mismo día de la ceremonia, por la mañana, el rey Eduardo VII envió a Winston Churchill un regalo: un bastón de oro con las armas de los Marlborough y las iniciales «W. L. S. C.» (Winston Leonard Spencer Churchill). La aristocrática iglesia de Santa Margarita de Westminster fue el marco ideal para semejante unión. Alguien de los presentes escribiría después:

«La novia estaba pálida, igual que el novio. El aspecto de este había mejorado desde la última vez que lo viera, y tenía un rostro feo, aunque poderoso».

Comentaron los invitados los horribles zapatos marrones que lucía el novio, quien, por otra parte, siempre se distinguiría por el descuido en el vestir.

—Este matrimonio no durará arriba de seis meses –vaticinó lord Rosebery, amigo de la familia.

Por suerte, se equivocó, pues duró más de cincuenta años. Winston y Clementina pasaron media luna de miel en el palacio de Blenheim y la otra media en Moravia y en el lago Maggiore, Italia. Como carecían de fortuna, se instalaron en una sencilla casa de Londres. Su único capital consistía en los 30.000 dólares que le había producido a Winston la biografía de su padre. Iban a ser veinticinco años de ciertos apuros económicos. No de hambre, por supuesto, sino, por parte de la esposa, de llevar una escrupulosa economía encaminada principalmente a que Winston no se viera privado de ciertos gustos y caprichos que siempre necesitó para vivir. No era, precisamente, un asceta. Dedicaba una atención preferente a platos y vinos exquisitos. El whisky y el coñac habían de ser de primera calidad. Y, sobre todo, los cigarros. La pobre Clementina se las veía y deseaba para llegar a fin de mes sin naufragar económicamente. Resultó ser la esposa ideal para un hombre como Churchill. Vivía pendiente de él, se interesaba por su carrera, alegrándose de sus éxitos, estrechándose más a él en los fracasos. Él correspondía a esta solicitud convirtiéndola en confidente de todos sus problemas, requiriendo su opinión acerca de ellos y aceptando su criterio muchas veces. Desde un principio el matrimonio se entendió a la perfección. Pertenecían a la misma clase social, pero lo que les unía no era esta circunstancia, sino precisamente, el que ambos se sintieran independientes de ella. Nunca aceptaron sumisamente sus reglas. Eran unos rebeldes.

Clementina era demasiado liberal para someterse a unos presupuestos eminentemente conservadores, y, en cuanto a Winston, tenía demasiada personalidad y sentido práctico. A los modos y maneras de la aristocracia, les solía denominar «lujos vulgares y lúgubres».

Para redondear su perfección como esposa, Clementina daría a su esposo cinco hijos: Diana, Randolph, Sarah, Marigold y Mary. Marigold, venida al mundo en 1918 fallecería en seguida.

Lloyd George y Winston Churchill eran amigos en la intimidad pero rivales en la política. En 1908, eran los dos grandes candidatos al puesto de Primer Ministro. El gran caricaturista Max Beerbohm los emparejó en una de sus caricaturas, en la que Churchill decía:

—Lo mejor será echarlo a cara o cruz, Davey.

Y Lloyd George replicaba:

—¿Crees, Winsie, que cualquiera de los dos se conformaría con el resultado?

Sin embargo, formaron un frente común para luchar por el mejoramiento de la clase trabajadora. Churchill se impuso en las teorías socialistas de Sydney y Beatrice Webb, fundó Oficinas de Empleos, impuso el jornal mínimo, un sistema de pensiones para la vejez y dulcificó el horario laboral en la industria pastelera. El dinero para las pensiones habría de salir de nuevos impuestos. Además, Churchill propuso reducir el presupuesto militar. No era el mejor momento para intentarlo: Alemania seguía armándose para la guerra y los conservadores ingleses se esforzaban por conseguir el dinero preciso para la construcción de ocho nuevos acorazados. Se estableció un pugilato entre el Primer Lord del Almirantazgo, Reginald

McKenna, y Lloyd George y Winston Churchill, pues estos dos últimos no creían en la guerra. Salió triunfante el defensor de los acorazados. Pero, al menos los derrotados lograron que los nuevos impuestos para pagar los barcos salieran de las rentas de los capitalistas. Fueron elevados los impuestos sobre las herencias, y en un 66% los ingresos más altos; se aumentó en seis peniques el impuesto por botella de whisky, surgió un impuesto sobre la gasolina y otro de seis peniques por libra para ingresos superiores a 5.000 libras anuales, que no afectó más que a 11.500 contribuyentes.

Los grandes del partido conservador alzaron sus voces airadas. Como ocurre en estos casos, Churchill fue acusado de socialista marxista y destructor «de la fe, de la familia, de la propiedad, de la monarquía y del Imperio». Un duque expuso en público que Lloyd George y Winston Churchill debían ser colocados «en medio de veinte parejas de perros de caza». Un tory exclamó que no era «ni excusable ni permisible... la falta de decencia demostrada por el abuso vulgar hacia los duques por parte de un hombre que era el nieto de un duque, el sobrino de otro y el primo de un tercero».

En realidad, todo había sido un ardid, pues el nuevo presupuesto había nacido bajo la inspiración de servir a los intereses de Winston Churchill. Intereses políticos, naturalmente. Era tan escandaloso para los Lores, que estos lo rechazarían y su gesto provocaría una especie de revolución popular. La Cámara de los Lores llevaba 50 años sin rechazar un presupuesto, y el Rey, temiendo que rechazara aquel, hizo llegar su recomendación de que lo pensara bien antes de cometer una locura. Con todo, la Cámara de los Lores, con su votación, eligió el escándalo. El partido liberal alentó una campaña popular contra los Pares, que culminó en la exigencia de unas elecciones generales. Estas resultaron favorables a los liberales –Churchill volvió a derrotar a Scrymgeour en Dundee–, que ocuparon el poder, y el ya prestigioso y gran político Winston Leonard Spencer Churchill fue nombrado Ministro del Interior.

CAPÍTULO UNDÉCIMO

Dejó escrito en sus Memorias:

«Cuando fui Ministro del Interior y tuve a mi cargo todas las cárceles de Inglaterra, hice lo que estuvo de mi parte... para introducir ciertas clases de variaciones e indulgencias en la vida de estos internados».

Las clases altas, los capitalistas, le siguieron considerando «traidor a su clase», algo que no podían perdonar fácilmente. Pero Churchill se desentendió de sus críticas y continuó siendo un «traidor», en parte por espíritu de justicia y en parte por oportunismo político. Revisaba las sentencias de los jueces y, muchas veces, las reducía, llegando a conmutar varias penas de muerte.

Las huelgas nacionales, empero, dejaron un mal recuerdo en su carrera, que sus adversarios políticos se encargaron de exagerar y de mantener vivo. En aquellas ocasiones, la norma de Churchill consistió en mantener el orden al precio que fuera. Fueron tres las huelgas más ruidosas: la de los muelles en Gales del Sur, la del sindicato de Marinos y Bomberos y la del Ferrocarril Nordoriental. Churchill seguía siendo, en el fondo, un soldado, y no vaciló en enviar a los lugares conflictivos, no solo policías, sino también el Ejército. Entre las clases proletarias de la nación se extendió que era un enemigo de ellas. Este sentimiento se agudizó tras el desarrollo de dos acontecimientos. La huelga del carbón en Gales del Sur dio comienzo en 1910. Las violencias fueron tan extremas, que el jefe de policía local se vio desbordado y aconsejó al Ministro el envío de soldados. En esta ocasión, Churchill se movió con más cuidado, por el motivo de que las elecciones estaban próximas. Envió 850 policías londinenses y solo 200 soldados de caballería, a las órdenes del general Macready, que llevaba órdenes expresas de intervenir exclusivamente en caso de extrema necesidad. El propio Macready nos habla de los episodios que se sucedieron:

«Para contrarrestar estas tácticas empleadas por los huelguistas en la próxima revuelta que se presentó, pequeños grupos de infantería con la mejor de las intenciones, manteniéndose al mismo nivel que los policías, se movieron lentamente por las aceras y, presionando ligeramente con las bayonetas, empujaron a los lanzadores de piedras hacia las manos de la policía, que estaba más abajo.

»El efecto fue excelente; no se registró ninguna baja, a pesar de que se rumoreó que muchos jóvenes del valle encontraron que el hecho de sentarse les era un poco difícil durante algunos días, ya que se dio la instrucción general a los soldados que si se veían obligados a usar de sus bayonetas, solamente las deberían aplicar a aquellas partes del cuerpo que tradicionalmente son empleadas por los educadores de la juventud para aplicar sus castigos».

De poco iba a servir aquel trato «amable». Pronto corrió por toda Inglaterra que los mineros habían sido atacados bárbaramente por el Ejército con sus bayonetas y que algunos habían muerto. De golpe, Winston Churchill perdió su prestigio de amigo de la clase trabajadora, circunstancia que iba a pesar decididamente en las nuevas elecciones.

Mas aquello no fue todo. En agosto de 1911, con motivo de la huelga general de transportes, Churchill envió más tropas a los lugares clave a fin de evitar la paralización del país... y tomó su resolución sin que las autoridades locales se lo hubieran pedido. El pueblo se manifestó estruendosamente por las calles pidiendo la dimisión del Ministro del Interior. Ramsay McDonald, que llegaría a ser Primer Ministro, se expresó así en el Parlamento:

«Esto no es un Estado medieval, no es Rusia. Hemos descubierto un secreto que muy pocos países han descubierto hasta el momento. El secreto que esta nación ha descubierto es que la forma de mantener la ley y el orden es la de confiar las operaciones ordinarias a personas amantes de la ley y de inclinarse hacia el orden... Si el Secretario del Interior... tuviese de alguna forma una idea mejor de lo que significa la libertad civil, y si tuviera una mayor capacidad de emplear esos poderes que le son conferidos como Secretario del Interior, habríamos tenido bastantes menos dificultades en los últimos cuatro o cinco días al enfrentarnos y solucionar finalmente los problemas de gran dificultad que hemos tenido».

Ocho meses antes, Churchill participó en un incidente curioso. Estando en el baño, recibió una llamada telefónica: le comunicaban que un grupo de anarquistas, capitaneados por un tal «Peter el Pintor», se había refugiado en una casa de Sidney Street, desde la que se hacía fuerte a los ataques de la policía. Poco antes, aquellos anarquistas habían asaltado una joyería y matado a tres guardianes. Churchill reaccionó como si estuviera en una guerra. Envió un batallón de artillería ligera del Real Ejército de Artilleros Montados y otro de la Guardia Escocesa, que llevaba 90 años acuartelado en la Torre de Londres y arrastrando una existencia plácida. La campaña que montó Churchill en aquella ocasión era manifiestamente desproporcionada, juicio que no se alteraría aun en el supuesto de que los anarquistas contaran en su fortín con bombas de fabricación casera, como se decía.

A cierta distancia, una multitud de curiosos contempló el desarrollo de la operación. Vieron a Winston Churchill, con capa y sombrero de copa, dirigiendo las maniobras militares, y, cuando lo consideró oportuno, le oyeron ordenar que dispararan los cañones. Un fotógrafo acertó a eternizar la figura del Ministro del Interior a la cabeza de sus tropas, asomando la cabeza por una esquina. Aquella foto iba a ser muy utilizada por sus enemigos para ridiculizarlo y, realmente, medio país se rió contemplándola. El líder conservador, Arthur Balfour, dijo en la Cámara:

—Entiendo qué hacía allí el fotógrafo, pero lo que no entiendo es el papel que desempeñaba el señor Ministro del Interior.

El resultado de aquella operación militar no estuvo a la altura de los medios empleados: la casa donde se refugiaban los anarquistas fue destruida a bombazos y sobre las ruinas aparecieron dos cadáveres, ninguno de los cuales era el de «Peter el Pintor», quien había conseguido huir.

El ridículo de Churchill resultó tan evidente que miembros de su propio partido liberal le criticaron. Se supo que el Rey estaba igualmente indignado. Los más próximos al Ministro del Interior se atrevieron a decirle:

—Has confundido una taza de café con una revolución social.

En cualquier caso, aquel comportamiento de Winston Churchill nos devolvió al verdadero. Fueron falsas sus manifestaciones de justicia social, su amor a las clases bajas de la sociedad, su pacifismo. En realidad, era un hombre que creía en la fuerza, en el predominio de una clase sobre otra. No en vano pertenecía a la aristocracia, había aprendido de militares y había estado en diversas guerras. El enfrentamiento con la realidad pronto iba a echar por tierra la estrategia liberal del pacifismo. Y la realidad era la propia Inglaterra, su Imperio, que se sustentaba en el poder de su flota.

Los escarceos pacifistas de Winston Churchill y de los liberales quedaron relegados cuando, en junio de 1911, un cañonero alemán, el *Panther,* arribó al puerto de Agadir, Marruecos, es decir, un protectorado francés. Alemania buscaba averiguar cómo reaccionaría Europa, cuyos Gobiernos quedaron paralizados por el asombro.

«Si se nos llevara a una forzada posición –expuso finalmente en el Parlamento Lloyd George– en que la paz solamente pudiera ser preservada por la renuncia de la importante y beneficiosa posición que Inglaterra ha ganado con siglos de heroísmo y lucha, permitiendo que Gran Bretaña fuera tratada, donde sus intereses fueran virtualmente afectados, como si no tuviera ninguna importancia en el concierto de las naciones; entonces, digo con énfasis, que la paz a un tal precio sería una humillación intolerable para ser sufrida por una gran nación como la nuestra».

La resuelta actitud de Lloyd George en la crisis de 1911 de Agadir evitó la guerra. Winston Churchill pareció recordar entonces la Ley de la Flota Alemana de 1900:

«...Alemania debe poseer una flota naval tan poderosa que, aun para el más potente adversario naval, una guerra entrañaría tales riesgos que solo eso haría vacilar a tal potencia».

Winston Churchill sabía que estas líneas iban dirigidas a Inglaterra. Recordó, también, que a finales del siglo XIX Alemania había conseguido su unificación y obtenido una potencia impresionante. Y recordó igualmente Churchill su visita en 1906 a aquel país y el asombro que le había causado su poderío militar. Como resultado de todo ello –y, principalmente, de estar mostrando su verdadera naturaleza–, Churchill se dedicó en cuerpo y alma al fortalecimiento militar de Inglaterra. A fin de conocer de primera mano la fuerza real de su país, se entrevistó con el Ministro de la Guerra, lord Haldane, con el Primer lord del Almirantazgo, McKenna, y con el Primer Ministro, Asquith. Resultó tan evidente su interés por aquel asunto, que cuando el Primer Ministro creó el Comité de Defensa Imperial, tuvo en cuenta a Winston Churchill. Dirigieron con él este Comité Lloyd George, lord Haldane y sir Edward Grey. Comenzaron a trabajar el 23 de agosto. El primer gran tema fue hallar la respuesta a la pregunta de qué haría Inglaterra si Alemania atacase a Francia. Las diversas respuestas pusieron de manifiesto las enormes diferencias que había entre la Armada y el Ejército. La Armada vivía de las viejas glorias y planteaba la nueva guerra como una de las antiguas, confiando ciegamente en el poderío, hasta entonces indiscutible, de la Flota británica. Pero había otros, aparte de Winston Churchill, que pensaban que había que olvidar las nostalgias y encarar la realidad. La propuesta del Ministerio de la Guerra de lord Haldane, en caso de conflicto con Alemania, era enviar un ejército expedicionario al otro lado del Canal. Lo grave no consistía en que la Armada se negara a ello, sino en que no disponía de una estrategia adecuada.

Haldane confesó al Primer Ministro que «no estaba dispuesto a que las cosas siguieran como hasta ahora en el Almirantazgo», y propuso intentar reorganizarlo personalmente.

Asquith y Churchill estaban de parte de Haldane. Aunque nadie se lo había pedido, Churchill había escrito un ensayo titulado *Military Aspects of the Continental Problems* (Aspectos militares del problema continental), donde ofrecía el desolador panorama de una Francia derrotada fulminantemente por la invasora Alemania.

—No es más que el ensayo de un aficionado –sentenció despectivamente el general Henry Wilson.

Pero la teoría expuesta en el libro de Churchill iba a cumplirse demasiado fielmente.

Las presiones de Haldane y de Churchill sobre el Primer Ministro surtieron su efecto, y aquel acabó destituyendo a McKenna del Almirantazgo. ¿Quién le sucedería? Haldane, sin duda. Él mismo lo creía así. Esto es lo que pensaba de Churchill:

«...Winston estaba muy bien, razonando que si él llegaba hasta allí (el Almirantazgo), trabajaría en estrecha unión conmigo en el Ministerio de la Guerra, con el idealismo de su padre, que siempre había dicho que debiera existir una administración común. Creo, sin embargo, que, con todas las energías que posee, no comprende bien el problema del amplio campo de objetivos que tiene que cubrir.

«Más aún, a pesar de que esto no se lo dije, creo que hace solamente un año que él desplegaba toda clase de esfuerzos para disminuir las fuerzas mecanizadas, y que el Almirantazgo recibiría la noticia de su nombramiento con poco agrado; porque pensarían, correctamente o no, que tan pronto como comience la opresión financiera, de aquí a dieciocho meses, él desearía reducirlo. Es demasiado dado a actuar primero y pensar después, a pesar de que no se le puede criticar su energía y coraje».

Pero, aunque nadie lo esperaba, Winston Churchill recibió de manos del Primer Ministro el mando sobre el Almirantazgo, y su puesto vacante de Ministro del Interior lo ocupó McKenna.

Churchill, con solo 37 años, se encontraba al frente de la primera flota del mundo. Su tarea, además, encerraba una doble dificultad: por un lado, había de luchar para que esa flota superara en todo momento a la alemana; es decir, había de luchar contra Alemania; por otro lado, su enemigo estaba muy cerca y era el propio Almirantazgo: en este sentido, su tarea consistía en modernizar su mentalidad, incorporarla a los nuevos tiempos. De ello dependía el futuro y la supervivencia de Inglaterra.

CAPÍTULO DUODÉCIMO

Una de las primera decisiones de Winston Churchill en su nuevo puesto fue nombrar a lord Fisher su ayudante, pues necesitaba a su lado un hombre experto en cosas del mar, es decir, que pudiera adoptar decisiones «marineras». Muchas veces, el triunfo de los grandes hombres se debe a haber sabido rodearse de personas capaces. Churchill, comprendiendo que él no era marino, buscó que lo fuera y lord Fisher era el indicado. Se trataba de una autoridad en asuntos navales; por ejemplo, a él se debió la introducción del destructor moderno y del submarino. El único inconveniente era que tenía 71 años y estaba retirado. Pero Churchill logró devolverlo a su pasada profesión. En ocasiones, se arrepintió de haberlo hecho, porque lord Fisher no se dejaba manejar. Protestó firmemente cuando Churchill pretendió que todo el personal del Almirantazgo quedara bajo su mando –el de Winston–. Según lord Fisher, aquello era cosa de un marino, y Churchill hubo de dar su brazo a torcer. Sin embargo, no podía prolongarse demasiado una situación más o menos tirante, una relación entre dos caracteres tan fuertes como los suyos. De modo que cuando a Chur-chill se le ocurrió nombrar para ciertos cargos a almirantes que no eran bien vistos por Fisher, este dio un furioso portazo y se marchó a Nápoles.

Mas Churchill no se resignó a perder un colaborador tan valioso. Habiendo fracasado sus presiones realizadas desde Inglaterra, se desplazó con Asquith a Nápoles. Hablaron ambos con el anciano, sin conseguir doblegar su voluntad. Pero Fisher no conocía a Churchill. Este preparó una encerrona con aires de folletín: instruyó al capellán de la iglesia Anglicana de Nápoles acerca de lo que debía decir en su sermón del domingo, y el capellán, durante los servicios de este día, y sin dejar de mirar fijamente a Fisher, expuso con asombrosa dureza:

—Ningún hombre que se sienta sano y vital debe caer en la tentación de pensar: «He trabajado mucho y ahora merezco un descanso», porque aún se sigue debiendo a su patria y a sus compatriotas.

El pobre Fisher no pudo resistir aquel razonamiento que tocaba sus fibras más sensibles... y regresó a Londres con Churchill.

Ambos hombres trabajaron desde entonces de común acuerdo. Se aumentó el calibre de los cañones de 13,5 pulgadas a 15. Y a toda la Marina alcanzó el cambio del carbón por el petróleo. La arriesgada sustitución se llevó a cabo sin experimentos previos, de tal modo que si la prueba fracasaba sería un verdadero desastre para la Armada y para Gran Bretaña. En cambio, si la aventura deba resultado, se habría ganado un año en la carrera de armamentos. Quizá Churchill no se hubiera atrevido solo a afrontar un problema de tanta responsabilidad, pero a su lado estaba el viejo Fisher, tan animoso como el más joven cadete de la Armada.

—¿Cómo derrotaba Jack Johnson a sus contrincantes? –exclamaba Fisher–. ¡Con el Gran Cañón!

Jack Johnson fue campeón del mundo del peso pesado.

En su oficina del Almirantazgo tenía Winston Churchill un enorme mapa del Mar del Norte, en el que unas banderitas señalaban la posición de la flota alemana.

«Me impuse la costumbre –escribe– de observar este mapa una vez al día, al entrar por las mañanas en la oficina. Lo hacía, no para estar informado, ya que existían otros muchos canales de información, sino más bien para inculcarme a mí mismo y a aquellos que trabajaban conmigo el sentido del constante peligro presente. Todos trabajábamos con este pensamiento».

Aparte del riesgo inherente a todo cambio, la sustitución del carbón por el petróleo acarreaba otro problema: Inglaterra no producía petróleo, sino carbón. Era preciso cerrar un contrato con la Compañía de Petróleos Anglo-Persa, con una inversión inicial de dos millones de libras. Por añadidura, Churchill presentó en 1913 el presupuesto naval más elevado en la historia de Gran Bretaña: más de 50 millones de libras. Churchill y Lloyd George se enfrentaron, amenazando ambos con dimitir, el uno si era rechazado, el otro si era aceptado. Por entonces, Lloyd George no necesitaba dinero para acorazados, sino para efectuar importantes reformas sociales, todo lo contrario que Churchill. La amistad entre los dos hombres entró en crisis.

—Usted cree que todos nosotros vivimos en el mar –decía Lloyd George a Churchill–, y todos sus pensamientos se refieren a la vida del mar, de los peces y otras criaturas acuáticas. Olvida que la mayoría vivimos en tierra.

En el fondo de la cuestión se hallaba la guerra, en la que no creía Lloyd George y sí Winston Churchill. De modo que el primero consideraba verdadera locura sacrificar a la guerra tan fabuloso presupuesto.

«El Primer Ministro debe elegir entre Winston o yo –escribió Lloyd George–. Winston se ha excedido en sus estimaciones por lo menos en 5 millones de libras. Es una extravagancia muy grande... No deseo restringir a la Armada. Solamente deseo economías razonables. Winston dice que no puede reducir más el presupuesto. La verdad es que él no es un liberal. No comprende los sentimientos liberales».

Winston Churchill comprendió que se encontraba en el centro de la distancia entre los dos partidos: los liberales pacifistas le volvían la espalda y los *tories* le acusaban de defender una política de guerra después de haber sido un resuelto pacifista. Era como una repetición del viejo enfrentamiento entre lord Randolph y Salisbury, con la diferencia de que ahora era Churchill el que defendía los grandes presupuestos guerreros.

Un acontecimiento vino a aportar un elemento de distracción: la cuestión irlandesa. Los ingleses católicos del Sur de Irlanda exigían un autogobierno y Parlamento propio en Dublín pero los protestantes del Ulster no deseaban separarse de Inglaterra. Había corrido la sangre a lo largo de varias generaciones. Los irlandeses del Norte contaban con una milicia de 100.000 hombres, «Voluntarios del Ulster», y Alemania había empezado a enviarles armas clandestinamente, buscando acentuar la crisis interna de Inglaterra. La guerra civil, en 1913, parecía inminente.

De pronto, Churchill empezó a manifestarse partidario del autogobierno, todo lo contrario de lo que había defendido su padre... y de lo que él mismo había defendido hasta entonces. Con su osadía habitual, se presentó en Belfast, centro del conflicto, para hablar del autogobierno, aunque lo tuvo que hacer protegido por 10.000 hombres armados. Las soluciones políticas fracasaron cuando los *tories* rechazaron la fórmula de participación propuesta por los liberales.

Churchill recurrió a soluciones militares. Convino con el nuevo Secretario de Estado para la Guerra, coronel J. E. B. Seely, la ocupación por el Ejército de puntos clave del Ulster, como arsenales y depósitos de municiones, y tener dispuesta una flotilla de barcos de transporte para el envío de más tropas, si era necesario. La maniobra era tan escandalosa, que además de los *tories,* protestó el propio Ejército. Cuatro semanas después se reanudaba la guerra civil: los «Voluntarios del Ulster» atacaban con 40.000 fusiles máuser recibidos de Alemania. A fin de frenar lo que parecía inevitable, Churchill envió una flotilla de cruceros a las costas del Ulster, con fuerzas de Infantería de Marina, que llevaban la orden de desembarcar si las cosas tomaban un cariz grave. Paralelamente , Churchill propuso la celebración de conferencias de paz urgentes. Una de ellas se celebró en el Palacio de Buckingham, en 1914, de la que no salió nada positivo. Así explica el propio Churchill el momento en que se recibió allí la terrible noticia del comienzo de la I Guerra Mundial, noticia que hizo que el problema irlandés quedara olvidado:

«La discusión había llegado a su fin y la reunión estaba a punto de terminar cuando los tonos bajos y graves de sir Edward Grey se escucharon dando lectura a un documento que acababa de recibir del Ministerio de Relaciones Exteriores...».

Para entonces, los presupuestos de Churchill habían puesto al día a la Armada. Sus enemigos, aquellos que no creían en la guerra, guardaron silencio. Y, como el niño que dispone de un juguete nuevo con el que ya puede jugar, Winston Churchill empezó a utilizar a «su» flota, concentrándola en el puerto de Spithead y poniéndola en estado de alerta.

CAPÍTULO DECIMOTERCERO

El 28 de junio de 1914 el archiduque Franz Ferdinand, heredero del trono de Austria, había sido asesinado por un serbio, en la ciudad de Sarajevo. Bajo presiones de Alemania, el Imperio Austrohúngaro exigió a Serbia compensaciones y explicaciones, viniendo a representar las primeras una anexión. Serbia se negó a las pretensiones y pidió ayuda a Rusia. Austria declaró la guerra a Serbia y Rusia llevó tropas a la frontera, manteniéndolas incluso ante el ultimátum de Alemania. De modo que el 2 de agosto Alemania invadía Francia, sin declaración de guerra alguna, y el día 4, Bélgica. Antes de estos hechos, Alemania había declarado la guerra a Rusia. Winston Churchill anunció al Primer Ministro Asquith que iba a llevar a cabo la movilización total. Asquith no se atrevió a darle su consentimiento.

—Daré la orden bajo mi total responsabilidad –dijo Churchill–. Mañana por la mañana me las veré con el Gabinete.

Y así lo hizo. Acerca de esta decisión, lord Beaverbrook, que se encontraba aquel día en el Almirantazgo jugando al *bridge,* escribiría después lo siguiente:

«De pronto, fue traída a la habitación una inmensa caja de despachos. Churchill sacó su llave maestra del bolsillo, abrió la caja y sacó una sola hoja de papel. En ese papel estaban escritas las siguientes palabras: ALEMANIA HA DECLARADO LA GUERRA A RUSIA.

»Llamó a un empleado y pidió una chaqueta, se despojó del frac sin decir una sola palabra y abandonó la habitación. No se deprimió; no estaba exaltado ni sorprendido. No demostró ni miedo ni preocupación. Tampoco ninguna señal de felicidad. Salió como un hombre que va a su trabajo habitual. Tenía previsto cuanto iba a suceder, de tal forma, que su espíritu no se vio alterado por la decisión que acababa de tomar bajo su única responsabilidad. En ocasiones, nos ha sublevado la belicosidad del señor Churchill. Pero, todos los beneficios que obtuvo el país de esos momentos críticos, se los debe a la lucidez del Primer Lord del Almirantazgo al comprender y dominar la situación de guerra».

El Gabinete no vaciló un momento en aprobar la orden de movilización dada por Churchill. Este, entonces, ocupó un puesto de privilegio, respetado por amigos y enemigos. Cuanto él advirtió se había cumplido. Habló de guerra y esta llegó; se empeñó en modernizar la Armada, y ahora Inglaterra contaba con una flota capaz de vencer a cualquier enemigo. Ni un solo inglés dudaba de que Winston Churchill reemplazaría pronto a Asquith en el cargo de Primer Ministro. Pero el futuro inmediato no iba a seguir siendo tan brillante para Churchill. Sufrió varios reveses menores, aunque los grandes culpables del oscurecimiento de su estrella fueron dos nombres: Amberes y los Dardanelos.

Pocos días después de la invasión de Bélgica por Alemania, Inglaterra declaró la guerra a esta nación. Churchill recibió el encargo del Ministerio de la Guerra de responsabilizarse de la defensa aérea y creó el Real Servicio Aéreo Naval. Los zepelines alemanes bombardeando Londres constituían una pesadilla. Era preciso cortar aquellos ataques, y Churchill, en vez de limitarse a defenderse, resolvió atacar. Aquellos aviones –los de 1914– eran tan imperfectos que necesitaban despegar de lugares próximos a su objetivo para que resultaran eficaces, de modo que Churchill llevó sus bases al otro lado del Canal, a Calais y Dunkerque. Despegando de aquí, los aviones ingleses consiguieron bombardear cómodamente Colonia y Friedrichshafen, destruyendo seis zepelines y muchos hangares. Los alemanes reaccionaron duramente contra aquellas bases británicas de Calais y Dunkerque, desde las cuales, además, eran bombardeadas las bases submarinas de Zeebrugge. Y, al trabajar en dispositivos de defensa, Churchill inventó el tanque, inspirándose en aquellos elefantes blindados de Aníbal que marchaban a la cabeza de su ejército y que nadie podía detener. Diseñó un tipo de coche blindado con una ametralladora. Los alemanes se defendieron de ellos abriendo trincheras. Churchill trató de mejorar su modelo añadiéndole un puente portátil y plegable, pero la misma fábrica que trabajaba en sus tanques le mostró, un mes después, un tractor oruga, que provocó en Churchill tal entusiasmo que ordenó construir varios. El almirantazgo los puso a prueba y esta fracasó, pues aquellos tractores no fueron capaces de salvar un río pequeño.

Winston Churchill no se dio por vencido e ideó un gran rodillo movido a vapor que aplastaría cuanto hallara a su paso. El artefacto no dio buen resultado, toda vez que el rodillo se hundía en el barro. El siguiente paso fue un «barco de guerra de tierra» desplazándose sobre un tractor oruga. Churchill ordenó la fabricación de 18 unidades, cuyo costo total sería de 70.000 libras esterlinas. Pero, antes de que la fábrica empezara a trabajar en el encargo, Churchill perdía su puesto en el Almirantazgo y la persona que le reemplazó anuló el encargo de los 18 tanques, manteniendo solamente uno. Sin embargo, bastó para que el Ministerio de la Guerra lo aceptara, después de ver el resultado satisfactorio de su prueba. Fueron encargados más, y muy oportunamente, pues en el primer ensayo contra los alemanes –el 15 de septiembre de 1916– les hicieron retroceder en la batalla del Somme. Allí nacieron los verdaderos tanques de guerra.

Winston Churchill no solo era efectivo, sino también espectacular e incluso circense. Como los ingleses necesitaban los puertos y la costa francesa para el desembarco de sus efectivos militares, y ante el amenazante avance germano, el 16 de septiembre de 1914 el mariscal Joffre ordenó a lord Kitchener que engañara al enemigo enviando a un puñado de infantes de marina a Dunkerque para causar la impresión de que eran muy numerosos y ocupaban toda la costa. Para la realización práctica de este plan se contó con Churchill. Este transportó tropas a Dunkerque, con 50 autobuses defendidos con planchas de hierro. Hizo que los soldados viajaran en estos vehículos de un lado a otro, metiendo mucho ruido, bebiendo y alborotando, dando la impresión de que eran muchos miles, cuando la verdad era que no pasaban de cientos. El propio Churchill les acompañaba en su guerra-juerga escandalosa. No debían combatir, sino convencer a los germanos de que componían una fuerza considerable. Lo consiguieron. Creyó el enemigo que sumaban no menos de 40.000 hombres y se retiró. El éxito obtenido no evitó que los *tories* calificaran a la operación de circense, denominándola el «Circo de Dunkerque». El Primer Ministro Asquith cortó en seguida aquella nueva extravagancia de Churchill.

No tardó mucho el Marlborough en distinguirse de nuevo, esta vez en cumplimiento de una misión en solitario. Se trataba de infundir moral a los defensores de la plaza de Amberes, amenazada seriamente por los alemanes, cuya conquista significaba para ellos el poder seguir avanzando hacia los puertos del Canal y dividir en dos a los ejércitos aliados. El Kaiser había dado la orden de conquistarla a cualquier precio. El rey belga, Alberto, había pedido ayuda a Gran Bretaña, pero como los refuerzos británicos tardarían varios días en llegar a Amberes, es por lo que lord Kitchener, entonces Ministro de la Guerra, pidió a Churchill que acudiera a la ciudad a modo de adelantado de la ayuda que recibirían los belgas. Aceptó Churchill el encargo, pero escribiría:

«Parece que yo estaba siempre demasiado dispuesto a hacerme cargo de tareas peligrosas o dadas totalmente por perdidas».

En el diario de Asquith se pudo leer lo siguiente:

«El intrépido Winston partió a medianoche y debe haber llegado a Amberes a eso de las nueve de esta mañana. Irá directamente a ver a los ministros belgas... No sé si domina el francés, pero, si es capaz de expresarse en una lengua extranjera, los belgas tendrán que escuchar un discurso como jamás habrán escuchado. No puedo menos de pensar que los dejará asombrados».

Efectivamente, Churchill apareció ante los belgas ataviado de manera bastante sorprendente. Lucía el uniforme de la *Trinity House* (una hermandad naval), y, según los presentes, «abrió los brazos» antes de que su coche se detuviera. Al llegar ante el Burgomaestre de la ciudad, exclamó:

—Ya no tiene por qué preocuparse. Salvaremos la ciudad.

Un periodista, allí presente, escribió:

«...me hizo recordar totalmente la escena de un melodrama en donde el héroe... se lanza al rescate de la heroína, de su antiguo hogar, o de la fortuna de la familia, o cualquiera de esos casos».

Hallándose reunido Churchill con los miembros del gabinete belga, estos se interesaron por su particular uniforme.

—«Je suis le frère ainé de la Trinité» –les explicó el inglés, y los belgas creyeron que les estaba hablando de su parentesco con el *frère*, el Hijo y el Espíritu Santo, lo que no dejó de hacer crecer su moral.

Churchill tomó tan en serio su papel de salvador que envió un telegrama a Asquith proponiéndole renunciar a su puesto en el Almirantazgo si se le otorgaba el mando absoluto de todas las fuerzas defensivas, y se adelantó a tomar dicho mando antes de recibir la respuesta. Pidió a Kitchener dos brigadas navales y se preparó a dirigir personalmente aquella guerra.

«No hay la menor duda de que todo se encontraba en manos de Winston –escribió Jack Seeley, exministro de la Guerra–. Dominaba a todo el mundo: al Rey, a los ministros, a los soldados y a los marinos».

Finalmente, y a pesar de los enconados esfuerzos de Churchill, Amberes se perdió cinco días después de su llegada. Pero resultaron cinco días especialmente decisivos... cosa que se negaron a reconocer sus enemigos. Existe casi absoluta unanimidad entre los historiadores en admitir que Amberes era indefendible. Con aquellos cinco días de retraso, Churchill salvó al Ejército belga de la aniquilación. Para cuando las divisiones alemanas avanzaron hacia la costa belga y los puertos del Canal, su tiempo ya había pasado. Pero los adversarios de Churchill pidieron su dimisión. Reconocían que los cinco días ganados por Churchill habían resultado fundamentales, pero censuraron duramente sus procedimientos, aquel carácter circense que había imprimido a la guerra. Además, estaban sus inoportunas declaraciones, una de las cuales había provocado un ataque alemán contra tres navíos ingleses. La declaración de Winston Churchill había sido la siguiente:

«En cuanto a la Armada, no podemos combatir mientras el enemigo se empeñe en no abandonar los puertos... Si no salen fuera a luchar, serán sacados de sus escondites como alimañas».

Estas palabras hirieron vivamente el orgullo alemán y poco después eran torpedeados el *Aboukir,* el *Hogue* y el *Cressy.*

A estas pérdidas navales se unieron otras y el prestigio de Churchill empezó a tambalearse. El 15 de octubre pudo leerse en el *Morning Post:*

«Las características del señor Churchill hacen de él un peligro y una ansiedad para la nación en los momentos actuales».

Y, de nuevo, Churchill pidió ayuda a lord Fisher, y el anciano, ya de setenta y cuatro años, le atendió. Lanzó a los cruceros *Inflexible* e *Invicible* al encuentro de los alemanes, sin querer tener en cuenta que se hallaban en reparaciones.

—Si no han acabado los trabajos, que zarpen con los obreros encima –exclamó el firme anciano.

Los cruceros ingleses encontraron en las islas Falkland a la flota de Von Spee, verdadera pesadilla para los británicos, y le hundieron los destructores *Scharnhorst y Gneisenau.* El propio Von Spee murió en la batalla. En medio de las aclamaciones nacionales a lord Fisher, Winston Churchill halló unos momentos de respiro.

La siguiente operación iba a consistir en un ataque naval y aéreo en el Báltico, con desembarco de tropas detrás de las líneas alemanas. Si el éxito sonreía a lord Fisher y a Churchill, la guerra podría quedar concluida en 1915. Sin embargo, otro proyecto iba a interponerse: el de los Dardanelos. E1 2 de enero de 1915 el Gran Duque Nicolás de

Rusia, para alejar el peligro turco, solicitó de los ingleses una acción en el Cáucaso. Turquía llevaba dos meses luchando al lado de los germanos. Lord Kitchener no era partidario de sacar tropas de Francia.

«Pienso que no estamos en condiciones de realizar algo que ayude verdaderamente a los rusos en el Cáucaso –escribió a Churchill–. El único punto donde una acción podría tener algún éxito, cortando los refuerzos que se dirigen hacia el Este, es en los Dardanelos. Es la acción más importante que podríamos llevar a cabo en los próximos meses».

Se trataba de una empresa temeraria y no era la primera vez que se colocaba sobre el tapete. Los Dardanelos constituían la comunicación entre el Mediterráneo y el Mar Negro. Pero, siempre que se habló del asunto, siempre había sido abandonado, por el excesivo riesgo que implicaba. Con todo, Churchill lo hizo suyo. Ambicionaba la idea de terminar rápidamente la guerra con un golpe de efecto, con una brillante acción al estilo de los Marlborough.

El 13 de enero de 1915 habló de sus planes al Consejo de Guerra. Y, curiosamente, fueron aceptados, excepto por Lloyd George. No fue aquella una reunión normal: lord Fisher y Wilson, el almirante de la flota, la abandonaron creyendo que no se había tomado ninguna decisión importante. Sin embargo, Asquith dio una orden:

«Prepárese el Almirantazgo para una operación naval en febrero, para bombardear y conquistar la península de Gallípoli. El objetivo final es Constantinopla».

Todos se preguntaron cómo había conseguido Churchill convencer a los almirantes. ¿Cuándo se había visto que una flota conquistara una península? La operación de Churchill se basaba en dos puntos: serían utilizados viejos barcos de guerra, conservando a salvo los mejores de la Armada; y, si la operación se desarrollaba negativamente, la Marina abandonaría la empresa sin mayores explicaciones. Lord Fisher manifestó que daría su aprobación al plan solo si intervenía el Ejército. Esto no era del gusto de Churchill, que deseaba toda la gloria para la Armada, es decir, para él. Pero cuando lord Kitchener resolvió retirar tropas de Francia para que colaborasen con la Armada, el Marlborough hubo de ceder: no podía actuar sin Fisher.

El terrible bombardeo contra las fortificaciones turcas de los Dardanelos comenzó el 19 de febrero de 1915. Había una flota franco-británica de 178 barcos disparando sus cañones. Nunca se había conocido un ataque tan demoledor. Los turcos estaban siendo barridos y nadie dudaba de que los franco-británicos alcanzarían pronto el Mar de Mármara y de que allí concluiría la guerra. Sin embargo, el panorama cambió cuando la flota inició su avance y alcanzó un campo de minas no detectado: quedaron fuera de combate siete acorazados, cuatro de ellos hundidos. El almirante De Robeck exigió a Churchill que fueran eliminadas las minas antes de seguir avanzando. Esta cauta detención fue la culpable de la derrota final. Esto escribiría después del general alemán al mando de las fuerzas en los Dardanelos:

«Si las órdenes de ese momento hubieran sido llevadas a cabo el curso de la Guerra Mundial habría cambiado después de la primavera de 1915, y Alemania y Austria no se habrían atrevido a proseguir solas la guerra».

Las órdenes a que se refería el general germano habían sido dadas por Winston Churchill, pero lord Fisher y otros almirantes interceptaron el telegrama. La paralización de las operaciones permitió que turcos y alemanes se reorganizasen, recibieran municiones y reconstruyeran las fortificaciones. Cuando, cinco semanas después, llegaban las tropas de Kitchener, la gran ocasión se había perdido. Desembarcaron el 25 de abril en la península de Gallípoli. Un enemigo envalentonado les infligió solo al principio 20.000 bajas. No pudieron pasar del punto de desembarco, manteniéndose a lo largo de ocho terribles meses sobre las rocas de la península, sufriendo constantes pérdidas por el fuego enemigo, las fiebres y la disentería. Cuando esta fuerza expedicionaria fue evacuada en diciembre de 1915, había sufrido 250.000 bajas.

Inglaterra, estremecida, se puso a buscar un culpable. Se creó una Comisión Real para investigar «el origen, el principio y la conducción de las operaciones guerreras en los Dardanelos y Gallípoli», y fueron hallados tres culpables: el Primer Ministro, el Ministro de la Guerra y el Primer Lord del Almirantazgo. La Cámara de los Comunes determinó que Winston Churchill era «un peligro para el país», aunque todos hubieron de admitir que siempre había actuado con el consentimiento de los almirantes. En el fondo, no le acusaban de ilegalidad, sino de saber manejar astutamente los hilos para hacerse con las voluntades. Una dura campaña de Prensa volvió a la opinión pública contra él.

«El señor Churchill –pudo leerse en el *Morning Post*– aún se ve a sí mismo como el único dígito en la suma de las cosas, todos los otros hombres son meras cifras, cuya función es la de seguir y multiplicar su valor personal un millón de veces... No ha cesado de ser el actor de una obra sin un solo personaje. Sin embargo, es sincero consigo mismo, porque, satisfecho por sus grandes oportunidades en una guerra de orden mundial, su instinto melodramático ha florecido y se ha transformado en megalomanía».

La cuestión se zanjó expulsando a Winston Churchill del Almirantazgo. Asquith le dio a elegir entre un cargo en el nuevo ministerio o un mando en Francia. Churchill optó por un puesto honorífico de canciller del ducado de Lancaster, pidiendo, al mismo tiempo, que se le permitiera continuar asistiendo a las sesiones del Gabinete y del Comité de Guerra. No se resignaba a perder contacto con las plataformas desde las que se mandaba...

Sin embargo, la realidad era abrumadora. Se sentía incapaz de sobreponerse a la pérdida de «su» Almirantazgo. Treinta años después, escribiría:

«Por el momento, estaba arruinado a causa de los Dardanelos, y una gran empresa fue desperdiciada debido a que mi esfuerzo por efectuar una importantísima operación guerrera fue llevado a cabo desde una posición de subordinado. Los hombres jamás deben intentar semejantes aventuras».

CAPÍTULO DECIMOCUARTO

Aquel revés hubiera acabado con otro que no fuera Winston Churchill. La caída había sido muy alta, nada menos que desde el elevado cargo de Primer Lord del Almirantazgo. Sobre Clementina, su esposa, cayó la responsabilidad de apoyar con su amor al soldado vencido. Los veinte meses de quietud que siguieron resultaron muy duros y, para paliar su tristeza, Churchill empezó a pintar. Esta dedicación suya por la pintura nació casualmente: durante un fin de semana, llegó a sus manos la caja de acuarelas de un niño. Churchill la recogió y se puso a pintar un paisaje. El resultado no fue del todo malo y decidió seguir. Se hizo con un completo equipo de acuarela y de óleo, y descubrió que le nacía una auténtica pasión por las formas y el color. Y, de este modo, la pintura se convirtió para él en la gran medicina que le ayudó a sobrellevar aquella triste época. Con el tiempo, de afición pasó a ser necesidad, y su utilidad no se redujo a aquellos veinte meses, sino que hubo de recurrir a ella en diversos periodos del futuro, a la llegada de nuevos fracasos y desilusiones.

Al cabo, se planteó Churchill muy en serio la posibilidad de dejar el Parlamento y dedicarse a la vida militar. La guerra discurría mal para los Aliados, que acababan de sufrir graves derrotas en el verano y el otoño de 1915. Ingleses y franceses habían atacado en Artois y en Champaña, respectivamente, viendo frenados sus avances después de muchas pérdidas. En el Este, el mariscal Hindenburg había derrotado en toda la línea a los rusos en Lituania y en Curlandia. En los Balcanes, el ejército del rey Pedro I había buscado refugio en los montes de Albania para escapar a la persecución de la coalición austro-germano-búlgara que había atacado Serbia. El descalabro de Gallípoli, con su penosa evacuación dejando miles de tumbas en aquellas playas, cerró el alarmante panorama. Y a todo ello se añadía la guerra submarina que, en febrero, inauguraron los alemanes y cuyos efectos resultaban particularmente demoledores.

Por entonces hubo cambio en el Comité de Guerra inglés y Winston Churchill no se vio incluido en el nuevo. No soportó por más tiempo la quietud. Rechazó el cómodo y bien remunerado puesto de canciller del ducado de Lancaster y preparó sus asuntos para dirigirse a los frentes de Europa. El 15 de noviembre, desde su escaño de simple diputado, pronunció su discurso de despedida en el Parlamento. Manifestó su intención de «servir al país de modo que no pueda hacer sombra a nadie», y trató de justificar su quehacer en el Almirantazgo, el episodio de Amberes y su actuación en la campaña de los Dardanelos. Sobre este punto, admitió su responsabilidad en lo concerniente a la flota, pero no en cuanto a la intervención militar...

«He pronunciado este relato detallado –concluyó Churchill en la Cámara– con el objeto de demostrar y convencer a esta Cámara de que el ataque naval a los Dardanelos era un plan naval, ejecutado correctamente por autoridades navales, aprobado por los expertos navales en el Almirantazgo, defendido por el Primer Lord Marítimo y llevado a cabo por los almirantes que creían en cada uno de los tiempos de la operación...».

El discurso de Churchill, en el mejor de los casos, sirvió para que la Cámara atenuara sus críticas. Las palabras de respuesta de Asquith contuvieron un cortés agradecimiento de servicios, bajo el que latía una clara satisfacción de arrojar a un lado a aquel personaje tan absorbente como molesto y peligroso.

Con el título de Mayor que le concedieron e incorporado al Cuerpo de la Guardia del Rey, de Oxford, tres días después Winston Churchill partía hacia Europa, dentro de un uniforme caqui de grandes botas y armado con espada y revólver. La despedida familiar había sido bastante dramática: a lady Randolph se le salieron las lágrimas viendo a su hijo

–que había alcanzado tantos honores y cargos notables– destinado a las enlodadas trincheras de Europa. También lloró el señor Eddie Warsh, su secretario. Y si Clementina pudo contener su llanto se debió a que abrevió dolorosamente la despedida...

Solo horas después, Winston Churchill se presentaba a sir John French en Boulogne, Francia. Sir John era el jefe de las Fuerzas Expedicionarias británicas. Ofreció al nuevo oficial el mando de una brigada. Churchill solicitó que, previamente, se le permitiera practicar durante un mes en las trincheras. De modo que fue de Mayor a un batallón de Guardias Granaderos. El recibimiento que se le dispensó en este batallón no fue particularmente afable. El coronel, malhumorado, le manifestó que nadie le había consultado acerca del traslado, y las expresiones de oficiales y soldados advirtieron claramente a Churchill que temían de él la reclamación de privilegios especiales, dada la fama de que venía precedido. Pero, un mes después, la personalidad y la eficacia del recién incorporado tenían a la unidad de Granaderos a sus pies. Fue un mes muy intenso, afrontando peligros y realizando duro trabajo, y a Churchill siempre se le veía a la cabeza de la tropa, expuesto a su misma suerte. Al cabo, los soldados pidieron a sus superiores que Winston Churchill fuera su jefe.

Cuando regresó al cuartel general, sir Douglas Hair había sustituido a sir John French, y con él llegaron órdenes muy concretas acerca de Churchill. La Cámara de los Comunes se había escandalizado al saber de aquella excepción que se había cometido con Churchill ascendiéndole a brigadier general y confiándole el mando de una brigada, pues el Ejército se regía por el escalafón y la antigüedad. Se pronunció la palabra «escándalo». Asquith llegó a exclamar:

—Si a este hombre se le pone al mando de 4.000 soldados, es muy capaz de marchar él solo sobre Berlín.

Se le nombró teniente coronel y fue puesto al frente del Sexto Batallón de Fusileros Reales Escoceses.

Su nuevo Cuerpo tenía sus cuarteles en Ploesgteert. La primera orden de Churchill fue un ataque despiadado contra los piojos. Su Batallón llegaría a ser el más limpio del Ejército británico. Sus hombres estaban muy orgullosos de tener entre ellos a un Ministro del Gabinete, aunque no sabían exactamente qué título asignarle y le llamaban lord Churchill, o sir Winston Churchill, o vizconde Churchill, o duque de Churchill. Con uno u otro nombre, el irresistible Marlborough se ganó igualmente la voluntad de sus soldados, con su inteligencia, su ejemplo y sus ingeniosidades. Durante una revista, que pasaba personalmente, sucedió la siguiente anécdota, referida por el capitán Gibb:

«—¿Qué edad tiene usted? –preguntó el coronel a un soldado de las últimas filas.

»—Cuarenta y uno, señor –fue la respuesta.

»—¿Cuarenta y uno? Es una edad excelente: es la mía –concluyó Churchill».

El propio Gibb nos ha dejado estas impresiones:

«En tiempo húmedo aparecía vestido con un uniforme totalmente impermeable, incluyendo pantalones o zahones, y con su casco francés azulado presentaba una figura bastante desusada y destacada. Siempre estaba en íntimo contacto con cualquier trabajo que estuviera efectuándose, y aunque, a veces, sus exigencias eran un poco extravagantes, su bondad y buen humor jamás le fallaban, haciendo que todo el mundo trabajara con total entrega, aunque la meta que él proponía fuera casi imposible.

»Creo que Winston Churchill se regocijaba con ella (la guerra). Para él no existía lo que se llama miedo».

Sus hombres no solo le consideraban valiente, sino temerario. No pestañeaba en medio de los más formidables bombardeos, y se popularizó el chiste de que los alemanes se ensañaban así porque sabían que en el Sexto de Fusileros se encontraba el gran Winston Churchill.

Se enteraba por los periódicos de la marcha de la guerra y de la política inglesa. No tardaron sus compatriotas en convencerse de que aquella guerra, contra lo que creían al principio, no iba a ser una cómoda expedición colonial. Los franceses, al mando de Pétain, resistían como héroes una ofensiva formidable iniciada el 2 de febrero por los germanos.

El 29 de abril, el Cuerpo Expedicionario en Mesopotamia se había rendido. El 15 de mayo, el Ejército italiano era destrozado en Asiago por las fuerzas austro-húngaras. Los dirigibles alemanes bombardeaban Inglaterra y sus submarinos hundían barco tras barco de la flota mercante. El desaliento británico se manifestó en la dificultad que encontró Kitchener para formar 70 nuevas divisiones de voluntarios. Fue preciso imponer una ley que convertía el servicio militar en casi obligatorio, venciendo la resistencia de las *Trade Unions.* El gabinete Asquith se hallaba dividido y estas diferencias tenían su eco en todo el país. La política de Londres era vacilante, y Churchill en su destierro se desesperaba.

En diciembre envió la copia de un informe que acababa de elaborar al Comité de Defensa Imperial. El informe se titulaba *Variante de la Ofensiva.* Apuntaba en él la necesidad de fabricar tanques-orugas en grandes cantidades y llevarlos al frente. Su consejo, sencillamente, fue archivado.

Finalmente, en marzo, escribió a lord Beaverbrook diciéndole claramente que se creía más útil a Inglaterra en el Parlamento que no en las trincheras. El lord dio largas al asunto. Sin embargo, días después Churchill se presentaba en Londres y pudo hablar en el Parlamento sobre el Presupuesto Naval. Balfair –que le había sucedido en el Almirantazgo– recibió sus más duras críticas por la manera en que dirigía la guerra naval y le exigió medidas especiales contra los submarinos. Concluyó su discurso con una propuesta sorprendente: que reorganizara el Consejo y se colocara a Fisher de Primer Lord del Mar. La Cámara de los Comunes pensó mal de Churchill, no pudiendo creer en su generosidad hacia un rival. Pensó que tenía algún diabólico plan escondido en la manga. Esto opinó un parlamentario de sus palabras:

—El discurso de Churchill no tiene más que una interpretación: Lord Fisher y yo podemos manejar muy bien el Almirantazgo; llamadnos otra vez. Churchill intenta regresar al Gabinete.

Dos meses después, Churchill se despedía del Sexto de Fusileros, pues acababa de solicitar el relevo en el Ejército. En las últimas palabras que dirigió a sus hombres aludía a su no disimulada inclinación al alcohol comentando que «nadie podrá decir que me he negado a enfrentarme a él». En junio ocupaba su puesto en el Parlamento como simple representante de Dundee.

Por entonces, el grueso de las flotas inglesa y alemana se enfrentaron en el Mar del Norte a lo largo de dos días terribles. Aunque el triunfo sonrió a los británicos, que hicieron huir a la escuadra germana, la Gran Flota dejó allí 6 cruceros, 8 destructores y 6.000 marinos. Y perdió algo más: su fama de invencible. Winston Churchill manifestó que tal desastre no se hubiera producido de haber estado él al frente del Almirantazgo. Cada vez que tomaba la palabra en el Parlamento, un murmullo de voces, recordándole su pasado, le acompañaba:

—¡Amberes!... ¡Dardanelos!...

No conseguía penetrar el muro que habían levantado ante él. Confesó por aquellos días a un amigo:

—Soy un hombre liquidado. He sido definitivamente apartado del escenario.

El Alto Mando inglés sostenía el criterio de que Alemania solo podría ser derrotada en Francia, aunque para ello hubiera que sacrificar divisiones enteras. La opinión de Churchill era distinta. Era partidario, no de una guerra de desgaste, sino de un golpe fulminante, y no asestado en Francia, sino en otros puntos, bien en los Balcanes, en el Báltico o en los Dardanelos. Sin embargo, el Alto Mando cedió finalmente a la presión de los franceses exigiendo la apertura de un segundo frente que aliviara el feroz ataque alemán en Verdún, y el 1 de julio los ingleses atacaron en el Somme con 27 divisiones, apoyadas por 14 francesas. No se obtuvo más que un avance ridículo a costa de una sangría humana. Por supuesto, las líneas alemanas quedaron indemnes.

Winston Churchill se desquitó en el Parlamento:

«En un mes... no hemos conquistado más terreno del que esperábamos ganar en las primeras horas. No hemos avanzado más de tres millas en línea recta. Desde todos los puntos de vista, por lo tanto, la ofensiva británica "per se" ha sido un fracaso».

No se le hizo caso. En los cinco meses siguientes la batalla del Somme causó a los británicos medio millón de víctimas.

En diciembre de 1916, Lloyd George sustituyó a Asquith como Primer Ministro. Con la aparición en primera línea de la escena de su viejo amigo, Churchill confió en que se le allanaran los obstáculos. Pero los *tories* se negaron a que Churchill ocupara cualquier cargo de responsabilidad. Lloyd George sí estaba con Churchill, pero cinco miembros del Gobierno amenazaron con dimitir si Churchill recibía un nombramiento importante.

Aunque las cosas no tardaron en cambiar. En marzo se hizo público el informe preparado por la Real Comisión de los Dardanelos, y la reputación de Winston Churchill empezó a enderezarse. Dos meses más tarde denunciaba la marcha de la guerra en la Cámara de los Comunes y pidió una concentración de fuerzas y un ataque total a Alemania, cuando los Estados Unidos enviaran a Europa el millón de hombres que habían prometido.

El propio Churchill escribiría después:

«Fui escuchado durante una hora y cuarto con extremada atención, en silencio al principio, pero, gradualmente, ganando terreno la aprobación. Al final, hubo una considerable demostración de conformidad».

Lloyd George aprovechó aquel deshielo para nombrar a Churchill, el 16 de julio, Ministro de Municiones. Constituyó el primer paso hacia su incorporación a los altos puestos del país. Los *tories* continuaron oponiéndose furiosamente e incluso reclamaron en el Parlamento un debate acerca de si el nombramiento de Winston Churchill representaba o no un peligro nacional. La crisis fue conducida muy hábilmente por Lloyd George y su amigo no perdió el puesto.

Churchill también escribiría más tarde:

«No estaba autorizado a trazar los planes, pero sí, en cambio, encargado de forjar las armas».

Empezó por agilizar su ministerio, compuesto de una parsimoniosa red de 12.000 funcionarios, multiplicando su eficacia. Puso en movilización todos los recursos del país, obligándole a producir como nunca lo hiciera hasta entonces. Y, naturalmente, regresó a su vieja y querida idea de los tanques. En octubre de 1917 escribió:

«Cuando se considera estos grandes ejércitos estirados sobre líneas largas de centenares de millas y tan solo en algunos puntos organizados en profundidad, es imposible dudar de que si uno de los campos llega a perfeccionar un método mecánico de avanzar de manera continua, aun cuando solo sea en un frente limitado, ha de infligir al otro campo una derrota decisiva».

Se lanzó a la construcción masiva de tanques. Cuando el general sir Julian Byng dispuso de 500, atacó con ellos el 20 de noviembre y obtuvo un triunfo insólito. Rompió el frente alemán en una profundidad de 12 kilómetros, hizo 10.000 prisioneros, a cambio únicamente de 500 bajas. Había dado comienzo la era acorazada.

Los enemigos de Churchill enmudecieron y él pudo seguir fabricando tanques a ritmo demencial. Necesitaba para sus monstruos tantas planchas metálicas como el Almirantazgo para sus barcos, de modo que se entabló una rivalidad entre los dos campos por hacerse con la mayor parte de ellas. Churchill organizó igualmente la fabricación de artillería de mediano calibre para las 48 divisiones americanas que estaban llegando a Europa. En cierto momento, se dispuso de tanta artillería que no se sabía qué hacer con ella. Trabajaba 15 horas diarias, y además, en su afán de conocer todos los problemas sobre el mismo terreno, volaba con frecuencia a Francia a tratar con los servicios franceses la fabricación de más material de guerra, e inspeccionar las instalaciones inglesas.

El desgaste en hombres y en material que producía la guerra tenía a todos horrorizados. Lord Lansdowne publicó una carta en el *Daily Telegraph,* en la que se leía que «la prolongación de las hostilidades lleva camino de producir la ruina del mundo civilizado». Hubo tentativas de gestionar la paz, aunque Churchill era partidario de continuar la guerra hasta la aniquilación total del enemigo. El 8 de enero de 1918 el presidente Wilson redactó un programa de paz de 14 puntos, que no contentó ni a un bando ni a otro, aunque, en su día, representaría los fundamentos de la que se llamaría Conferencia de la Paz. El 7 de marzo, Rusia, donde acababa de triunfar la revolución bolchevique, firmó una paz unilateral con Alemania, Austria y Turquía. Gran Bretaña, Francia y Estados Unidos no se inquietaron demasiado, toda vez que en aquellos momentos la guerra les era favorable: para Gran Bretaña había desaparecido el peligro de ser vencida por el hambre, pues los convoyes aliados habían triunfado sobre los submarinos germanos.

En último extremo, Alemania lanzó una furiosa ofensiva por el Oeste el día 21 de marzo de 1918, a las 4,30 de la mañana. Nada faltó para que el frente aliado quedara roto. El general Wilson, jefe del Estado Mayor, transmitió al *War Office:*

«Estamos en la víspera del hundimiento total».

Sin embargo, al tercer día de avance, los alemanes fueron contenidos. Pero iniciaron otro ataque el 9 de abril y consiguieron llevar a los ingleses hasta Hazebrouck. Fueron momentos tan desesperados que el general Haig confesó hallarse en el fin, aunque combatiría hasta la muerte. Por suerte, no fue preciso llegar a tal extremo. Aunque Gran Bretaña vivió unas horas de angustia. Asquith criticó la política del Gobierno y se le unieron 107 diputados liberales. Habiendo circulado rumores según los cuales los franceses, caso de que los ingleses fueran derrotados, dejarían de prestarles ayuda, Churchill voló a Francia para obtener del Premier Clemenceau y del Cuartel General de Foch que aquello no ocurriría, y regresó a Londres con esas garantías.

Alemania volvió a lanzar dos nuevos ataques desesperados: uno el 21 de mayo y otro el 15 de julio, ambos contenidos por los aliados. Francia lanzó una contraofensiva el 18 de julio y, tres semanas después, los ingleses atacaban con 450 tanques. Alemania retrocedió en todos los frentes. Sus aliados habían capitulado: Turquía, el 30 de octubre, y Austria-Hungría, el 3 de noviembre. El armisticio, la victoria final de los aliados, se firmó el día 11 en los bosques de Compiègne.

Las once de la mañana de aquel día fue, en Gran Bretaña, la hora de la paz. Winston Churchill se encontraba en el despacho del Ministerio. Le llegaron las campanadas del reloj de la Torre del Parlamento y, volviéndose a su esposa, que le acompañaba, le dio un beso. A continuación, ambos se dirigieron en coche al número 10 de Downing Street, residencia tradicional de los Primeros Ministros, teniendo que abrirse paso por en medio de una muchedumbre que le aclamaba. Churchill felicitó a Lloyd George y este le invitó a comer: era de los pocos que reconocían la valiosa participación del Ministro de Municiones en el triunfo final.

CAPÍTULO DECIMOQUINTO

Al despertarse a la paz, Gran Bretaña apenas se reconoció. En los cuatro años de guerra se habían producido cambios importantes. El patrón internacional ya no era la libra esterlina, sino el dólar. La producción propia no bastaba más que para cubrir 150 días de alimentación del país; los restantes del año habían de depender de las importaciones. Gran Bretaña había perdido 750.000 vidas humanas. No, el país no volvería a ser como antes. Por ejemplo, en febrero de 1918 Lloyd George ya había implantado el sufragio universal, es decir, que las mujeres podrían votar. Churchill recordó a las que le atacaron en la calle por ir en contra de su reivindicación... pero como Gran Bretaña había hecho una guerra para defender la democracia era preciso aceptar el voto femenino, entre otras muchas cosas en aras de esta democracia.

Los electores pasaron de 8,5 millones a 21,5 millones. ¿Qué clase de sociedad iba a traer tal aumento de votantes?

Las mujeres, que habían intervenido tan eficazmente en la guerra como los hombres, ya no volverían a encerrarse en sus casas. La sociedad aceptó su presencia en talleres y oficinas, y sus relaciones con los hombres perdieron viejos prejuicios. Hubo más divorcios y más hijos naturales, y la sociedad también hubo de asumir este incremento. Es que los hombres también habían descubierto –gracias a los nuevos horizontes que habían vislumbrado durante su permanencia en Europa– que Gran Bretaña no era el centro del mundo, que su moral puritana no era la única moral. Apareció el «sexo» en teatros y revistas, y en los *music-halls* irrumpieron los primeros desnudos. El libro de Lytton Stratchey

Eminent Victorians destruyó los pocos prejuicios de la época victoriana que aún quedaban, al echar por tierra muchas sagradas reputaciones.

¿Cómo afectó este cambio al Imperio? Los dominios del Canadá, de Australia, de Nueva Zelanda y África del Sur, incluso Irlanda y la India, que habían aportado hombres y esfuerzos a ganar la guerra, no continuarían en el mismo grado de supeditación que antes, es decir, Gran Bretaña había dejado de ser el centro del Imperio.

Contra este impulso general apenas si se levantaron voces; una de ellas fue la de Gandhi, que propugnaba la resistencia pasiva. Gran Bretaña hubo de ceder ante la exigencia de sus antiguos dominios de dejar de ser colonias, y así nació la Commonwealth.

De la Gran Bretaña de antes de la guerra quedaron muy pocas cosas: la Corona fue una de las que se salvaron. La Corona era un emblema puramente decorativo, lo que, por otra parte, no era un secreto para ningún inglés. La Corona «estaba ahí», presente, no mandando sino influyendo. Por ejemplo, cuando Jorge V pretendió que sus súbditos bebieran menos alcohol, en vez de promulgar una orden –cosa que no podía–, dio ejemplo personal privándose de todo líquido fermentado; el pueblo reconoció su sacrificio, se conmovió profundamente... pero siguió bebiendo alcohol masivamente.

Para los ingleses, la Corona es lo permanente, la tradición, el idealismo, la lealtad, el mito. Es decir, la Corona no representa más que abstracciones. Sin embargo, las sociedades viejas necesitan de abstracciones; y, hoy, todavía no existe sobre el planeta una sola sociedad nueva. La Corona inglesa conoce todo esto y se afana por no defraudar a sus fieles. En este sentido, archivó para siempre el nombre de su dinastía, Hannover –de resonancia profundamente germánica–, y lo sustituyó por el de Windsor, puramente inglés. Igualmente, Jorge V pidió a sus primos los Battenberg que rechazaran este nombre y se convirtieran en Mountbatten. Naturalmente, el mérito de haberse ganado la guerra los ingleses lo vertieron sobre la Corona y, por tanto, aquel 11 de noviembre de 1918, la muchedumbre pasó indiferente ante el número 10 de Downing Street, donde se hallaba Winston Churchill con Lloyd George, y no se detuvo hasta llegar al palacio de Buckingham, donde sus más sentimentales fibras se estremecieron al oír sus propios gritos de «¡Dios salve al Rey!»

Los decisivos aciertos de Winston Churchill en la guerra no lograron extirpar de muchos el mal recuerdo de los Dardanelos. Lloyd George hubo de batallar bastante para poder nombrarle Ministro de la Guerra y del Aire, pues los partidos políticos se negaban a apoyar tal decisión. Sobre Churchill cayó la enorme tarea de la desmovilización. En 6 meses más de 3 millones de hombres fueron pasando, sin grandes alteraciones, del Ejército a la vida civil.

Luego, Churchill la emprendió con la cuestión comunista. Los firmantes rusos de la paz habían sido los bolcheviques, es decir, los rusos rojos, pero había otros rusos, los blancos –los defensores del viejo orden de los zares–, dos de cuyos generales, Wrangel y Denikin, y un almirante, Koltchak, que dirigían las fuerzas de la contrarrevolución, pidieron ayuda militar a Gran Bretaña. En mayo de 1919, Churchill empezó a enviar dinero y material de guerra a los rusos blancos y anunció su propósito de formar un ejército de voluntarios. Gran Bretaña se estremeció ante aquella locura del imprevisible Churchill. Se le criticó duramente con el argumento de que su acción acabaría en una guerra abierta contra Rusia. Además, el partido laborista y algunos liberales no veían con malos ojos el triunfo del bolchevismo, que había sido capaz de derrocar a la tiranía zarista. Tampoco Churchill había simpatizado con el viejo régimen de Rusia, pero el comunismo le causaba la misma repulsión. De ahí la ayuda pretendida a los rusos blancos. Puesto a elegir, prefería estos a los rojos.

Son del Primer Ministro estas consideraciones sobre aquel asunto:

«El más formidable e irresponsable protagonista de la guerra antibolchevique fue el señor Winston Churchill. Sin duda alguna, sentía fuerte aversión por el comunismo... Su sangre ducal se rebelaba contra la supresión total de los grandes ducados rusos».

La opinión de Churchill, a este respecto, era muy clara:

«No creo, evidentemente, que jamás pueda haber una armonía entre el bolchevismo y la civilización actual».

Y añadía:

«¿Hubo jamás un espectáculo más horrible en toda la historia del mundo que este de la agonía de Rusia? Este inmenso país, esta poderosa rama de la familia humana, no solamente producía alimentos para sí, sino que antes de la guerra era uno de los grandes graneros del mundo, desde el que los alimentos eran exportados a todos los países. Ahora se ve reducida a la más temible de las hambres, no porque no haya alimentos –hay gran cantidad de ellos–, sino porque las teorías de Lenin y Trotsky fatalmente, y quizá, finalmente, han roto los medios de intercambio entre hombre y hombre, entre obrero y campesino, entre ciudad y campo; porque han destruido el sistema de comunicaciones ferroviarias y fluviales en las cuales está basada la vida de los grandes países; porque han hecho que las clases se enfrenten a las clases y las razas contra las razas en una guerra fratricida; porque han dejado en manos de los lobos extensas regiones en donde antes florecían los pequeños pueblos; porque han alejado al hombre de la civilización del siglo XX hacia una condición de barbarie peor que la de la Edad de Piedra, dejándolo en el más horrible y lamentable espectáculo de la experiencia humana, devorado por los gusanos, carcomido por la pestilencia, y desprovisto de esperanza.

«¡Y esto es progreso, esto es libertad, esto es utopía! Esto es lo que un amigo mío de la galería llamaría un interesante experimento de regeneración social. Qué monstruoso absurdo y perversión de la verdad es el representar la teoría comunista como una forma de progreso, cuando, a cada paso y en cada estado, simplemente es un retroceso a las épocas oscuras».

Eran solo parte de los clásicos argumentos anticomunistas que han venido repitiéndose hasta hoy. En 1920, Polonia atacó inesperadamente a Rusia, y Churchill propuso enviar tropas británicas en ayuda de aquel país. Europa se preguntó, angustiada, qué iba a ocurrir si Rusia arrasaba a Polonia y luego la emprendía con Alemania, para continuar con las demás naciones... Pero Polonia frenó al «gran oso» en el Vístula. Churchill propuso otra cosa: armar a Alemania para convertirla en parachoques contra el peligro ruso. Lloyd George rechazó la idea. Sin embargo, aquella vez Churchill tenía razón: una Alemania incorporada a la familia europea, con todos los derechos, en vez de ser obligada a pagar una deuda de guerra que la sumió en la miseria, no habría favorecido el surgimiento de Hitler ni el advenimiento de la siguiente guerra.

El Medio Oriente e Irlanda causaban problemas a Inglaterra, entre ellos problemas económicos. Por ejemplo, mantenía en Irak 40.000 soldados que le costaban 150 millones de dólares al año. El presupuesto solo podría reducirse reduciendo la tropa, y esto solo reduciendo las tensiones en el mundo árabe. Para que se ocupara del asunto, Lloyd George nombró a Winston Churchill, en enero de 1921, Secretario de las Colonias. Churchill se valió de Lawrence de Arabia para establecer contactos con los líderes políticos y religiosos, e Irak, bajo el mandato del emir Feisal, obtuvo una de esas curiosas «independencias» que conceden las grandes potencias a las pequeñas. Una hábil solución política de Churchill que sirvió para pacificar el país árabe... y rebajar el presupuesto hasta 30 millones de dólares al año. A cambio de no perder nada, Gran Bretaña había ganado 120 millones de dólares al año.

Lawrence de Arabia, en su famoso libro *Seven Pillars of Wisdom* (Las siete columnas de la sabiduría), decía «Churchill, en pocas semanas, resolvió todo el problema, encontrando soluciones, cumpliendo, creo, nuestras promesas...».

No se cumplieron realmente estas promesas hechas por Lawrence a los árabes. Aquellos árabes quedaron pacificados, pero también engañados por Churchill, lo mismo que el propio Lawrence.

En cuanto a Irlanda, la violencia se había convertido en un mal endémico. Se pretendía un Norte protestante formando parte del Reino Unido, y un Sur católico independiente. Pero esta solución no era aceptada por los extremistas del Sur, que exigían una Irlanda totalmente libre. Churchill se inclinaba por el sometimiento de los rebeldes del Sur por la fuerza de las armas, para, después, concederles la independencia y el autogobienno. Por el contrario, Lloyd George quería negociar. Y se negoció con los líderes irlandeses Michael Collins y Arthur Griffith. Lloyd George y Winston Churchill forcejearon con ellos a lo largo de seis meses. Un día Collins, al cabo de una jornada de debate agotador, exclamó:

—¡Me persiguen de día y de noche! ¡Han puesto precio a mi cabeza!

Estaba en casa de Churchill. Este se levantó, tomó de la pared el pasquín, enmarcado, en el que aparecía la recompensa que los bóeres ofrecieron por su captura, y habló así a Collins:

—No se compadezca. El precio de quinientas libras que ofrecen por usted no es un mal precio, considerando que por mí solo daban veinticinco, vivo o muerto. ¿No lo sabía?

Finalmente, se firmó el tratado. El infortunado Michael Collins tuvo, además, palabras de agradecimiento para Churchill, sin cuya ayuda, manifestó, «jamás habríamos conseguido nada». Por el contrario, su propio partido le consideró un traidor y lo asesinó por haber puesto su firma al pie de semejante tratado. El Sur obtuvo la independencia y el Ulster siguió siendo británico. Los *Sinn Feiners* (Nosotros solos) no lo aceptaron. Estalló la guerra civil en el Nuevo Estado Libre Irlandés. En esta ocasión, Churchill asombró a la Cámara pidiendo serenidad en vez de violencia. Solo dos meses después, en agosto, llegaba la paz, al haber dominado el propio Gobierno irlandés la situación.

Desde la Paz de Versalles de 1919 los griegos habían recibido un gran territorio de Anatolia que los turcos consideraban suyo. El caudillo turco Mustafá Kemal se había opuesto por las armas a que lo ocupasen, y luego quiso conquistar la zona europea que Turquía había perdido en la guerra. Para ello, sus tropas deberían cruzar el Estrecho de los Dardanelos, territorio internacional defendido por unos puñados de soldados franceses, italianos y británicos.

El Gabinete se reunió precipitadamente el 15 de septiembre de 1922 para tratar de conjurar la nueva amenaza turca. La postura de Winston Churchill era de absoluta intransigencia.

«La proximidad de las fuerzas kemalistas a Constantinopla y a los Dardanelos –expresó en un comunicado dirigido a la opinión pública– y la petición exigida por el Gobierno de Ankara... si se acepta, involucra nada menos que la total pérdida de los resultados de la victoria obtenida sobre los turcos en la última guerra. El canal de profundas aguas saladas que separa Europa de Asia y une el Mediterráneo con el Mar Negro, afecta los intereses mundiales, europeos y británicos de mayor importancia... Es intención del Gobierno de Su Majestad reforzar inmediatamente y, si es necesario, en considerable extensión, las tropas a disposición de sir Charles Harington, Comandante en Jefe Aliado en Constantinopla, y también se han dado órdenes a la flota británica en el Mediterráneo para que se oponga por todos los medios posibles a cualquier infracción de las zonas neutrales por los turcos, o a cualquier intento de cruzar hacia la costa europea».

Eran palabras muy firmes, que asustaron a Mustafá Kemal, pues no era lo mismo luchar contra los griegos que contra los británicos. Con su golpe de efecto, Churchill logró su propósito.

Sir Harold Nicolson, Secretario de Relaciones Exteriores, dejó escrito lo siguiente:

«Al señor Lloyd George y, sobre todo, al señor Churchill se les debe mostrar gratitud por haber desafiado en esos momentos no solamente a todo el mundo sino a todo el histerismo de la opinión pública».

Sin embargo, los laboristas acusaron a Churchill de, en su desmedido afán por las aventuras, intentar arrastrar a Inglaterra a una guerra, y los *tories* de pretender convertir al país en la policía del mundo. El incidente señaló el final del consenso político que venía gobernando el país desde hacía siete años. Los *tories,* aun siendo mayoría, habían permitido que Lloyd George, liberal, continuara como Primer Ministro, debido a su enorme prestigio entre el pueblo. Pero la aparición de Winston Churchill en el escenario político les obligó a cambiar de opinión y recuperar el poder. Sus temores no eran infundados, toda vez que Churchill pretendía crear un partido del centro, que se enfrentara seriamente al socialismo y estuviera compuesto por *tories* y liberales de derechas. Pudo leerse por entonces en el *Times*:

«Algunos hombres se apoyan en su política, otros apoyan su política sobre sí mismos... como el señor Churchill... Su primer partido nada bueno tiene aún qué decir de él; su segundo cree que continúa recordando melancólicamente su viejo amor, y últimamente ha estado efectuando gran publicidad por un nuevo partido del centro, que es una combinación de los encantos de los otros dos. Pero, aunque este tercer partido se hiciera realidad y después se debilitara, el señor Churchill no encontraría ningún problema porque dondequiera que él esté, allí hay un partido».

El nuevo Primer Ministro, Bonar Law, disolvió el Parlamento y anunció elecciones generales. Churchill se presentó a ellas por el distrito de Dundee, obrero fundamentalmente. Era su quinta tentativa por el mismo distrito. Sus discursos atacando al Gobierno de reaccionario y aristocrático y de que devolvería al país a la Edad Media, no engañaron a nadie. El pueblo de Dundee le acusó de abandonar a las clases trabajadoras, cuyo resultado era un millón y medio de parados; de su inclinación a inventarse guerras y de haber atacado tan ferozmente a los soviets. Las cosas se torcieron aún más cuando hubo de ser operado de apendicitis. Al regresar a la arena del combate, ya había perdido un tiempo precioso. Además, lo hizo sobre una silla. Hubo de ser subido a la tribuna y una muchedumbre airada lo recibió entonando «Bandera Roja». Churchill escribiría:

«Causaron mi asombro las miradas de odio que me dirigían muchos jóvenes. Creo, en verdad, que de no haber sido por mi lamentable estado, de buena gana me hubieran matado a puñetazos».

Fue derrotado por 10.000 votos por su incondicional enemigo, Scrymgeour. Por primera vez desde 1900 Winston Churchill se veía fuera del Parlamento.

«En un abrir y cerrar de ojos –escribió– me he encontrado sin cartera ministerial, sin mandato legislativo, sin partido e incluso sin apéndice».

El fracaso político se unió a la operación quirúrgica y pareció haber envejecido de pronto muchos años. Para recuperarse, se dirigió a la Costa del Sol en compañía de su esposa, un secretario, un *valet,* una doncella y sus artefactos de pintar. Tomó de nuevo contacto con su secreta vocación y, allí en la calma y bajo un sol cegador, trataba de llevar a sus lienzos la luminosidad que le rodeaba. A veces, su pintura era tan viva que hería el ojo. Le fascinaban los colores rojo y amarillo. Huía de las sombras... algo muy en consonancia con su personalidad. Había calidad en lo que hacía: cinco meses antes, había expuesto cinco paisajes en una galería de París y vendido cuatro a 3.000 francos cada uno. Aunque no se piense mal, no se los adquirieron a causa de que llevaban una firma famosa en la política, pues el autor había firmado humildemente: «Charles Morin».

Perdió bastante dinero en las mesas de ruleta. Cuando un periodista le preguntó si se arrepentía de algo de lo hecho en su vida, Churchill le replicó:

—Sí, de haber jugado al rojo. En adelante, jugaré al negro, tanto en Cannes como en Montecarlo.

No pudo prolongar aquella vida cara cuanto hubiera deseado, por no encontrarse en una cómoda situación económica. Ya no contaba con su sueldo ministerial ni su indemnización parlamentaria, y las herencias de su bisabuela y de su madre y los ingresos por sus artículos en revistas y periódicos no bastaban a cubrir el nivel de vida que se había fijado. Solía manifestar:

«Soy un hombre muy sencillo, pero lo que hay de mejor no es lo bastante bueno para mí».

Al recordar el éxito de aquellos dos libros que escribiera en su juventud empezó a componer otro, sobre la guerra, que sería una justificación de sus decisiones, tan criticadas muchas de ellas. Tomó muy en serio su trabajo y, a veces, llegaba a dictar a su secretario 5.000 palabras por día. El primer volumen de los cuatro o cinco de que constaría la obra se publicó en abril de 1923. Su título: *The World Crisis* (La Crisis Mundial). Hubo, sobre él, opiniones para todos los gustos. El escritor H. G. Wells dijo:

«Churchill cree, inocentemente, pertenecer a una clase de privilegiados particularmente dotados... Su mente solo sueña con grandes hazañas... Sueña con un universo dramático, con muchos traidores... y un solo héroe».

Un amigo del autor opinó:

«Winston ha escrito un enorme libro acerca de sí mismo y lo ha titulado "La Crisis Mundial"».

En la misma línea estaba el juicio de lord Balfour: una espléndida biografía de Winston disfrazada de Historia del Universo. La Prensa, el *Times*, publicó:

«Más brillante y fascinante que la biografía de su padre... Amplia visión y una vívida imaginación realzan su tema y su estilo muy por encima del punto de vista de un hombre común... Una apología puede ser material de primera clase para la Historia, pero puede no ser Historia».

En cualquier caso, el libro se vendió bien y su autor ganó más de 100.000 dólares.

A sus casi cincuenta años, Winston Churchill se conservaba pleno de energías, a pesar de sus moderados excesos: era muy aficionado a las grandes comidas, que empezaban con jerez y concluían con coñac, y con abundancia de whisky y champán. Era un fumador empedernido. La curva de su abdomen aparecía cada vez más acentuada, su espalda se inclinaba un tanto hacia adelante y empezaba a escasearle el pelo. Pero le venían estrechos los límites de una existencia normal. Añoraba la política, el poder.

Y se puso a elegir un partido. El liberal apenas contaba como poder parlamentario. Pero había surgido uno nuevo, el laborista, cuya ideología era atacada ferozmente por Churchill. ¿Y los conservadores? No querían saber nada de su viejo conocido. Pero era con los *tories* con los que más próximo se sentía, tanto por convicción como por conveniencia. A las elecciones del 7 de diciembre de 1922 acudió representando al moribundo partido liberal en el distrito de Leicester-Oeste. En sus discursos defendió el libre cambio y atacó la inclinación de los laboristas hacia el bolchevismo. (Su oponente en aquellas elecciones era del partido laborista). Algún auditorio le quiso linchar y hubo de ser salvado por la fuerza pública. Churchill no se arredró. Creciéndose ante los ataques, así increpó a la muchedumbre:

«Parecéis más bien lobos rusos que trabajadores ingleses. Con vuestros alaridos, vuestra espuma en los labios y vuestros escupitajos, os mostráis totalmente indignos de pertenecer a la clase obrera de este país».

Perdió por 4.000 votos. Aunque no perdió ocasión de seguir atacando a los laboristas: no creía realmente en el peligro que representaban para el país, pero buscaba aproximarse a los *tories*...

«Las corrientes batalladoras de los partidos nos conducen a aguas peligrosas. La entronización de un Gobierno socialista constituiría una desgracia nacional, como las que han caído sobre los grandes Estados después de una derrota sufrida en la guerra... Desórdenes y tumultos, que irán en aumento y debilitarán el país, serán la única consecuencia de una minoría socialista en el mando».

Nunca había ocurrido que en Europa occidental figurara un Gobierno dirigido por un socialista, y entonces, en Gran Bretaña, el Primer Ministro era Ramsay Mac Donald, jefe del partido laborista. Para combatirlo eficazmente desde la oposición los *tories* necesitaban hombres con talento, y esta virtud nadie se la había discutido a Winston Churchill. El viejo Arthur Balfour fue de los que más pidieron el regreso al partido del hijo descarriado.

En las elecciones de Westminster, representando a un improvisado partido, el «constitucionalista», perdió por solo 40 votos, de un total de 22.000. En las de 1924 jugó un papel decisivo la llamada *Carta Roja,* un documento que el Ministerio de Relaciones Exteriores enseñó a la opinión pública, y así conoció esta que Zinoviev, dirigente de la Tercera Internacional bolchevique, llamaba a los comunistas ingleses a la sublevación. Nunca se supo si la *Carta* era falsa o verdadera, pero el público creyó en ella, acusó a los laboristas de comunistas y en el distrito rural de Epping, condado de Essex, Winston Churchill fue elegido por una mayoría de 6.000 votos. Los *tories* consiguieron 413 escaños parlamentarios. Ningún partido, desde 1906, había obtenido una mayoría tan apabullante. El cargo de Primer Ministro fue para Stanley Baldwin. La gran sorpresa brotó cuando Baldwin nombró a Churchill Canciller del Exchequer. Los *tories* se indignaron. Pero Baldwin había actuado con buen sentido político: colocando a Churchill en ese cargo, lo anulaba como enemigo político, hacía que olvidara constituir con Lloyd George un partido de centro.

Winston Churchill, no menos sorprendido que los demás, recibió el cargo como una especie de herencia: su padre, lord Randolph, también lo había disfrutado. Desempolvó la toga negra y oro de lord Randolph que guardaba la familia entre bolitas de naftalina, y su único dolor procedió de que su madre, ya muerta, no podría ver aquella justicia que hacía el mundo a los Marlborough.

Una de sus primeras decisiones al frente de la Cancillería del Exchequer fue la de volver al patrón oro y elevar el valor de la libra esterlina. Esta, sin el respaldo en oro, había bajado en un 10%, y el propósito de Churchill era recuperar este 10%. Le apoyaban los banqueros y casi todos los políticos, pero la medida iba a repercutir en los salarios, que habrían de descender en ese 10% para que los productos de exportación pudieran seguir compitiendo con las monedas extranjeras. Churchill no era un experto en finanzas. Su gestión al frente del Exchequer no resultó positiva.

Maynard Keynes, economista de ideas progresistas, calificó al proyecto de Churchill de «estúpido error». Escribió un panfleto, titulado *The Economic Consequences of Mr. Churchill* (Las consecuencias económicas del señor Churchill), en el que podía leerse:

«Al principio, habrá una gran depresión en las industrias exportadoras. Esto, en sí mismo, será una ayuda, ya que producirá una atmósfera favorable para la reducción de los salarios. El costo de la vida se reducirá algo. Esto, también, será positivo, porque dará un buen argumento en favor de la reducción de los salarios. Sin embargo, el costo de la vida no se reducirá en forma suficiente y, consecuentemente, las industrias exportadoras no estarán capacitadas para reducir sus precios en la cantidad necesaria hasta que los salarios no hayan sido reducidos en las industrias protegidas. Ahora bien, los salarios no serán reducidos en estas industrias, simplemente porque existe desempleo en las industrias no protegidas. Por lo tanto, se comprenderá que también existe desempleo en las industrias protegidas. La forma de hacer esto sería mediante la restricción del crédito. Por medio de la restricción de créditos por el Banco de Inglaterra, deliberadamente se puede intensificar el desempleo en la medida que se desee, hasta que los salarios «tengan» que bajar. Cuando el proceso se haya completado, el costo de la vida también habrá bajado; y entonces, si hay suerte, estaríamos justamente en el punto de partida.

»Debiéramos advertirle, a pesar de que con esto pueda parecer que estamos saliendo un poco de nuestros límites, que no será seguro, políticamente, el aceptar que usted, deliberadamente, esté intensificando el desempleo para reducir los salarios. Estimamos que pasarían dos años antes de que usted pudiera dirigir al público una sola palabra verdadera. Y, para ese tiempo, usted ya estaría fuera de su cargo, o el reajuste se habría llevado a cabo de alguna forma».

La política económica de Churchill afectó seriamente a la industria del carbón. Los mineros –que trabajan con métodos del siglo pasado estaban agrupados en fuertes sindicatos y amenazaron con una huelga general si les rebajaban los salarios. «Ni un penique menos de salario, ni un minuto más de jornada», era su consigna. La huelga se inició el 30 de abril de 1926, y, cuatro días después, por solidaridad, las *Trade Unions* señalaban la huelga general de los transportes, imprentas y fábricas de electricidad. El Gobierno dividió el país en nueve secciones y miles de voluntarios –miembros de la burguesía y clase alta– sustituyeron a los taxistas, a los obreros de las centrales eléctricas, a los maquinistas de ferrocarriles... Auténticos Pares del Reino no vacilaron en ponerse a regular el tráfico y sus esposas en conducir camiones. Resultó un espectáculo muy estimulante y lleno de humor inglés.

Churchill, furioso, clamaba que la huelga había sido inspirada por los comunistas, que habían engañado a la clase obrera británica para que se rebelara contra su propio país. Su grito de guerra llegaba a muchos corazones ingleses: «¡Por el Rey y el País!». Como no salían periódicos a la calle, y sabiendo qué poder tenía la Prensa para moldear la opinión pública, Churchill convenció al dueño del *Morning Post* para que le cediera los talleres, y así empezó a publicar un diario de cuatro páginas, titulado *British Gazette*. En el primer número pudo leerse lo siguiente:

«Casi todos los periódicos han sido silenciados por una concertada y violenta acción. Y esta gran nación en todo, la más poderosa comunidad que la civilización puede mostrar, está, por el momento, reducida en este aspecto al nivel de los nativos africanos, dependiendo solo de los rumores que son llevados de boca en boca. En pocos días, si esto continuara, los rumores envenenarían la atmósfera, harían surgir el pánico y el desorden, inflamarían los temores y las pasiones, y nos llevaría a todos a profundidades que ningún hombre, en su sano juicio, perteneciente a cualquier partido o clase, ni siquiera se molestaría en comprobar. El Gobierno, por lo tanto, ha decidido... editar un periódico propio en escala suficiente como para llevar todas las noticias a su debido tiempo a cualquier lugar del país».

El periódico de Churchill alcanzó una tirada de dos millones de ejemplares. Dos millones de ejemplares antisindicalistas, anticomunistas, antihuelga. Consiguió que la opinión pública se volviera contra los sindicatos «que hacían peligrar las raíces del sistema democrático». El Congreso de Sindicatos hubo de rendirse nueve días después, pero no los mineros, que persistieron en su actitud de huelga seis meses más. Aunque, finalmente, capitularon: hubieron de aceptar no solo una rebaja del 10% del salario, sino también el aumento de una hora en su jornada laboral. La huelga del carbón costó al país 3.000 millones de dólares, cifra que hubiera cubierto perfectamente las demandas de los mineros.

Con la huelga, Winston Churchill perdió el apoyo de las clases trabajadoras. Su amigo Robert Boothby comentó:

«El tenerle a cargo del Exchequer en un tiempo en que su punto de vista hacia la clase obrera era peculiarmente rígido y desafiante, fue una calamidad tanto para la nación como para él mismo. El desempleo y la pobreza, males contra los cuales había combatido tan fervientemente bajo la inspiración de Lloyd George, ahora no parecían hacer surgir ninguna indignación en su corazón».

La escritora de biografías Virginia Cowles se manifestó en estos términos:

«Todo este periodo en la vida de Churchill parece extrañamente fuera de tono por sus características humanas. No será recordado en la Historia como un humanitarista, ya que sus intereses le llevaron hacia otros campos. Sin embargo, por naturaleza era amable y magnánimo. Pero, a través de los años de 1920, su actitud hacia la clase obrera fue dura, arriesgada, inflexible. Su visión fue influenciada por sus temores y su desacuerdo con el comunismo. Sin embargo, sus medidas y acciones fueron de tan escasa visión que hicieron más por fortalecer el movimiento socialista británico que cualquier otro factor aislado».

Winston Churchill, el gran triunfador de la huelga, se tomó un descanso después de tantos esfuerzos. Viajó a Grecia y Egipto y pintó sus escenarios. En Italia, quedó maravillado de Mussolini.

«Si yo hubiera sido italiano –escribió–, estoy seguro de que de todo corazón habría estado a su lado... en su triunfante lucha contra los bestiales apetitos del leninismo... Su movimiento ha prestado un servicio a todo el mundo».

Este criterio lo alteraría diez años después.

La popularidad de Churchill disminuyó rápidamente a raíz de la huelga general. La economía inglesa se deterioró, tal como lo había previsto Keynes. Los enemigos del Marlborough aprovecharon las desastrosas consecuencias de su política para ensañarse con él. La Prensa publicó:

«Aunque cambia de partido tan sencillamente como se cambia de pareja en un baile, Churchill siempre se ha mantenido fiel al único partido en el cual cree sinceramente, el que se encuentra bajo el sombrero del señor Winston Churchill. Su vida es un interminable discurso. Se dirige a uno durante el desayuno como si estuviera en una Asamblea en el Hall del Comercio Libre, y a la hora de la cena aún no ha concluido la representación. Si uno tropieza con él en los descansos, le tendrá que oír partes del discurso, mientras pasea por la habitación con su espléndido aire napoleónico, muy reconcentrado, con una grave seriedad rayana en el ridículo. No atiende las opiniones de los demás. No permite que la brillantez de sus pensamientos se empañe con la pobre indicación de su oponente. ¿Por qué preocuparse de los demás cuando él está siempre en posesión de la verdad? No argumenta: señala».

Las elecciones de 1929 se celebraron en el umbral de la depresión económica. Ganaron los laboristas y de nuevo fue Ramsay Mac Donald Primer Ministro, quien se guardó mucho de contar con Winston Churchill para su Gabinete.

CAPÍTULO DECIMOSEXTO

Siguieron para Winston Churchill diez años sin un poder importante en sus manos, mientras el Gobierno laborista se esforzaba por recomponer la maltrecha economía del país. Aunque seguía en el Parlamento, estaba tan desprestigiado que nadie escuchó sus advertencias acerca de los planes bélicos de Alemania. Sin embargo, Churchill trabajó silenciosamente, meditó y tomó medidas tales que salvarían a Gran Bretaña en la Segunda Guerra Mundial.

Publicó por entonces una autobiografía, *My Early Life* (Mis primeros años), y el quinto volumen de *La Crisis Mundial.* En 1932 realizó una gira por América pronunciando conferencias, y en Nueva York fue atropellado por un taxi por haber olvidado que solo en Inglaterra circulaban los vehículos por la izquierda. Quedó con quince huesos rotos, hemorragias internas y permaneció dos días entre la vida y la muerte.

En la India, Gandhi y su discípulo Nehru luchaban por la independencia de su país. Churchill se oponía a ella decididamente. Pero el Gobierno laborista se inclinaba por dotarla de su propia Constitución y hacer de ella un Dominio. En esta línea se encontraban los liberales e incluso los *tories.* Aunque un grupo de estos compartía las tesis de Churchill: oponerse por todos los medios a perder «esa verdadera y preciosa joya de la corona del Rey, que más que ningún otro Dominio y Dependencia nuestra constituye la gloria y poderío del Imperio británico». No pudo impedir Churchill que el proyecto del Gobierno sobre la India se aprobara en 1935 y que doce años después se le concediera la independencia.

Fue otra derrota, que lo dejó más solo de lo que ya estaba. Tenía 57 años y nadie daba un penique por su futuro político. Para distraerse, se puso a escribir la biografía de John Churchill, el legendario primer duque de Marlborough. Viajando por Europa para documentarse sobre su pariente, en Alemania pulsó la histeria que causaba el nacionalsocialismo de Hitler. En esa época, Churchill no tenía ningún prejuicio nacional contra el caudillo germano.

«Sabía muy poco de su doctrina o de su pasado –escribió en su *Historia de la Segunda Guerra Mundial*–, y nada de su carácter. Admiro a los hombres que se alzan en favor de su país derrotado, aun cuando yo esté del otro lado. Tenía perfecto derecho a ser un patriota alemán, si así lo deseaba. Siempre quise que Inglaterra, Alemania y Francia fuesen amigas.

»Sin embargo, en el curso de la conversación con Hanfstaengl, dije simplemente: ¿Por qué su jefe está tan en contra de los judíos? ¿Cuál es el sentido de estar contra un hombre simplemente por su cuna? ¿Cómo puede un hombre evitar el nacer donde ha nacido? Debió haber repetido esto a Hitler, porque al día siguiente por la tarde volvió con aire un poco serio y dijo que la cita que yo tenía con Hitler no podría ser efectuada... Así, Hitler perdió la única oportunidad de conocerme. Más tarde, cuando era todopoderoso, recibiría varias invitaciones de su parte. Pero, para esos días habían sucedido muchas cosas, y yo me excusé».

Winston Churchill estaba convencido de que Alemania iba a amenazar a Europa nuevamente. Sus continuas llamadas al peligro no encontraron el menor eco en un país que soñaba con el pacifismo y un Gobierno entregado por entero a la tarea de arreglar la economía. Cuando, en el verano de 1932, Alemania exigió el derecho a rearmarse y los ingleses continuaron en su nube idílica, Churchill manifestó:

«No dejéis que el Gobierno se engañe suponiendo que lo que Alemania pide es la igualdad de estado... Eso no es lo que busca Alemania. Todos esos grupos de tozudos teutones, marchando por las calles y caminos de Alemania, con la luz en sus ojos de sufrir por su patria, no están pidiendo igualdad. Están en busca de armas, y cuando las tengan, creedme, entonces pedirán que se les devuelvan los territorios y colonias perdidos y, cuando esta petición sea efectuada, no puede dejar de hacer estremecer y posiblemente temblar hasta sus cimientos a cada uno de los países que he mencionado...

»A la remoción de los justos agravios de los vencidos debiera preceder el rearme de los vencedores. Para llevar a buen fin cualquier cosa con igualdad de armamentos... mientras esos agravios aún están vivos, sería casi como fijar la fecha de una próxima guerra europea... fijarla como si se tratara de un permiso de lucha. Sería mucho más seguro volver sobre cuestiones tales como la del pasillo de Dantzig y Transilvania, con todos sus delicados puntos y dificultades, a sangre fría y en una atmósfera calmada, mientras las naciones victoriosas aún cuentan con amplia superioridad, que esperar ser llevados por la corriente, pulgada a pulgada, paso a paso, hasta que, una vez más, vastas combinaciones, en igualdad de fuerzas, se enfrenten unas a otras».

Al ocupar Hitler la Cancillería del Reich alemán, en enero de 1933, empezó a pedir a Francia la reducción de su armamento. La misma propuesta venía haciendo a los franceses el antibelicista Gobierno inglés.

«En momentos como este –exclamó Churchill–, el pedir a los franceses que disminuyan su Ejército mientras los alemanes doblan el suyo, el pedir a Francia que reduzca su fuerza aérea mientras la fuerza aérea alemana permanece igual a lo que es, es una proposición que debe ser tomada muy en cuenta por el Gobierno francés, ahora y en cualquier ocasión, como algo totalmente irracional».

Convencido de que la próxima guerra se resolvería en el aire, la fuerza aérea se convirtió para Churchill en una especie de obsesión. No disponiendo de información oficial, por no pertenecer al Gobierno, creó un verdadero servicio de inteligencia particular en *Chartwell Manor*, la residencia adquirida con el producto de sus libros. Reunía en su mansión a los amigos que le quedaban en el Ministerio de Relaciones Exteriores y en el de Guerra, y con alemanes enemigos de Hitler.

También recogía información de Francia y del propio Berlín. Un profesor de Filosofía Experimental de la Universidad de Oxford, Frederick Lindermann, le impuso en los adelantos técnicos y científicos, desde los proyectiles dirigidos al radar. En julio de 1934, dijo en la Cámara de los Comunes:

«Alemania, violando el Tratado, ya ha creado una fuerza aérea militar que actualmente es casi tan poderosa como nuestras fuerzas de defensa. A fines de 1935, las fuerzas aéreas alemanas casi igualarán en número y eficiencia a nuestro sistema aéreo defensivo... Alemania se está rearmando. Ahora se ha equipado nuevamente con los métodos prácticos de una guerra moderna y está insertando en los corazones de la juventud y de los hombres el nacionalismo más extremista junto a ideas militaristas».

Sir Herbert Samuel, líder liberal y judío, dijo que aquel era «el lenguaje de un malayo atacando a ciegas y no el de un responsable estadista británico. Es más bien el lenguaje del pánico, sin sentido y sin causa». Winston Churchill siguió insistiendo. A fines de 1934, dijo en los Comunes:

«En estos momentos, Alemania ya dispone de una fuerza aérea militar, es decir, escuadrones militares, con los servicios de tierra necesarios, y las reservas indispensables de personal entrenado y material... que únicamente está a la espera de una orden de operación total combinada... Esta fuerza aérea ilegal se aproxima rápidamente a igualar a la nuestra.

»En segundo lugar, el próximo año, por esta época, si Alemania ejecuta el programa en curso sin apresuramiento, y si nosotros ejecutamos nuestro programa en marcha con las bases actuales sin hacerlo más lento, llevando a cabo los aumentos anunciados por el Parlamento en el último mes de julio, la fuerza aérea militar alemana, en dicha época, del próximo año, será de hecho casi tan poderosa como la nuestra, e incluso puede que sea más poderosa.

»Tercero, en la misma base... es decir, si ambos lados continúan con sus programas actuales y como está acordado ahora... a fines de 1936, o lo que es lo mismo, en un año más, o sea dentro de dos años... la fuerza aérea alemana tendrá un poder de casi el cincuenta por ciento mayor, y en 1937, casi el doble. Todo esto suponiendo, como he dicho, que no exista ninguna aceleración por parte de Alemania y ningún retraso por la nuestra».

En octubre de 1935, el Primer Ministro Baldwin convocó elecciones generales. En el nuevo Gabinete a Churchill le ofrecieron un humilde puesto, en el Comité de Investigación de Defensa Aérea. Pero aceptó. Colocó en el Subcomité Técnico al valioso profesor Lindermann. Como si presintiera la gran responsabilidad que caería en el futuro sobre sus espaldas, se documentó ampliamente sobre el nuevo programa de construcción naval y los últimos descubrimientos en materia de armamentos y explosivos. Cuando la adormecida Gran Bretaña despertó y se acordó de él, ningún inglés sabía como Churchill de cuestiones de la defensa.

A Gran Bretaña se le cayó la venda de los ojos cuando, en marzo de 1935, Hitler hizo una sensacional revelación: la Fuerza Aérea alemana era tan poderosa como la de la Gran Bretaña. Baldwin no tuvo reparo en confesar en el Parlamento:

«Donde estaba mi error era en mi estimación del futuro. En ello estaba totalmente equivocado. Estábamos absolutamente mal informados al respecto... La responsabilidad no recae sobre ninguno de los Ministros. Es la responsabilidad de todo el Gobierno y todos somos culpables».

Sin embargo, los ingleses siguieron confiando en la Sociedad de Naciones, en contra del criterio de Churchill. En efecto, cuando Mussolini invadió y conquistó Abisinia, la Sociedad de Naciones no dejó oír su voz. Esta debilidad fue un estímulo para Hitler, quien, en mayo de 1936, enviaba 35.000 soldados a la zona desmilitarizada del Rhin. Baldwin llevó el problema a la Sociedad de Naciones y esta... conferenció.

Churchill había escrito cuando la invasión de Abisinia por parte de Italia:

«Tal como están las cosas hoy, no hay ninguna duda de que una nube ha llegado a posarse sobre la antigua amistad entre Gran Bretaña e Italia, una nube que, me parece, fácilmente puede mantenerse donde está, a pesar de que, indudablemente, el deseo de todos es que pase y siga su camino. Es una antigua amistad, y no debemos olvidar que no es un pequeño factor: que Italia al entrar en la Triple Alianza en el siglo pasado, estipuló particularmente que bajo ninguna circunstancia las obligaciones de la Alianza la llevarían a un conflicto armado con Gran Bretaña».

Un formidable escándalo conmovió por entonces a Inglaterra: su nuevo rey, Eduardo VIII, hijo del fallecido Jorge V, había anunciado su propósito de casarse con una tal Wallis Warfield Simpson, una americana dos veces divorciada. La Iglesia, el Parlamento y la Corte se unieron para impedir aquel ultraje al país. Las conciencias inglesas se estremecieron ante la idea de tener por reina a una yanki disoluta. Sin embargo, Churchill apoyó al rey, y fue calificado de oportunista. Perdió, una vez más, al salir triunfantes las fuerzas de la tradición. Eduardo VIII hubo de elegir entre la señora Simpson y el trono y se quedó con aquella. La corona pasaría a su hermano menor, que accedería a ella con el nombre de Jorge VI.

Winston Churchill quedó en una posición muy delicada, desacreditado ante la opinión pública. Se le consideró un político sin principios, dispuesto en todo momento a cambiar de ideología si con ella medraba. Su defensa del rey había sido muy firme:

«Pido paciencia y tiempo –habló Churchill, enfrentándose a todos–. La nación debe comprender el carácter de la salida constitucional. No hay lugar para un conflicto entre el Parlamento y el rey. El Parlamento no ha sido consultado para nada ni tampoco se ha dejado que exprese su opinión. La cuestión es si el rey debe abdicar por consejo del Ministerio actual. Jamás se ha ofrecido a un Soberano en los tiempos parlamentarios un consejo igual... Ningún Ministro tiene la autoridad suficiente como para aconsejar la abdicación del Soberano».

Tras la derrota, Churchill volvió a quedarse solo. Se olvidaron sus triunfos y solo se airearon sus fracasos. Él mismo describió así la situación:

«Hubo varios momentos en que parecía estar totalmente solo contra la furiosa Cámara de los Comunes. Cuando me encuentro en acción, no soy de los que se ven afectados por hostiles corrientes de sentimientos, pero, en más de una ocasión, me fue físicamente imposible el hacerme escuchar. Todas las fuerzas que había reunidas en "Armas y Convivencia", de las cuales me consideraba el resorte principal, fueron separadas o disueltas, y yo mismo, estaba tan afectado por la opinión pública, que era casi punto de vista universal que mi vida política estaba finalmente terminada».

Una guerra vino a salvar a Churchill de su mal momento, como siempre solía ocurrirle. El 11 de marzo de 1938, los alemanes se apoderaron de Austria en un solo día y la declararon provincia del Reich. Chamberlain, el nuevo Primer Ministro, no vio en la acción una especial gravedad. «Alemania solo ha tomado una región del mismo idioma, que incluso le pertenece por derechos históricos», declaró. Winston Churchill entendió que el asunto era mucho más grave. Así se expresó el 24 de marzo en la Cámara de los Comunes:

«Durante cinco años he hablado en esta Cámara sobre estos asuntos... sin gran éxito. He presenciado cómo esta famosa isla se hunde sin remedio, sin esperanza, cómo la pendiente lleva a un oscuro golfo. Es una pendiente ancha y hermosa al comienzo, pero, después de un trecho, su cuerpo se hace más angosto. Un poco más adelante solo se encuentran acantilados de piedra, y aún más adelante, se rompe bajo nuestros pies.

»Mirad hacia atrás, hacia los últimos cinco años... es decir, desde que Alemania comenzó su rearme con furia y abiertamente en busca de venganza. Si estudiamos la historia de Roma y Cartago podemos comprender lo que sucede y por qué sucede. No es difícil formarse un punto de vista comprendiendo las tres Guerras Púnicas. Pero si una catástrofe mortal descendiera sobre Gran Bretaña y su Imperio, los historiadores, mil años más tarde, aún estarían confundidos por nuestra actitud. Jamás comprenderían el que una nación victoriosa, con todos los recursos a mano, sufriera el hecho de ser llevada hasta tan abajo, y dejar a un lado todo lo que había ganado mediante sacrificios inconmensurables y victoria absoluta... ¡Lo que el viento se llevó!

»Ahora, los victoriosos han desaparecido, y aquellos que bajan los brazos en la batalla y buscan el armisticio son los que van directamente hacia el servilismo mundial. Esa es la posición... esa es la terrible transformación que ha ido produciéndose poco a poco. Me divierte oír decir al Primer Ministro que debe hacer un esfuerzo supremo para ponernos en una situación de seguridad.

»Ahora es la hora de levantar a la nación. Quizás, es la última vez que pueda ser alzada con oportunidad para evitar la guerra, o, si estos esfuerzos no dieran resultado, la oportunidad de salir victoriosos. Debemos dejar a un lado todo obstáculo y unir toda la energía y espíritu de nuestro pueblo para hacer surgir nuevamente la nación británica ante todo el mundo. Porque una nación como esta, alzándose sobre su antiguo vigor, aún a estas horas, puede salvar a la civilización».

Ante manifestaciones tan apocalípticas, su voz empezó a ser tenida en cuenta. Sobre todo, cuando Alemania exigió las provincias de Checoslovaquia que le fueron arrebatadas por el Tratado de Versalles y en las que vivían 3 millones de alemanes. Francia e Inglaterra siguieron cediendo: el 30 de septiembre de 1938 se reunían en Múnich Hitler, Mussolini, Neville Chamberlain y el francés Daladier para señalar una nueva frontera a Checoslovaquia. Churchill estalló de furor ante esta nueva concesión:

«La partición de Checoslovaquia bajo la presión de ingleses y franceses es una rendición completa a la amenaza del poderío nazi –pronunció en el Parlamento–. La idea de que la seguridad se puede obtener lanzando un pequeño Estado a los lobos, es absurda».

A principios de 1939, Winston Churchill ya se había convertido en el representante oficioso de la Inglaterra más lúcida acerca del gran peligro germano.

Hitler aniquiló el convenio de Múnich al apoderarse, en marzo de 1939, de la capital checa y borrar del mapa al país. Cinco meses después, Hitler firmaba con Stalin un pacto de no agresión, adelantándose al proyecto de Churchill de firmar otro con Francia y el propio Stalin. La Segunda Guerra Mundial comenzó cuando el 1 de septiembre, el Ejército blindado alemán invadió Polonia. Esta acción dio por buenas todas las alarmas que Winston Churchill venía repitiendo desde hacía años. Se convirtió, de pronto, en el político con más visión y prestigio de la Gran Bretaña. Y como este favorable cambio de la opinión pública se produjo en la frontera de una nueva guerra, el Marlborough iba a tener ocasión de demostrar el genio que llevaba dentro.

CAPÍTULO DECIMOSÉPTIMO

A las 9 de la mañana del día 3 de septiembre, el embajador inglés en Berlín preguntó a Von Ribbentrop si Alemania pensaba retirar sus soldados de Polonia. Se le contestó que no. Horas después, Chamberlain firmaba una declaración de guerra. Manifestó, entristecido, que toda su obra se había venido abajo. Winston Churchill declaró en los Comunes que Inglaterra entraba en guerra «no tanto para defender a Polonia como para salvar al mundo entero de la epidemia pestilencial de la tiranía nazi y para defender cuanto el hombre considera como sagrado». La nación volvió los ojos hacia el hombre que había anunciado aquel desastre y Chamberlain se vio obligado a nombrarle Primer Lord del Almirantazgo, puesto al que regresaba después de 24 años. Las radios de la Flota transmitieron de barco a barco: «¡Winston ha vuelto!». Su brillante personalidad empezó a enterrar en la sombra la figura del derrotado Neville Chamberlain.

El mismo día de su nombramiento, Winston Churchill manifestó:

«En esta hora solemne es un consuelo el comprender y alabar nuestros repetidos esfuerzos por conseguir la paz. Todos fueron sin éxito, pero, también, todos han sido leales y sinceros.

»...Fuera, la tormenta de la guerra puede desolar, y la tierra puede ser azotada por las fuerzas del huracán, pero en nuestros corazones, esta mañana de domingo, reina la paz. Nuestras manos pueden estar en actividad, pero nuestras conciencias están en descanso».

Francia declaró la guerra a Alemania 36 horas después. El 3 de septiembre, un submarino alemán hundió el barco inglés *Athenia,* con 112 pasajeros. El mismo sino sufrieron el *Royal Screptere,* el *Bosnia* y el *Río*

Claro. Fue torpedeado en el Canal el portaaviones *Courageous,* hundiéndose con 500 hombres. En octubre, un submarino burló las defensas, entró en la base naval de Scapa Flow y destruyó al *Royal Oak.*

Winston Churchill se dedicó con todas sus fuerzas a contrarrestar este primer dominio de Alemania en el mar. Se hizo con más barcos, organizó operaciones contra las minas, bloqueó el Báltico y la emprendió contra los submarinos alemanes: en pocos meses fueron hundidos la mitad de ellos. Luego llegó la resonante destrucción del poderoso acorazado alemán *Graf Spee;* los cruceros británicos *Achilles, Ajax, Cumberland* y *Exeter* lo persiguieron hasta Montevideo, después de haberlo averiado seriamente; el capitán germano, admitiendo la derrota, trasladó la tripulación a un mercante alemán, mandó dinamitar el acorazado y se suicidó.

Pero en Inglaterra aún se seguía hablando de paz. Churchill arremetía con furia contra los que así opinaban:

«Me dirijo a los aficionados irreflexivos, a los hombres de mundo cortos de vista que algunas veces se preguntan: ¿Por qué están Gran Bretaña y Francia luchando? Si abandonamos la lucha, muy pronto lo sabrán».

El propio Hitler sugirió que se suspendieran las hostilidades:

«Hago estas declaraciones –dijo–, solamente porque en forma muy natural deseo ahorrar sufrimiento a mi pueblo. Pero, si prevalecen los puntos de vista de Churchill y sus partidarios entonces, esta será mi última declaración. Entonces, lucharemos... ¡Dejad que rechacen mi mano aquellos que creen que la guerra es la mejor solución!».

A estas palabras replicó Churchill el 12 de noviembre de 1939:

«Pueden estar absolutamente seguros de que, o todo por lo cual están luchando Gran Bretaña y Francia se perderá en este mundo moderno o que Hitler, el régimen nazi, y la continua amenaza alemana y rusa a Europa, será quebrantada y destruida. Así es como se presentan las cosas, y es mejor para todos que convenzan de ese único, sólido y triste hecho».

Para la paciencia de Churchill, Chamberlain se movía muy lentamente, la calma con que armaba de tanques y aviones al Ejército expresaba que aún confiaba en un acuerdo. De modo que Churchill no tuvo más remedio que invadir departamentos ajenos para señalar programas de guerra, tales como movilización de los hombres mayores de 40 años, aumento del impuesto sobre la gasolina, implantación del racionamiento a los artículos que más escaseaban. Pidió igualmente que se reforzaran las defensas escandinavas y se bloqueara el Báltico para impedir que los alemanes recibieran minerales de Noruega.

No se tomaron en consideración sus consejos. Viendo que Hitler no invadía nuevos territorios, Chamberlain manifestó que no confiaba en sus fuerzas y que «había perdido el autobús». Pero solo cuatro días después Alemania ocupaba Noruega y Dinamarca. Ocurrió el 19 de abril de 1940. Se envió precipitadamente una expedición anglofrancesa, tan deficientemente organizada que ni siquiera se equipó a los soldados con calzado para la nieve. Fracasó en su intento de hacer retroceder a los alemanes, y en mayo fue evacuada.

Neville Chamberlain se tambaleó en su puesto de Primer Ministro. Su propio partido le pidió que dimitiera. Entre las pocas voces que se alzaron en su defensa, estuvo la de Churchill:

«...los hombres que han venido ignorando a Hitler desde 1930 no tienen derecho a exigir ahora una salida airosa a su propia estupidez».

Chamberlain dimitió. No había más que dos hombres para sustituirle: lord Halifax y Winston Churchill. El primero explicó que, perteneciendo a la Cámara de los Lores, no podría influir decididamente sobre la Cámara de los Comunes. Dejó, pues, el campo libre a Churchill.

Un nuevo acontecimiento obligó a los ingleses a actuar con urgencia: el 10 de mayo las divisiones alemanas invadieron Holanda, Bélgica y Luxemburgo. El rey Jorge VI llamó a Churchill al palacio de Buckingham y le preguntó si aceptaba formar Gobierno. El Marlborough le contestó que sí. Cuatro horas después ya tenía su lista. El Almirantazgo sería para A. V. Alexander; Ministro de la Guerra, Anthony Eden; el Ministerio del Aire lo ocuparía sir Archibald Sinclair; de Secretario de Relaciones Exteriores continuaría lord Halifax... Winston Churchill se reservó los cargos de Primer Ministro y Ministro de Defensa. El nuevo

Primer Ministro se retiró a dormir a las tres de la madrugada. Esto escribiría después:

«Sentía un profundo sentimiento de alivio. Por fin poseía la autoridad suficiente como para dictar órdenes en todo el escenario. Me sentía caminando de la mano del destino, y como si toda mi vida pasada hubiera sido solamente una preparación para esta hora y para esta prueba. Once años en la jungla política me habían librado de los antagonismos comunes hacia los partidos. Mis advertencias en los últimos seis años habían sido tan numerosas, tan detalladas, y ahora eran tan terriblemente justificadas, que nadie podía contradecirme. Tampoco se me podía reprochar desear la guerra o su preparación. Creía saber bastante acerca de todo ello, y estaba seguro de no fallar. Por lo tanto, aunque impaciente por la llegada de la mañana, dormí profundamente y no necesité de alegres sueños. Los hechos eran mejores que los sueños».

Sin embargo, el panorama era desolador: Austria, Checoslovaquia, Polonia, Holanda, Bélgica, Luxemburgo, Noruega y Dinamarca se hallaban en poder de los alemanes. Rusia, que era aliada de Alemania y Francia, no podría resistir. Japón era un enemigo en potencia de la Comunidad Británica en el Pacífico y los Estados Unidos permanecían neutrales. En Europa no se hacía más que retroceder ante la presión germana. El propio Churchill empezó a pensar en la idea de una Inglaterra defendiéndose bravamente en su isla. A los tres días de ponerse al frente del país habló en la Cámara de los Comunes como el corajudo *John Bull* que necesitaban entonces los ingleses:

«Preguntan: ¿cuál es nuestra política? Yo se la diré: es hacer la guerra, por aire, mar y tierra, con todo nuestro poder y con todas las fuerzas que Dios nos puede dar. Hacer la guerra a una monstruosa tiranía, como jamás salió de la oscuridad, lamentable catálogo del crimen humano. Esa es nuestra política.

»Preguntáis: ¿cuál es nuestro objetivo? Puedo responder en una sola palabra: Victoria... victoria a cualquier precio, victoria a pesar de todo el terror; victoria, por arduo y largo que sea el camino a recorrer. Porque sin la victoria, no hay supervivencia. Que quede esto bien comprendido. No hay supervivencia para el Imperio británico, no hay supervivencia para el adelanto y el impulso de los pueblos, si el hombre no continúa hasta su meta. Estoy seguro de que nuestra causa no sufrirá la derrota entre los hombres. A estas horas, me encuentro con la autoridad suficiente como para exigir la ayuda de todos, y digo: "Vamos, entonces hacia adelante, unidos en nuestros esfuerzos"».

La guerra iba mal para los aliados en Europa: habían sido partidos en dos por el incontenible avance germano. El Ejército francés resultaba inoperante dentro de Francia y la Fuerza Expedicionaria británica quedó cercada en Bélgica. La operación tuvo un triste final: 350.000 soldados aliados «cazados» en el puerto de Dunkerque.

Los más optimistas esperaban salvar a 30.000. La evacuación comenzó a las 6,30 de la mañana del día 26 de mayo de 1940. Pero Churchill transformó el presumible desastre en casi una victoria: pidió a los puertos de Gran Bretaña el envío de todo tipo de embarcaciones y en brevísimo tiempo empezó a funcionar una extraña flotilla compuesta de pesqueros, lanchas de competición y turísticas, barcazas y barcos de carga; iban y volvían a través del Canal con su carga de soldados rescatados, que recogían de las playas de Dunkerque y los depositaban en las costas inglesas, enfrentándose heroicamente a la aviación alemana. Aunque allí estaba la R.A.F. para que aquello no acabara en masacre. Y se produjo el milagro: fueron salvados 340.000 hombres. Dentro del desastre, se había alcanzado una gran victoria. Pero Churchill no permitió que sus compatriotas lanzaran las campanas a vuelo:

«Nuestro agradecimiento por la escapada de nuestro Ejército y de tantos hombres cuyos seres amados han pasado por una semana agonizante, no nos debe cegar y hemos de reconocer que lo que ha sucedido en Francia y Bélgica es un colosal desastre militar».

Ciertamente, Winston era el hombre que entonces necesitaron los ingleses...

«Esta fue una gran prueba de fuerza entre la aviación británica y la alemana. ¿Se pueden imaginar un mayor objetivo para los alemanes que, desde el aire, hacer imposible esta evacuación y hundir todos los barcos desplegados, en número de miles? ¿Podría existir un objetivo de mayor importancia y significado militar para todos los propósitos de guerra que este? Lo intentaron con todas sus energías, pero fueron detenidos y frustrado su cometido. Logramos rescatar al Ejército; y ellos han pagado cuatro veces por las pérdidas que nos han causado.

»El Ejército francés ha sido debilitado, el Ejército belga se ha perdido. Gran parte de esas líneas fortificadas, en las cuales se había depositado tanta fe, ya no son nuestras. Muchos valiosos distritos mineros y fábricas han pasado a ser del enemigo, con todas las trágicas consecuencias que se derivan de ello, y debemos esperar un nuevo golpe, casi inmediato, sobre nosotros en Francia.

»Aunque grandes zonas de Europa y muchos famosos Estados han caído o pueden caer bajo el puño de la Gestapo y todo ese odioso aparato de la dictadura nazi, no debemos flaquear ni fallar, debemos continuar hasta el fin. Lucharemos en Francia, lucharemos en los mares y océanos, lucharemos con creciente confianza y energías en el aire, defenderemos nuestra isla, a cualquier precio. Lucharemos en las playas, lucharemos en los campos y en las calles, lucharemos en los cerros. Jamás nos rendiremos.

»Aunque, lo que no creo ni por un momento, esta isla o gran parte de ella fuera subyugada y reducida a la miseria, entonces, nuestro Imperio de más allá de los mares, armado y respaldado por la Flota británica, continuará en la batalla, hasta que, en la buena hora de Dios, el Nuevo Mundo con todo su poder y energía, dé un paso adelante hacia el rescate y liberación del Viejo».

Italia declaró la guerra a Gran Bretaña cuando, el 10 de junio, las tropas alemanas alcanzaban las puertas de París. Churchill pidió a los franceses que defendieran su capital casa por casa, pero solo un general francés pensaba como él: Charles De Gaulle. El mariscal Pétain rindió París sin combatir. Churchill siguió pidiendo a los franceses que resistieran. Sin embargo, Pétain aceptó las condiciones de rendición que imponía Hitler y Gran Bretaña se encontró sin aliado, ante la terrible realidad de enfrentarse sola al formidable poderío alemán.

CAPÍTULO DECIMOCTAVO

Solo el Canal separaba a Hitler del triunfo total. Pero en aquella isla estaba un pueblo dispuesto a todo bajo la dirección de un jefe irreductible. Winston Churchill supo, acertó a convertir a todos los ingleses en héroes, prometiéndoles el triunfo final a costa de padecer «sangre, sudor y lágrimas...».

—Toda la furia y poderío del enemigo –dijo a su pueblo–, muy pronto se volcarán sobre nosotros. Hitler sabe que tendrá que derrotarnos en esta isla o perder la guerra. Si podemos rechazarle, toda Europa podrá recuperar su libertad y la vida del mundo continuará hacia adelante, hacia un amplio horizonte. Pero si fallamos, entonces, todo el mundo, incluso los Estados Unidos, y todo aquello que hemos conocido y por lo cual nos hemos preocupado, se hundirá en el abismo de una nueva Época Oscura, se hará más siniestro, y, quizás, más prolongado, a la luz de las pervertidas ciencias. Por lo tanto, sumerjámonos en nuestros deberes, y sabed que, si el Imperio británico y la Comunidad sobrevive por mil años más, los hombres dirán: «Esos fueron sus mejores momentos».

Todo el material de guerra del que disponían los ingleses para enfrentarse al formidable potencial bélico germano eran 500 cañones de campaña, 200 carros de combate, 500 bombarderos y 700 cazas. Churchill pidió a Franklin D. Roosevelt, presidente de los Estados Unidos, que su nación interviniera en la guerra, pero el Presidente no quiso perder las próximas elecciones tomando una decisión tan impopular. Se limitó a enviar 50 destructores.

Gran Bretaña tuvo conciencia de que era inminente un ataque a la Isla. Bajo la inspiración de Churchill, se construyeron defensas costeras y se instalaron barreras de globos. Con hombres que no formaban en el Ejército regular se creó la *Home Guard,* cuyas armas eran revólveres viejos, escopetas de caza y palos; su uniforme, un simple brazal. En pocos días llegaron a sumar un millón. Integraban la *Home Guard* (Guardias del Hogar, nombre elegido por el propio Churchill), desde carboneros y oficinistas hasta pares del Reino.

Nunca en su historia el pueblo inglés estuvo unido como entonces. En las colas para la recogida de los alimentos racionados había más humor que en una fiesta. Arsenales, astilleros, fábricas y talleres produjeron a ritmo demencial para la guerra. Ingenieros, técnicos, obreras y obreros trabajaban hasta el agotamiento. Sin embargo, el mundo, incluso los Estados Unidos, pensaban que la Isla correría la misma suerte que Europa.

Aunque el Alto Mando Alemán, sorprendido por la rapidez con que se habían producido sus primeras conquistas, carecía aún de estrategia con respecto a la invasión de la Gran Bretaña, Goering no tardó mucho en elaborarla; la llamó «Operación Lobo Marino», y constaba de tres fases:

1) La aviación destruirá los puertos, las bases navales y los aeropuertos del sur del país, e igualmente la mayor cantidad de barcos y aviones.
2) Una vez conseguido el dominio del aire, serán bombardeadas las grandes ciudades, los centros industriales y los nudos ferroviarios.
3) Aniquilados los puntos vitales del país, unas tropas serán lanzadas en paracaídas desde aviones y otras cruzarán el Canal en barcos, hasta invadir y conquistar toda la Gran Bretaña.

Este plan se puso en marcha el 10 de julio, y un mes después se producía la ofensiva total. Cerradas oleadas de aviones de la Luftwaffe oscurecían el cielo de Inglaterra. Hallaron una resistencia inesperada. Los británicos ya poseían el radar, con el que podían detectar la presencia del enemigo con tiempo suficiente para que la Royal Air Force despegara de sus bases y se enfrentara en los aires al enemigo. Se cubrieron de gloria los aviadores ingleses pilotando sus *Spitfires.* Al cabo de diez días de feroces duelos aéreos, los aviones alemanes destruidos sumaban 700, los puertos de la Mancha no habían sido destruidos y la R.A.F., si bien con grandes bajas, continuaba en pie. El 20 de agosto, Churchill pronunció en la Cámara de los Comunes unas palabras históricas:

«La gratitud de todos los hogares de nuestra Isla, de nuestro Imperio e incluso del mundo entero, es para esos aviadores británicos que, sin considerar la desigualdad de fuerzas, sin desmoralizarse por los continuos ataques y los peligros, acaban de dar la vuelta al curso de la guerra mundial. JAMÁS EN TODA LA HISTORIA TANTOS HOMBRES DEBEN AGRADECER TANTO A TAN POCOS».

No obstante el fracaso de la primera fase, los alemanes pasaron a la segunda. Nubes de bombarderos arrojaron masivamente bombas sobre industrias y ferrocarriles. Del 7 al 15 de septiembre, Londres fue machacado implacablemente, hasta ser convertido en una antorcha. En la última jornada, fueron 750 los aviones germanos homicidas, de los que 200 fueron abatidos por los ingleses.

Winston Churchill daba a todos ejemplo de valor. Hallándose en cierta ocasión ante el número 10 de Downing Street contemplando una incursión germana, su guardaespaldas, el sargento Thompson, exclamó: «¡Algo cae sobre nosotros!», y empujó al Primer Ministro hacia lugar seguro. Churchill protestó: «¡No me trate así!» La bomba que silbaba cayó cerca de allí e hirió a un hombre situado donde poco antes estuviera Churchill.

Vestido de aviador –pues también había sido nombrado Comodoro de la Royal Air Force– recorría los puestos de la defensa aérea, los puertos y aeropuertos, y los barrios de Londres más castigados por las bombas, dejando a su paso un reverdecido espíritu de resistencia.

«Espera Hitler que a fuerza de matar civiles, mujeres y niños –dijo en la Cámara de los Comunes– aterrorizará a la población de esta poderosa, de esta Imperial ciudad, causará la angustia del Gobierno y así distraerá nuestra atención de la feroz agresión que prepara. No conoce el espíritu del pueblo británico».

Los bombardeos continuaron durante todo el invierno... pero ahora las incursiones de la Luftwaffe fueron nocturnas, hecho que expresaba su impotencia. En realidad, la «batalla de la Gran Bretaña» ya había sido perdida por Hitler. Las palabras de Churchill seguían encendiendo los corazones de los ingleses:

«Muy poco sabe Hitler acerca del espíritu de la nación británica, o de la dura fibra de los londinenses... Este malvado hombre depósito y personificación de variadas formas de odio destructor, este monstruo producto de pasados errores y vergüenzas, ahora ha resuelto derrotar a nuestra famosa raza isleña por un proceso de indiscriminada masacre y destrucción. Lo que ha hecho es encender un fuego en los corazones de los británicos, aquí y en todo el mundo, que brillará hasta mucho después de que todos los rastros de la conflagración que él ha provocado en Londres se hayan desvanecido.

»Ha encendido un fuego que brillará continuamente hasta que los últimos vestigios de la tiranía nazi hayan sido quemados en Europa, y hasta que el Viejo Mundo y el Nuevo puedan unirse en un esfuerzo para reconstruir el templo de la libertad del hombre y de su honor, sobre bases que no serán fácilmente removidas».

A pesar de que Churchill dirigía a un pueblo, tenía bien en cuenta a sus ciudadanos. Un día, preguntó al arzobispo de Canterbury qué medidas había tomado para proteger su persona.

—Disponemos de un estupendo sótano y hemos trasladado algunas camas a él –le respondió el arzobispo.

—No es bastante –replicó Churchill–. Usted debe colocarse en el último rincón de la catedral, en una cripta. Ponga sacos de arena y vigas en los techos, y más sacos de arena... muchos sacos de arena. El refugio ha de ser tan sólido que resista cualquier cosa, excepto si sufre un impacto directo. Y, si esto ocurre, Su Gracia ha de considerarlo como un deseo del Altísimo.

Contenidas por primera vez las fuerzas de invasión de Hitler, Churchill se lanzó al contraataque. Los ingleses habían ganado la guerra del INTERIOR; ahora había que combatir FUERA de sus fronteras. Aviones británicos bombardearon y destruyeron las bases alemanas, y Churchill viajó por todo el mundo entrevistándose con los demás líderes aliados, elaborando tácticas, animando a las tropas con su presencia. Recorrió 250.000 kilómetros por aire y por mar. Cruzó diez veces el Atlántico para entrevistarse con Roosevelt o los políticos y militares canadienses; conferenció en tres ocasiones con Stalin y una con Chiang-Kai-Chek, con el presidente de la República turca y los Primeros Ministros de Irán y de Egipto.

Llegó a controlar cuanto ocurría en el mundo o, al menos, cuanto había que hacer para que ocurriera. Y cuando los aliados reaccionaban eficazmente contra Hitler, este atacó a Rusia, despreciando el pacto suscrito con Stalin. Era el 22 de junio de 1941. Winston Churchill dijo:

«A las cuatro de la madrugada Hitler atacó e invadió Rusia. Todas sus acostumbradas formas de perfidia fueron observadas con técnica escrupulosa. Un tratado de no agresión había sido firmado solemnemente y estaba en vigor entre los dos países. Ninguna queja había esgrimido Alemania para quebrantar su cumplimiento. Bajo una falsa capa de confianza, los ejércitos alemanes se expandieron en un inmenso esfuerzo a lo largo de una línea que va desde el mar Blanco hasta el mar Negro...

»De pronto, súbitamente, sin una declaración de guerra, sin siquiera un ultimátum, las bombas alemanas llovieron desde los cielos sobre las ciudades rusas, las tropas alemanas violaron las fronteras rusas, y, una hora más tarde, el embajador alemán, que durante la noche anterior había estado afirmando sus deseos de paz (casi de alianza) con los rusos, llamó al Ministro de Relaciones ruso para decirle que existía un estado de guerra entre Alemania y Rusia».

Sin pensarlo dos veces, Winston Churchill ofreció ayuda a Stalin. Comprendió que era la gran ocasión para tener por aliada a la poderosa Rusia. Solo después de tomada su decisión dio explicaciones a sus compatriotas:

«En los últimos veinticinco años el comunismo no ha tenido un enemigo mayor que yo. No me retracto de una sola palabra de lo que yo haya dicho sobre el tema. Pero todo esto desaparece ante el espectáculo que se desarrolla en estos momentos. El pasado, con sus crímenes, sus locuras y sus tragedias, se diluye. Veo a los soldados rusos en las fronteras de su tierra natal, defendiendo los campos que sus padres han cultivado desde tiempos inmemoriales...

»¿Tenéis alguna duda de cuál ha de ser nuestra política? Nuestro objetivo solamente es uno y uno nuestro propósito. Estamos resueltos a destruir a Hitler y todo rastro del régimen nazi. Nada nos podrá apartar de ello, nada. Jamás pactaremos, jamás negociaremos con Hitler o ninguno de su banda. Lucharemos contra él por mar, lucharemos contra él por tierra, lucharemos contra él por aire, hasta que, con la ayuda de Dios, libraremos a la tierra de su sombra y libraremos a los pueblos de la opresión. Cualquier hombre o Estado que marche junto al nazismo es nuestro enemigo... Esa es nuestra política y esa es nuestra declaración. Por consiguiente, debemos prestar a Rusia y al pueblo ruso toda la ayuda que nos sea posible».

Quizá si lo hubiera dicho otro, la alianza con Rusia no les habría parecido bien a los ingleses. Pero lo dijo Churchill y nadie tuvo nada que objetar. Tenía entonces demasiado prestigio para discutirle una decisión. Él era perfectamente consciente del gran poder que ostentaba en aquella guerra, que era la mayor que conocieron los siglos, y sentía que sus ambiciones se habían cumplido punto por punto.

Seguidamente, el líder inglés se puso a ejercer toda su presión para conseguir que los Estados Unidos entraran en la guerra. Necesitaba de todos los aliados, y más de uno tan tremendamente poderoso. Aparte de aquellos 50 destructores, Norteamérica ya había aportado diverso material bélico –no nuevo, precisamente sino procedente de la guerra del 14-18, aunque perfectamente conservado en grasa–, y no gratuitamente, sino a cambio de bases aéreas y navales en diversos puntos de las posesiones británicas o de pago al contado. Cuando Gran Bretaña se quedó sin dólares, Churchill pidió a Roosevelt que le fiara, e insistió tercamente para que declarara la guerra a Alemania. Pasadas las elecciones y sintiéndose Roosevelt muy seguro en la Casa Blanca, empezó a pensar en aquella aventura... y a concienciar a su pueblo de su necesidad. En diciembre de 1940 le dijo que «los Estados Unidos debían convertirse en el arsenal de las democracias». Cinco meses después, el Congreso votaba la ley de «préstamos y arriendos», según la cual el pueblo americano había de pagar cuanto material de guerra se enviara a los ingleses. Y el 9 de agosto de 1941, Roosevelt y Churchill se entrevistaron en secreto en la bahía de Placentia (Terranova), para definir los principios que les movían en aquella lucha. De esta reunión saldría la llamada Carta del Atlántico, una declaración al mundo y, sobre todo, el ciudadano americano, al que había que ofrecer una justificación moral de la guerra a la que se le llevaba. La Carta contenía los famosos ocho puntos sobre los que habría de basarse la paz después de la victoria:

1. Ninguna expansión territorial.
2. Ninguna modificación de fronteras, salvo acuerdo de las naciones interesadas.
3. Derecho de los pueblos a elegir la forma de su Gobierno, e implantación de Gobiernos democráticos en los países vencidos.
4. Acceso de todos los Estados a las materias primas.
5. Cooperación económica universal.
6. Seguridad y prosperidad para todos los pueblos.
7. Libertad de los mares.
8. Renuncia al empleo de la fuerza y desarme.

Además de documento de propaganda, estaba destinado a guardar los intereses de quienes lo habían concebido: Gobiernos democráticos en los países vencidos significaba mercados para los vencedores, acceso de todos los Estados a las materias primas era una forma real de pago en divisas; cooperación universal entrañaba libre cambio capitalista...

Winston Churchill, que aparecía a los ojos del mundo como el campeón de la libertad, creó por entonces la famosa V formada con sus dedos índice y mayor de su mano derecha, el signo de la Victoria, en uno de sus efectos escénicos más resonantes.

CAPÍTULO DECIMONOVENO

Dos semanas después de la entrevista con Roosevelt, en un mensaje radiado dijo Churchill:

«La entrevista fue... simbólica. Fue simbólica de una forma y manera que todo el mundo puede comprender en cualquier país y en cualquier lugar. Simbolizó la profunda unidad que moviliza y que en momentos decisivos gobierna a los pueblos de habla inglesa a través del mundo... Esa fue una reunión que marca para siempre, en las páginas de la Historia, la unidad de las naciones de habla inglesa en medio de todo este peligro, tumulto y confusión, y su decisión de hacerse cargo de la dirección y el destino de todas las masas laboriosas de todos los continentes».

Era, pues, una incuestionable declaración acerca del futuro papel dirigente mundial que iban a arrogarse los Gobiernos anglosajones. Existen muchas formas de violencia y opresión.

La invasión alemana en Rusia, tan espectacular al principio, a mediados de julio todavía no se había aproximado a Moscú. El numeroso Ejército ruso se retiraba ordenadamente, practicando la táctica de «tierra quemada ante el invasor». En una segunda ofensiva, Hitler conquistó Ucrania, cercó Leningrado e inundó los países bálticos. Churchill envió armas a Stalin a través del Golfo Pérsico. Reforzados y con la ayuda del invierno, los rusos atacaron a los alemanes, y Churchill aseguró que Hitler iba a correr la misma suerte que Napoleón.

Como si el propio Churchill lo hubiera planeado para obligar a Roosevelt a entrar en la guerra, Japón, el 7 de diciembre de 1941, atacó por sorpresa la base norteamericana de Pearl Harbour con 360 aviones y una poderosa escuadra naval. Causaron 2.330 muertos y 1.145 heridos, y destruyeron 250 aviones (en tierra), 5 acorazados, 2 destructores y diversos barcos más. Los japoneses también bombardearon el mismo día Hong-Kong, Singapur, Malasia y Manila. La reacción de Churchill fue fulminante:

«En la tarde del 7 de diciembre –dijo en su declaración de guerra contra el japón–, el Gobierno de Su Majestad en el Reino Unido supo que las fuerzas japonesas, sin previo aviso, ya fuere en forma de una declaración de guerra o de un ultimátum con una declaración de guerra condicional, han intentado un desembarco en las costas de Malaya y bombardeado Singapur y Hong-Kong. En vista de estos actos injustificados de agresión no provocada... existe un estado de guerra...».

El Congreso de los Estados Unidos declaró inmediatamente la guerra al agresor, y lo mismo hizo Gran Bretaña. Alemania e Italia se la declararon a Norteamérica. Churchill estaba eufórico.

«Nuestro campo –manifestó– encierra ya las cuatro quintas partes de la raza humana... En cuanto a esos hombres diabólicos, a esas "camarillas" militaristas, a esas organizaciones de partido que han desencadenado a través del mundo tan horribles males, sería para nosotros una vergüenza si no les diésemos una lección tal que su recuerdo se mantenga vivo aún dentro de mil años».

Roosevelt y Churchill volvieron a entrevistarse en Washington el 23 de diciembre. El inglés fue aclamado en las calles y, al dirigirse al Congreso, produjo sonrisas al decir:

«No puedo dejar de pensar que si mi padre hubiera sido americano y mi madre británica, en vez de ser al contrario, podría haber llegado hasta aquí. En ese caso, esta no sería la primera vez que hubieran escuchado mi voz. En ese caso, no habría necesitado de ninguna invitación, pero si la hubiera necesitado, difícilmente se habría dado por unanimidad... de manera que, a mi parecer, las cosas están mucho mejor tal como son».

Roosevelt y Churchill se admiraban mutuamente, aunque tanto uno como otro se hallaban demasiado encumbrados para que no salieran los personalismos. Churchill acusaba a Roosevelt de «querer monopolizar la conversación... y de contar chistes verdes», y cuando el inglés tomaba la palabra, el americano comentaba por lo bajo: «Tendremos que soportarlo media hora».

A comienzos de 1942 los japoneses conquistaron la cadena de islas que llevan a Australia, las islas de Birmania, las Neerlandesas y la península Malaya. La plaza fuerte de Singapur cayó en sus manos el 15 de febrero y, en marzo, Sumatra y Java, quedando amenazada la India británica. El sombrío panorama lo ennegrecían aún más los submarinos alemanes, que diezmaban las flotas de guerra y mercante norteamericanas.

Sin embargo, la flota yanqui vengó a Pearl Harbour infligiendo una fuerte derrota a la japonesa en el Mar de Coral, en una impresionante batalla naval que se prologó del 7 al 10 de mayo.

La conquista de Tobruk por Rommel la recibió Churchill el 30 de junio, estando en los Estados Unidos. Luego, el «Zorro del Desierto» acorraló al VIII Ejército británico en El Alamein. Churchill se trasladó precipitadamente a África, a tratar de arreglar las cosas: destituyó a Euchinleck y puso al frente del VIII Ejército al general sir Harold Alexander, ordenándole, simplemente, que derrotara a Rommel.

En agosto, Churchill se entrevistó por primera vez con Stalin, en Moscú. Desde un principio se entendieron bien: ambos eran prácticos y muy patriotas. El inglés preguntó al ruso si este le había perdonado su pasado antisovietismo. Stalin sonrió y dijo que aquello, realmente, pertenecía al pasado y este era de Dios. Aunque Stalin deseaba que los aliados abrieran un segundo frente en Europa, aceptó el proyecto de un desembarco en África del Norte.

Antes de regresar a Londres, Churchill aún visitaría Egipto para ultimar el inminente plan de ataque con el general Alexander y el general Montgomery. Y el 24 de agosto ya estaba en Londres. Había sido un fatigoso viaje de tres semanas. A sus 68 años, Churchill desempeñaba una energía realmente juvenil. Con el general americano Dwight Eisenhower elaboró los últimos detalles de la operación *Torch,* es decir, la que se iba a iniciar en África del Norte. El formidable ataque de Alexander y Montgomery contra el ejército germano-italiano se produjo el 23 de octubre, que era el llamado «Dia J», y, tras diez días de terribles combates, rompieron las líneas enemigas.

En el Atlántico, transportes americanos e ingleses navegaron juntos hacia África, bajo el mando absoluto de Eisenhower. Al desembarcar los 100.000 hombres de la expedición fueron recibidos como libertadores, y resultó triunfante la campaña posterior.

—No es el fin de la guerra –comentó Winston Churchill–. No es ni siquiera el comienzo del fin de la guerra. Pero es, quizá, el fin del comienzo.

Estados Unidos, el coloso de la industria, producía 6.000 aviones mensuales y cantidades ingentes de material de guerra. El Gran Capital de la nación estaba haciendo un buen negocio con la guerra. Stalin seguía pidiendo a Churchill la apertura de un segundo frente en la propia Europa, y el *premier* inglés propuso una conferencia de «los grandes» en África. Pero Stalin, que no podía alejarse de una Rusia que combatía heroicamente a los alemanes no pudo asistir. Así, pues, en Casablanca solo se vieron Roosevelt y Churchill. Fue el 14 de enero de 1943. Se trató de un encuentro enmarcado por el optimismo, porque la guerra marcha muy bien para los aliados en todos los puntos del globo. En un principio, quiso Churchill que también De Gaulle se sentara con ellos, a lo que el americano se opuso. Ante la insistencia de Churchill, Roosevelt consintió, pero entonces fue el francés el que declinó la invitación, por haberse sentido herido por el yanqui. Churchill montó en cólera. Tenía a De Gaulle por un «hombre muy difícil», solo preocupado de su Francia libre, siempre exigiendo ayuda para ella. Churchill le amenazó con abandonarlo a su suerte si no acudía. De Gaulle se presentó en Casablanca el día 22.

—Este De Gaulle se cree Juana de Arco –comentó en alguna ocasión Churchill–, y algún día habrá que quemarlo.

En Casablanca se urdió la creación de un segundo frente europeo y el acuerdo de «rendición incondicional para el enemigo». Fue Roosevelt, al parecer, quien hizo esta última proposición. Así describe Elliot Roosevelt, hijo del Presidente, el momento en que sonó por primera vez aquella idea tan polémica:

«Recuerdo –si esto tiene alguna importancia– que fue mi padre quien la puso sobre el tapete. Churchill, mientras masticaba lentamente un bocado, reflexionó, arrugó el entrecejo, volvió a reflexionar, a continuación sonrió y finalmente dijo: «Perfecto. Me parece estar ya oyendo a Goebbels con toda su banda empezar a gritar».

La conferencia de Casablanca terminó el día 24. Como remedio a tanta tensión, Churchill se puso a pintar el único cuadro suyo de aquella guerra, cuyo tema era un oasis sobre el fondo de la gran cordillera del Atlas.

CAPÍTULO VIGÉSIMO

La total rendición del Africa Korps se produjo el 13 de mayo. El Ejército germano-italiano de Rommel hubo de doblegarse a las tropas aliadas, compuestas por el VIII Ejército británico, mandado ahora por Montgomery, al que se habían sumado 3.000 franceses libres mandados por el general Leclerc, y el Ejército anglonorteamericano-francés, dirigido por Alexandre. Se capturaron 150.000 prisioneros. El rey Jorge VI envió a Churchill un cablegrama que terminaba así:

«La campaña de África ha aumentado enormemente la deuda de gratitud que el país y todas las Naciones Unidas han contraído con usted».

El incansable Winston Churchill viajó ahora a los Estados Unidos para proponer a Roosevelt la invasión de la peninsula italiana y no solamente de Sicilia, como en un principio se acordó en Casablanca. El presidente americano dio su consentimiento. El ataque a Sicilia se llamó operación *Husky* y se emprendió con ocho divisiones americanas y seis inglesas, tras un demoledor bombardeo naval. Los italianos se rindieron antes de que el primer barco llegara a las playas. No así los alemanes, que ofrecieron dura resistencia. Pero Mesina cayó el 17 de agosto.

Tres semanas antes, Mussolini había sido depuesto por el Gran Consejo Fascista, y el rey Víctor Manuel entregó el poder al mariscal Badoglio, que empezó a negociar con Londres y Washington un armisticio.

Después, Churchill y Roosevelt acordaron una acción en el sudeste asiático y el 1 de mayo empezó la gran ofensiva en el noroeste de Francia.

El 3 de septiembre, Montgomery tomó la punta de Calabria y Roma se rindió. Los italianos iban a entregar su flota a los aliados y sus tropas a enfrentarse a los alemanes, pero estos enviaron soldados a Italia y frenaron el avance anglonorteamericano. Un reducido grupo de paracaidistas germanos rescató a Mussolini de la prisión donde se le tenía y el Duce formó en el Norte un «gobierno fascista republicano».

A finales de septiembre un ejército anglonorteamericano conquistó Nápoles. Luego fue liberada Cerdeña por un destacamento de la Francia Libre.

En noviembre, Churchill se entrevistó en Malta con Eisenhower. De allí pasó a El Cairo para conferenciar con Roosevelt y Chiang-Kai-Chek, jefe de la China nacionalista. Luego, en compañía de Roosevelt, se dirigió a Teherán, donde les aguardaba Stalin, al que, por fin, habían logrado sacar de Rusia. En esta ocasión Churchill y Roosevelt no pensaban lo mismo. El americano confiaba en el ruso.

—Stalin no es un imperialista –había dicho alguna vez–. Estoy seguro de que solo persigue la seguridad para su país, y que si le doy todo lo que está de mi parte, sin pedir nada a cambio, *noblesse oblige,* no intentará anexionarse nada y trabajará por un mundo de democracia y de paz.

Por el contrario, Churchill veía en Stalin una amenaza. En una carta al mariscal de campo de Sudáfrica, Smuts, en septiembre de 1943, Churchill decía:

«Creo que es inevitable que Rusia sea la mayor potencia terrestre en el mundo después de esta guerra, que la habrá librado de las dos potencias militares, Japón y Alemania, que en nuestros días le han causado tan graves derrotas. Espero, sin embargo, que las "sociedades fraternales" de la Comunidad Británica y de los Estados Unidos junto al poderlo marítimo y aéreo, puedan situarnos en buenos términos y en un nivel de amistad con Rusia, por lo menos mientras dure el período de reconstrucción. Más allá de eso, nada puedo ver con los ojos de un mortal, y aún no estoy del todo informado acerca de los telescopios celestiales».

Igualmente, Roosevelt y Churchill estaban en desacuerdo en lo referente a la operación *Overlord,* la planeada gran ofensiva contra Alemania a través de Francia. Churchill defendía una penetración por el Mediterráneo oriental. Sus razones eran las siguientes: la operación *Overlord* iba a costar mucha sangre (Churchill cuidaba mucho de sus soldados), pero si Turquía luchaba al lado de norteamericanos, ingleses y franceses, el sistema defensivo alemán se derrumbaría y quizá fuera posible triunfar sin recurrir a la *Overlord.* Por otra parte, habiendo derrotado a los alemanes, Rusia aparecía como la gran triunfadora de la guerra y nadie sabía hasta dónde pretendería extenderse por Europa: un ejército anglonorteamericano situado en los Balcanes podría enfriar muchas tentaciones. Finalmente, había una razón muy personal para Winston Churchill: su fracaso en los Dardanelos en 1915 le impulsaba hacia un desquite en este mismo escenario.

Pero, en esta ocasión, Roosevelt se salió con la suya y se aprobó el plan *Overlord.* De esto arrancó un enfriamiento entre ambos anglosajones. Churchill se preguntó si existía realmente amistad anglonorteamericana. Advertía al Presidente demasiado empeñado en robustecer su vínculo con Stalin. Le divertía provocar las carcajadas del ruso comentando la afición de Churchill a la buena mesa, a los cigarros y al imperialismo. Llegó, incluso, a consentir en el fusilamiento de 50.000 alemanes al final de la guerra (propuesta hecha por Stalin); Churchill, escandalizado y furioso, se levantó, exclamando:

—Preferiría que me llevaran al jardín, ahora, inmediatamente, y ser fusilado en el acto, antes que envolver a mi país y complicarme yo mismo en una carnicería semejante.

Stalin se apresuró a señalar que todo había sido una broma.

En Teherán se fraguó, también, la división de Alemania y la facultad de las Naciones Unidas de intervenir en los conflictos que surgieran posteriormente en el planeta.

El desembarco en Francia sería el 6 de junio de 1944. El «Día D» constituyó la más grande operación anfibia de la Historia. El punto elegido para atacar fue Normandía, hacia donde cruzaron el Canal 4.000 barcos llenos de soldados, protegidos por 11.000 aviones. El plan se había llevado tan en secreto que ni siquiera lo conocía la Cámara de los Comunes. Churchill habló ante ella al mediodía:

«...Hoy ha tenido lugar el primero de los desembarcos que tenemos la intención de efectuar en Francia... La sorpresa táctica ha sido lograda y esperamos reservar al adversario toda una serie de otras sorpresas».

Recibió de los diputados un aplauso cerrado.

La V-l alemana apareció cuando Hitler parecía vencido. Se trataba de un pequeño avión sin piloto y cargado con una tonelada de explosivos. El primero cayó sobre Londres el 13 de junio y en las diez semanas siguientes llegaron 9.000 más. Cuando el Ejército británico conquistó la desembocadura del Somme, donde se hallaban instaladas las plataformas de lanzamiento, Hitler puso en juego unos cohetes explosivos, que eran lanzados desde Alemania: las V-2. No iban a alterar la marcha de la guerra, pero dejaron sin vida a 8.000 ingleses e hirieron a 23.000, casi todos civiles.

Por acuerdo entre los aliados, fue la división Leclerc la que entró en París, el 24 de agosto.

Nueva entrevista de Churchill con Roosevelt, esta vez en Quebec. Sus resultados fueron la reconquista de parte de Birmania, el desembarco en Filipinas y la decisiva derrota que la flota norteamericana infligió a la japonesa en el golfo de Leyte.

Las últimas etapas de la guerra descubrieron que, en realidad, se estaban desarrollando dos guerras: la que sostenían Gran Bretaña, Estados Unidos y Francia contra Alemania, y la que ventilaba Rusia contra Alemania. Los aliados occidentales cruzaron la frontera alemana a comienzos de septiembre, y el aliado oriental llegaba al Báltico e invadía Bulgaria, Polonia, Rumania y Eslovaquia, poniendo en estos países gobiernos comunistas. Churchill alarmado, pidió otra reunión de los «tres grandes». Era preciso puntualizar cómo iba a quedar el mundo al término de la guerra. Stalin no puso objeciones... siempre que la entrevista se celebraba en territorio ruso.

—Somos gentes respetables. Debería mostrar cierta consideración hacia nosotros –telegrafió Churchill a Roosevelt.

El lugar elegido fue Yalta, en la costa de Crimea, y la fecha, enero de 1945. Roosevelt había sido elegido por su pueblo Presidente por cuarta vez y mostraba visiblemente el agotamiento causado en su cuerpo enfermo por la campaña electoral. Churchill también llegó a Yalta enfermo, con fiebre.

Los «tres grandes» acordaron dividir Alemania en zonas de ocupación. Stalin se negó a reservar una para Francia, pero prevaleció el criterio de Churchill y de Roosevelt, aunque hubieron de consentir en que esa zona francesa se constituyera con territorios restados a la americana y a la británica. En cuanto a Polonia, quedaría controlada por Rusia. Finalmente, se acordó que en el Consejo de Seguridad de la ONU las grandes potencias tendrían el derecho del «Veto», es decir, que nada se podría hacer sin su consentimiento. La conferencia concluyó el 10 de febrero.

Los americanos ocuparon Filipinas, Birmania y las islas de Okinawa, y su flota volvió a destrozar a otra japonesa en el mar de la China.

Roosevelt falleció a los 66 años, el 12 de abril. La emoción latía en la voz de Churchill cuando pronunció en la Cámara:

—Con Franklin Roosevelt ha desaparecido el más grande de los amigos americanos... el más grande Campeón de la Libertad...

El nuevo Presidente de los Estados Unidos fue Harry Truman, un antiguo vendedor de corbatas. Entregó el mando de las operaciones en Europa al general Eisenhower, que solo se ocupó de las militares, desentendiéndose de las políticas, que eran las que también preocupaban a Churchill, quien clamaba por una llegada a Berlín antes que los rusos. Estos ocuparon las ruinas de la capital germana el 2 de mayo. Días antes, el 28 de abril, Hitler había reunido a los pocos fieles que le quedaban y les transmitió su testamento político. La escena tuvo lugar en el *búnker*...

«Después de seis años de guerra, que a pesar de todos los reveses algún día se escribirá en la Historia como la más gloriosa y valiente demostración del propósito de vida de una nación, no puedo abandonar la ciudad que es la capital del Reich... He decidido, por lo tanto, permanecer en Berlín y allí, por mi propia voluntad, elegiré la muerte en los momentos en que crea que la posición del Führer y Canciller ya no pueden ser sostenidas».

Se incineró. Alemania se rindió incondicionalmente el día 7. La Guerra en Europa había concluido.

El pueblo inglés vitoreó a Winston Churchill como a un héroe. Él se dirigió a la muchedumbre desde el balcón del Ministerio de Sanidad:

«Dios os bendiga a todos. Esta es vuestra victoria. Es la victoria de la causa de la libertad en toda la tierra. A lo largo de nuestra extensa Historia jamás hemos presenciado un día más grande que este».

El pueblo inglés cantó el *For He's a Jolly Good Fellow* (Porque él es un alegre y buen muchacho) y Churchill alzó su mano con la «V» de la victoria formada con sus dedos.

Solo tres meses después, aquel pueblo que le aclamaba le iba a causar un hondo desengaño.

CAPÍTULO VIGÉSIMO PRIMERO

Las primeras elecciones de la posguerra se celebraron en Gran Bretaña el 5 de julio, aunque sus resultados no se conocieron hasta el día 26. Desde el 17, Churchill estaba conferenciando en Potsdam con Truman y Stalin, y regresó el 25.

«Poco antes del amanecer –escribió Churchill–, me desperté de improviso con una sensación de malestar, de casi dolor físico. Una subconsciente convicción de que íbamos a ser derrotados dominó poco a poco mi mente».

Efectivamente, los laboristas ganaron por gran mayoría. ¿Qué había ocurrido para que el pueblo inglés olvidara tan pronto que Winston Churchill había ganado la guerra? Un juicio que corrió por entonces quizá encierre la explicación: «Los laboristas van a las urnas con un programa; los conservadores, con una fotografía, la de Churchill». Los ingleses anhelaban las profundas reformas sociales que solo podía realizarlas un socialismo. Gritaban alabanzas al paso de Churchill, pero lo encontraban cansado. De modo que siguieron emocionándose con su imagen... pero le dieron el descanso que se merecía. El dolor del viejo león quedó reflejado en estas palabras suyas:

«La decisión del pueblo británico ha sido reflejada en el recuento de votos de hoy. Por lo tanto, he abandonado el cargo que me fue confiado en tiempos difíciles... Solo me queda expresar al pueblo británico, por quien he servido en estos peligrosos años, mi profunda gratitud por el fuerte y resuelto apoyo que me han prestado durante mi tarea, y por las muchas expresiones de bondad que han demostrado hacia su servidor».

Tenía 71 años y le resultó muy difícil superar aquella derrota, aquella deslealtad. Se refugió en la tarea de creación de unos soñados Estados Unidos de Europa.

Sin embargo, en las elecciones de 1951 triunfaron los conservadores y Churchill volvió a ser Primer Ministro. A pesar de sus 80 años, volvió a ser el político brillante y agresivo de siempre. En 1953, la reina Isabel II lo nombró Caballero de la Orden de la Jarretera. Y en el mismo año, le otorgaron el Premio Nobel de Literatura: entre novela, autabiografía, ensayo, tratados históricos, había escrito 20 libros.

Pero aquella gloria nacional, de mente aún joven, tenía el cuerpo resentido. No confiando en sus fuerzas físicas, temiendo no entregar al pueblo lo que este pedía de él, en 1955 Churchill presentó su dimisión. Aunque dejó de ser Primer Ministro, no abandonó la Cámara de los Comunes, en la que permanecería nueve años más. La dejó definitivamente en 1963, contando 90 años. La abandonó al final de una sesión, en silencio, sin que los demás miembros advirtieran su emoción.

No tardó en morir: el 25 de enero de 1965. Trombosis cerebral. La noticia conmovió al mundo, pues se le iba un fragmento de su Historia. Londres se paralizó al paso de su entierro, en el que marchaban cinco reyes, cinco jefes de Estado, 16 primeros ministros y cientos de personalidades de todo el mundo. El oficio religioso se celebró en San Pablo, y a él asistieron la Reina, el duque de Edimburgo y el príncipe Carlos, rompiendo el protocolo que solo permitía a los soberanos ingleses asistir a los entierros de miembros de la Familia Real. Todos cantaron el himno *Glory, Glory, Allelujah.* El féretro de plomo y madera del encinar de Blenheim –la finca solariega de los Marlborough–, con el cuerpo de Winston Leonard Spencer Churchill, fue enterrado en el cementerio familiar de Bladon. La vieja Historia de la Gran Bretaña lo depositó en uno de sus lugares de honor.

John Fitzgerald Kennedy

PRÓLOGO

En este volumen hemos querido acercarnos un poco más a dos políticos de renombre y entre los estadistas más destacados del último siglo, es inevitable no hablar del trigésimo quinto Presidente de Estados Unidos, John Fitzgerald Kennedy cuya trayectoria política se truncó irremediablemente tras su asesinato el día 22 de noviembre de 1963 en Dallas. A pesar de su corto mandato, que tan solo duró 1.037 días, protagonizó importantes episodios de la historia reciente como la invasión de Bahía de Cochinos, la crisis de los misiles de Cuba y las primeras etapas de la Guerra de Vietnam. Su osadía en política social, apostando por la integración racial y los derechos civiles, quedó patente desde el primer momento.

Su etapa presidencial fue sin duda intensa y decisiva, pero también lo fue su trayectoria anterior, que había sido minuciosamente programada por el patriarca de la familia: desde la formación académica del pequeño John hasta la incorporación a filas. El joven –débil y enfermizo– no dudó un minuto en alistarse a la marina y luchar en la II Guerra Mundial, donde resultó herido. Después vendría su fulgurante carrera política, que tomó cuerpo cuando el primogénito de la familia, Joe –el preferido del padre– , fue abatido en la contienda bélica. En 1946 resultó elegido diputado del Partido Demócrata por Boston y ahí empezó todo, aunque el joven no renunció a sus afición por las letras y publicó en 1957 una obra –*Perfiles de Coraje*–, que le valió el premio Pulitzer a la mejor biografía. Pero si hubo un «antes» del presidente más joven de la historia de Estados Unidos, también hubo un «después». Tras su impactante muerte que noqueó al mundo entero, Kennedy se convirtió en un auténtico icono para la sociedad americana, que vio encarnados en él los valores de regeneración, esperanza y cambio que habían estado presentes en su mensaje desde el inicio. En su campaña electoral se habían sucedido eslóganes como «A time for Greatnnes» o «We Can Do Better» que hacían presagiar una nueva época. Y es que realmente este descendiente de irlandeses, de familia ultracatólica y tremendamente carismático, trató de adaptarse a los nuevos tiempos y supo comprender la importancia que tenían en ese momento los medios de comunicación para sacar partido de ellos. No solo su debate electoral con Nixon fue el primer debate televisado de la historia, sino que además supo moverse entre los círculos periodísticos, gracias a sus amistades, para proyectar una imagen pública que cautivó a los americanos.

En esa proyección pública de JFK estuvo siempre muy presente su entorno familiar, tanto el todopoderoso clan Kennedy como su propia familia. Tras su matrimonio con la joven y bella Jacqueline Lee Bouvier, su carrera política se vio apuntalada. Ambos formaron un tándem que emanaba modernidad sin desprecio por la tradición, lo que era muy del gusto de los americanos. Sus imágenes ocupaban las primeras páginas de las revistas y periódicos de todo el mundo, ofreciendo una perspectiva diferente pero complementaria a la del Gran Hombre de estado.

Sin embargo, todo este entramado innovador y esperanzador para muchos, se derrumbó tras el magnicidio que paralizó al mundo entero y que pudo ser visto en vivo por millones de televidentes. Dos disparos, de los tres que se lanzaron, acabaron con la vida de este hombre de aspecto juvenil y atractivo que se había granjeado la enemistad de muchos. Tantos que aún sigue siendo un misterio quién ordenó realmente su muerte, a pesar de las comisiones y cábalas que se han hecho a lo largo de los años: la mafia, el Ku Klux Klan, los *trust* petrolíferos y armamentistas y la CIA... El enigma sigue abierto y probablemente nunca llegará a resolverse. La fascinación que ejercía trascendió su propia vida y su trágica muerte añadió un halo mítico a su personaje que no se ha disipado aún.

CAPÍTULO PRIMERO

¿Una tierra prometida?

En todo caso, la promesa no carecía de condiciones. Aquella tierra podía ofrecer un futuro próspero, ciertamente, pero a cambio de mucho esfuerzo, trabajo infatigable, tenacidad y también agudeza, astucia... y dureza. Los irlandeses que emigraron a los Estados Unidos tenían que pagar aquel precio, a veces durante muchos años, y otras durante generaciones enteras, hasta alcanzar una estabilidad económica y social. La primera les resultaba más fácil. En cambio, frente a la aceptación social se levantaban una serie de barreras muy serias: eran marginados sistemáticamente por los norteamericanos de viejo cuño. A la prevención inicial respecto a una gente advenediza y pobre, se debió sumar muy pronto un mecanismo de defensa contra la iniciativa de los más emprendedores, que se abrían paso amenazadoramente, ocupando posiciones envidiables.

Pero la misma segregación de que eran objeto hizo envalentonarse a los irlandeses, a la vez que estrechaba más los vínculos entre ellos.

Joe Kennedy y Rose Fitzgerald pertenecían a una «nueva clase» de descendientes de irlandeses, ya instalados en la sociedad de Boston, muy seguros de sí mismos por la fortuna económica que habían alcanzado y paulatinamente tolerados en los círculos más elevados; si bien un resto de la aristocracia todavía les daba de lado. En aquella coyuntura, a ellos no les importaba demasiado: estaban formando su propia «élite», que les bastaba, y en cuyo seno brillaban los más destacados, sobre el fondo de los aspirantes a emularles.

Joe y Rose eran un matrimonio muy simpático, de talante claramente progresista en su tiempo, cuyas cualidades se complementaban a la perfección. Ella, hija de político, había aprendido en su familia cómo debe colaborar una mujer en la vida pública del marido: ante todo, asumiendo como propios sus objetivos; y luego sirviéndolos desde una perspectiva diferente, que no excluye una plena dedicación al hogar. Joe tenía un punto de mira muy concreto: el éxito económico, multiplicar sus caudales. Sin embargo, el dinero no valía para él como fin, sino sencillamente como medio. Quizá, inicialmente –réplica a frustraciones atávicas– solo pretendiera protegerse con él frente a intrusiones y atropellos. O más adelante lo concibiese como resorte insoslayable hacia posiciones de prestigio, de poder, quién sabe si incluso de servicio. Joe trabajó siempre mucho, pero el acierto fue un compañero. Su fortuna creció regularmente a través de los años. Si un adjetivo cuadra a aquel hombre es precisamente uno de los más apreciados por el norteamericano de todos los tiempos: eficaz. Joe fue siempre eficaz. Su visión de los negocios, casi infalible, le indicaba el límite de riesgo que debía aceptar, el momento preciso para cambiar de campo, las posibilidades nuevas donde anticiparse a los demás...

Por su parte, Rose compensaba aquella eficacia financiera, apuntando a valores de prestigio social y cultural. Sería arriesgado asignar una prelación a unos sobre otros o sugerir –con malignidad– hasta qué punto los valores del espíritu fueron instrumentalizados al servicio de los otros. En cualquier caso, Rose era una mujer excepcional, cuya afinadísima sensibilidad rodeaba de un ambiente exquisito el empeño directamente económico del marido. Y este supo integrarlo armoniosamente en su propia esfera.

Cuando Joe y Rose tuvieron sus primeros hijos –en buena tradición irlandesa, fueron muy prolíficos– eran todavía un joven matrimonio en marcha hacia arriba: a salvo ya de problemas económicos inmediatos, pero todavía no decididamente ricos. La fortuna aumentó a un paso análogo al de los miembros de la familia. Los negocios de Joe, que habían sido en principio más bien de ámbito local, se extendieron sobre toda la geografía de la Unión. Entonces, él hubo de viajar mucho: en la práctica, pasaba más tiempo lejos del hogar que en este. Rose procuraba suplirle de modo que no se resintiera la educación de sus hijos. Por lo demás, aunque ausente, el padre nunca dejó de preocuparse de ellos.

La historia de esta familia es una línea ascendente: mantenida y tenazmente ascendente. Sus objetivos se fueron cumpliendo uno tras otro. El avance de los Kennedy causa la impresión de algo irresistible, inexorable. No podía ser de otro modo. Quizá ellos mismos llegasen a creerlo así: habiendo puesto a contribución sus armas de siempre, no podían más que salir airosos y subir, subir...

Para comprender la formación que dieron a sus hijos, esta noción de «subir» puede ser un argumento clave. Los chicos Kennedy nacieron y crecieron en plena ascensión de su familia: el subir económico y social fue para ellos algo tan natural como su propio desarrollo físico y psíquico. Y los esfuerzos dedicados a conseguirlo, análogos al alimento y al ejercicio que ellos habitualmente necesitaban para dicho desarrollo. Nada de permanecer quietos, nada de conformismos: un padre en continua búsqueda de nuevos horizontes financieros, una madre no menos inquieta, siempre deparándoles incentivos y sorpresas... Una admiración incondicional a la competición y al denuedo, una competitividad probablemente exagerada... Así se han hecho los Estados Unidos.

Así se hicieron también los Kennedy.

Los cuatro primeros hijos –Joe, John (al que familiarmente llamaban Jack), Rosemary y Kathleen– experimentaron quizá más que los siguientes el ritmo de la ascensión; esta, más adelante, discurrió ya a alturas muy considerables: la familia era decididamente rica.

Por estas razones, a las que probablemente haya que añadir un componente genético, el primogénito de la familia, Joe Jr., recogió y potenció todas aquellas características: desde muy pronto, se reveló como un líder nato. Jack, durante los primeros años de su vida, fue un simple «segundo», muy determinado por la personalidad de su hermano mayor. Cuando este concibió la idea de fundar una «sociedad secreta», con sus propios ritos iniciáticos, consistentes nada menos que en clavar en la carne del neófito una serie de alfileres, Jack tenía solo cinco años, pero le apoyó entusiasmado.

La fascinación que Joe Jr. debía ejercer sobre toda la familia se debe probablemente a esta razón: él mismo era a la vez el primer producto de aquellos componentes irresistibles; y la causa de que el clima se mantuviese y se comunicase a los pequeños. Muy extrovertido, muy hablador, dinámico cien por cien, persuasivo y convincente, Joe sumaba su propia personalidad a las de sus padres, que habían sabido crear aquel clima.

Así pues, durante su infancia, John Fitzgerald Kennedy actúa preferentemente a la sombra de su hermano. ¡Esta lo llena todo! No es propiamente un calco de Joe, ni mucho menos un remedo: posee su personalidad, que irá definiéndose con rasgos peculiares; pero esta personalidad se forma en la estría de Joe, que no en vano es el «modelo» acabado, justamente lo que sus padres habían concebido siempre como ideal.

Otro rasgo que influyó en la diferenciación de John fue su salud, más bien precaria, que le impidió seguir habitualmente el ritmo trepidante de su hermano: John pasó largas temporadas enfermo o convaleciente. Entonces se aficionó a la lectura: a la actividad desenfrenada de Joe hubo de contraponer, por tanto, desde muy pronto, una dimensión de estudio y reflexión.

Rose había procurado comunicarles a todos aquel gusto por la lectura, pero el segundo de sus hijos fue el discípulo más aventajado. Un niño, confinado en una habitación o, peor aún, en una cama, tenía pocas opciones disponibles. De manera que el pequeño Jack leyó mucho, habituándose a la velocidad y la captación que tanto asombrarían más tarde. Leyó lo que su madre le sugería, siempre atenta a los pormenores de su educación... pero también otros títulos que a ella le agradaban menos. Por ejemplo, se entusiasmó con un personaje llamado «Billy Whiskers», un cabritillo que corría diversas aventuras, considerado por ella poco consistente para la formación del niño. Las reticencias de Rose fueron inútiles: tuvo que transingir con «Billy Whiskers».

Aquello era mucho en Rose Fitzgerald. Porque todo lo tenía meticulosamente programado y resuelto de antemano, y le molestaba ceder. Al ser madre de familia numerosa, se había autoimpuesto una organización rigurosa: único modo, según ella, para evitar confusiones u olvidos. Cada niño tenía una ficha: y en ella se registraba todo lo necesario, desde las fechas de vacunación hasta las observaciones sobre conducta, de manera que, ficha en mano, cualquier contingencia pudiera ser encajada en su contexto.

No debe creerse por ello que Rose fuera una fría calculadora: todo lo contrario, en su planteamiento familiar se concedía margen de honor a los elementos afectivos, a la improvisación y sobre todo al diálogo. Los niños Kennedy fueron educados en un culto al diálogo: este suponía la necesidad para los más turbulentos de contenerse y escuchar con respeto a los otros; situar en un plano de igualdad las ideas y los deseos propios y los ajenos; procurar un entendimiento, cediendo cuando y como fuera preciso... ¡Una familia tan numerosa no podía ser más que una autocracia o una democracia! Los padres habían optado sin lugar a dudas por esta última.

Pero se trataba de una democracia –como todas las que se precien un poco– moderada y regulada con escrupulosidad. Las normas eran muy estrictas y Rose velaba por su aplicación a rajatabla. Como su resultado era una vida extraordinariamente amena, muy bien pensada al nivel de los niños, estos aceptaban de buen grado el componente de dureza, que se flexibilizaba mediante los muchos incentivos: excursiones, paseos, juegos, discusiones, decisiones a su cargo, etc.

Rose Fitzgerald supo establecer para sus hijos un régimen suficientemente incitante para requerir continuamente su creatividad, pero también serio, para encauzar sus energías, evitando que se perdieran en naderías. Les marcó decisivamente. Durante la niñez, mucho más que su padre, el gran ausente. La influencia del padre comenzaría a dejarse notar particularmente durante la juventud.

Rose procuraba llevarles a paseos y visitas instructivos. Quizá, incluso, se «pasase» un poquito en sus afanes didácticos. Les interpelaba sobre los monumentos y sobre las realidades en derredor: quería hacerles reaccionar con criterios personales ante lo que veían.

Todo ello contribuyó a que los niños fueran, no solo enormemente receptivos, sino también ágiles en la respuesta; sensibles y naturales respecto a la cultura, que no les parecía una abstrusa imposición escolar, sino realmente una dimensión de su personalidad; activos, deportivos, ansiosos de éxito, pero matizando su agresividad con rasgos de humor y de cordialidad. Incluso la camaradería que reinaba entre ellos era una buena preparación para el trabajo en equipo, imprescindible en una sociedad evolucionada.

Joe y Rose, aunque realistas, eran muy ambiciosos para sus hijos. Les preparaban, desde el primer momento, para ocupar unos puestos relevantes. ¿Cuáles? Ellos lo ignoraban, pero la solidez económica que habían labrado, y que continuaban consolidando, permitía alimentar cualquier clase de esperanzas: muy lejos de bonitos romanticismos, ellos sabían que les correspondía apoyar en unos cimientos de áspero dinero lo que, más tarde, sus hijos quisieran lograr, ya por su cuenta, de honor, prestigio, altruismo... ¿Norteamérica, también? La vida... Muchos idealistas se quedan a mitad de camino, encenagados en la tarea de sacar a flote una familia. Los Kennedy, por lo menos, habían de partir con aquel problema resuelto: qué hicieran luego ellos con semejante facilidad inicial, el tiempo lo diría.

No obstante, el matrimonio debía revisar de vez en cuando sus propias convicciones acerca del particular.

—Joe, me has anunciado algunas veces –le recordaba ella– que un día harás un alto en el camino. Es decir, que te darás por satisfecho y no continuarás tu «escalada»... Entonces podrás dedicarte directamente a tus hijos.

—Eso espero. Bien lo sabes.

—¿Y no crees que ese momento ha llegado ya?

—Todavía no.

—Muchos de tus negocios marchan solos.

—Pero otros me necesitan todavía. Y quedan otros que aún debo poner en marcha... No, no es el momento aún. Ahora que la racha es buena, hay que aprovecharla.

—Lo ha sido siempre... Y continuará siéndolo. Porque nosotros no creemos en la suerte, sino solo en el trabajo. Pero tú trabajas demasiado. Es cuestión de pensar un poco en la familia.

—Precisamente porque pienso en ella no quiero frenar todavía. Tenemos nueve hijos, Rose. Creo que en los mayores apuntan ya algunas condiciones valiosas. Pues bien, debemos dotarles de medios para que, con su esfuerzo, puedan llegar donde quiera que se propongan.

—Será lejos.

—Muy lejos. Pero yo ahora, con mis negocios, estoy haciendo posibles sus triunfos de mañana.

—Yo... a veces me siento muy sola. Hay ciertas preguntas... Hay ciertas ocasiones de duda en que una madre se siente muy sola...

—Te llamo por teléfono con frecuencia. Me lo cuentas todo.

—No es lo mismo. Te necesito, Joe.

—Yo también te necesito a ti. Pero tu lugar es este. Y el mío...

—Tu lugar son cien lugares a la vez.

—Ten confianza. Llegará el momento de simplificar: entonces estaremos juntos siempre.

Ella no se quejaba: tan solo aportaba sus vivencias para la reflexión común. La decisión de Joe le parecía correcta. Por lo demás, aunque le echase de menos, se sentía perfectamente capaz de continuar adelante la formación de sus hijos. Más aún, procuraba evitarle muchas de las preocupaciones cotidianas que estos deparaban: una enfermedad, un pequeño accidente jugando, una operación de cirugía menor...

—¿Todo bien? –le preguntaba Joe por teléfono, acaso desde miles de kilómetros de distancia.

—Sin novedad –respondía ella, sin esforzarse demasiado para fingir.

Solo al cabo de unas semanas, cuando el padre había regresado al hogar, desembuchaba el depósito de sus pequeñas revelaciones: hubo que dar cinco puntos de sutura a...; durante la noche del viernes al sábado, tuve un susto por...; he pillado algunas mentirillas de... Aquellas cuestiones se enjuiciaban rápidamente, una vez resueltas a solas por Rose: no debían distraer a Joe de sus grandes empresas. ¡Y a otro asunto!

Las amistades de la familia, cada vez más seleccionadas, eran un elemento importante en la formación de los niños: estos se habituaron a ver en casa e incluso a sentarse a la mesa con gente importante, cuya conversación no tenía desperdicio. Se les permitía también intervenir y ellos preguntaban y opinaban de vez en cuando. Así se fue modelando cada vez más su criterio. Y contrariamente a otras dinastías de poderosos de las finanzas, para quienes no existían valores al margen de estas, los Kennedy apreciaron desde la infancia el gusto artístico, la agudeza en la charla, el toque erudito, la amplitud de miras...

Quizá esta última sea la característica más definitoria de su formación, cuyo mérito corresponde a Rose. Consiguió que nada les fuera indiferente: supo abrirles a una sana curiosidad insaciable. Por eso tenían preguntas que hacer –y preguntas precozmente serias– a cualquier invitado de campanillas. Una tremenda ansia de saber les impulsaba a indagar en todas direcciones. Esta dimensión fue más notable en Jack, mientras que en Joe dominaba el gusto por la acción.

Las sobremesas de la familia Kennedy fueron siempre cautivadoras. Por deseo expreso del padre, estaba prohibido hablar en ellas de negocios: se hablaba en cambio de todo lo demás, con predominio de los temas políticos. Los chicos tuvieron muy pronto opiniones propias. Rose les había hecho una especie de periódico mural, donde ponía a su alcance las noticias más importantes de cada día, como tema para las siguientes conversaciones. De aquel modo, el mundo entero estaba presente en su preocupación. Cuando el padre se reunía con ellos, le pedían datos de sus viajes, de la gente que conocía, de los ámbitos con los que tomaba contacto... Poco a poco, Joe Kennedy comenzaba a frecuentar medios políticos: su ideario era muy afín al de Roosevelt y muchos de los miembros de aquel círculo fueron amigos suyos. Una prueba de la mezcla de madurez e infantilidad de aquellos chicos es la solicitud que Jack dirigió a su padre para lograr un aumento de su asignación. Cada uno de los hermanos percibía periódicamente una determinada cantidad para sus gastos: dicha cantidad era revisada por los padres con cierta frecuencia, teniendo en cuenta los progresos en edad y en exigencias de sus destinatarios. Pero en determinada ocasión, la revisión oportuna no llegó a tiempo y Jack escribió la siguiente nota, donde la lógica de la argumentación coexiste con el carácter naturalmente infantil de las motivaciones:

«Mi sueldo actual es de cuarenta centavos. Esto lo empleaba para comprar aviones y otras chucherías de niños. Pero ahora soy ya mayor y no me gustan las chucherías. Además, soy "explorador". Antes podía gastarme veinte centavos de mis cuarenta y en unos minutos podía tener vacíos los bolsillos y nada para ganar y veinte centavos para perder. Pero ahora que soy "explorador" tengo que comprar cantimploras, mochilas, mantas, linternas, ponchos, cosas que durarán años y podré usar siempre, mientras que no puedo usar una pastilla de chocolate con helado de vainilla, y por eso envío esta petición de aumento de treinta centavos, para poder comprar mis cosas de "explorador" y pagar las demás que necesito. Finis. –John Fitzgerald Francis Kennedy».

¡Irreprochable! Semejantes razones no podían ser desatendidas: se le aumentó la asignación, pues, en el importe solicitado de treinta centavos. Así se logran los objetivos. John Kennedy había demostrado que ya no era un niño: había cumplido diez años y sus gastos debían ser consiguientemente más serios.

Era cuestión de comenzar a tomarle a él mismo, también, más en serio...

CAPÍTULO SEGUNDO

La familia Kennedy, a medida que progresaba –y que aumentaba–, tuvo que cambiar de residencia varias veces. Estas fueron sucesivamente más amplias y suntuosas, adaptándose a las necesidades de su sociabilidad. Con ello se multiplicaban las ocupaciones de Rose: decoración, dirección de la servidumbre, organización de comidas y de reuniones... además de la permanente atención a los hijos. En cuanto a los dos varones mayores, Joe y Jack, habían estado bien adaptados a un colegio de Riverdale, mientras vivieron allí, lo cual aconsejó no cambiarles de centro por razones de distancia. Continuaron, pues, en el colegio de Riverdale, a donde acudían diariamente en el autobús del mismo.

Aquella adecuación del centro a los muchachos se tradujo en buenos resultados escolares: en concreto, Jack obtuvo siempre buenas notas en Riverdale. Pero su rendimiento cambió cuando, al cabo de unos años, fue preciso matricularle en otra institución, en régimen interno. Joe le había precedido, naturalmente, y no parecía tener motivo de queja. Pero Jack se mostró totalmente refractario al nuevo ambiente: no logró habituarse al ambiente de Choate, que así se llamaba el centro. Según parece, la disciplina era excesiva, y él se sublevaba.

Otros factores contribuyeron a su desarraigo: padeció varias enfermedades –su salud continuaba siendo quebradiza–; echaba de menos la alegre soltura de la vida en familia, que de ninguna manera podía suplir la severidad de Choate; en fin, se hallaba en una edad difícil (14-15 años), en que la sensibilidad se agudiza, traduciéndose en intolerancia contra lo que se considera equivocado u hostil. Para John Kennedy,

Choate fue una especie de resumen de todos los errores: lo recordaría como uno de los paréntesis desagradables de su vida. Cuando, años adelante, Choate celebrase solemnemente la colocación de un retrato suyo, como «el alumno más distinguido», el presidente Kennedy no podría evitar este comentario:

—¡Es la celebración más sarcástica que he conocido!

Atribuyó a Choate todos los quebrantos de una educación elitista, anticuada e inútil. No tenía ningún punto de coincidencia con aquellos criterios. Durante su permanencia en el centro, incapaz de encerrar todavía su reprobación en unos juicios terminantes, se dedicó a «protestar» a la manera que suelen hacerlo la mayoría de los de su edad: armando jaleo, ideando y poniendo en práctica bromas pesadas, en suma, desafiando a la autoridad constituida. Estuvo mal conceptuado. Se le censuraba, en especial, su falta de cuidado y de limpieza. Las opiniones adversas –como siempre suele suceder en casos semejantes–, en vez de inducirle a corregirse, contribuyeron a radicalizar más su actitud: se posesionó de su papel disconforme y llegó a identificarse con él.

Por otra parte, desde el prisma del recelo con que era observado, cualquier acción suya, aunque fuese inocente, era considerada sospechosa. Así se acogió su iniciativa de fundar un «club» que, en su origen, no tenía más finalidad que restringir a unos pocos el acceso a su habitación, donde había llegado a acudir un número excesivo de compañeros deseosos de escuchar su radiofonógrafo. El club pudo parecer a los dirigentes de Choate una célula subversiva o poco menos: ¡a eso conduce la incomunicación entre docentes y alumnos! Pero lo más inquietante para aquellos era su nombre: el club se denominaba nada menos que «Basuras de Choate». Sin embargo, en ello no había más que una simple parodia: el señor Saint John, el omnipotente director del colegio, usaba y abusaba de la palabra «basura» para designar lo que él consideraba indeseable o pernicioso. Así, eran «basura» las lecciones mal aprendidas, los trabajos mal hechos, los alumnos desaplicados y, por descontado, los que desentonaban de los modelos de conducta que él proponía. Jack Kennedy y el grupito de sus íntimos parecían replicarle: «¿Conque basura, eh? Pues, sí: ¡aquí nos tiene! Somos los "Basuras de Choate"».

Pero en su intención no había absolutamente nada más.

El pobre señor Saint John tardó bastante en convencerse de ello y deponer su alarma, no sin antes haber llamado a los padres de los alumnos implicados. Entre todos, lograron tranquilizarle. En realidad, los «Basuras de Choate» nunca cometieron ningún desaguisado: como si se hubieran olvidado incluso de merecer aquel nombre.

Como quiera, Jack rindió muy poco en Choate. Su padre tuvo el buen tino de no hostigarle durante aquella época difícil: seguía a distancia su evolución, pero evitó dramatizar. Probablemente, gracias a ello la actitud rebelde del muchacho se limitó a sus relaciones con el centro y en ningún momento se hizo extensiva a la familia, que conservó para él todo su atractivo y su prestigio de siempre. Hay algunas cartas de Joe padre que son un prodigio de tacto: se adivina en ellas la preocupación, pero esta queda cubierta por el deseo de salvaguardar a toda costa la confianza con su hijo. Le escribía, por ejemplo, en una de ellas:

«Ahora, Jack, no quiero darte la impresión de ser un gruñón, que es lo peor que un padre puede ser. Por mi prolongada experiencia en el trato con las personas, sé claramente que posees buenas cualidades y que puedes llegar muy arriba. ¿No te parece una tontería desperdiciar lo que Dios te ha dado?».

Sin duda alguna, Jack meditaría sobre palabras semejantes.

Pero allí, en Choate, se sentía como atado de pies y manos para dar de sí lo mucho que su padre esperaba de él.

En efecto, solo cuando abandonó aquel centro se sintió en disposición de acometer grandes empresas. El enorme orgullo competitivo de los Kennedy prendió entonces en él. «No se admiten perdedores. En esta familia solo queremos ganadores»: esta u otras formulaciones eran el imperativo que le rodeó siempre. Solo su íntima protesta contra el ambiente de Choate le había hecho perder de vista pasajeramente aquella voluntad de triunfo. Esta se matizaba, no obstante, con algunos factores morales. John haría suya una frase de Alan Seeger: «Lo que para mí importa no es estar en el bando de quienes ganan o de quienes pierden; sino precisamente allí donde se encuentran mis simpatías».

Su hermano Joe, como de costumbre, le precedía. Joe se abría camino con su ímpetu habitual y Jack reconocía en él, con admiración, el prototipo del triunfador. Había sido enviado a Europa con objeto de estudiar con Harold Laski, un profesor famoso especializado en marxismo. Jack iría tras él. Estaba proyectado que seguidamente ingresase en la universidad de Princeton, pero contrajo una hepatitis que trastornó todas las previsiones. Era proverbial su predisposición a las enfermedades: en casa era frecuente bromear sobre la vulnerabilidad de Jack. «Si un mosquito picase a Jack Kennedy, moriría», según el pequeño Bob.

Él aceptaba aquellas bromas con la resignación que soportaba las enfermedades: sacando de ellas tiempo para leer más. Aumentaba su predilección hacia los temas históricos: probablemente, el número y la calidad de sus lecturas proporcionaría a John Kennedy su afinado «sentido de la historia», tan útil en el menester político. Los fracasos de muchos políticos se deben, efectivamente, a la carencia de este sentido, que les ata a un presente ficticio: la historia, en cambio, aporta la perspectiva que confiere a cada decisión sus reales dimensiones.

En 1938 la vida de la familia experimentó un brusco cambio. Joseph Kennedy fue designado por la administración Roosevelt embajador en la Gran Bretaña. El hombre de negocios debía reconvertirse en diplomático. Era un arduo empeño del que, según muchos, no salió precisamente airoso. Pero no le faltó, como de costumbre, el apoyo incondicional de su mujer. Para Rose fue una maravillosa experiencia, que salvó por su parte con brillantez. Organizar la embajada, decorarla, preparar fiestas, banquetes y recepciones, lograr congregar en ellos a las personalidades más prestigiosas o más idóneas en cada caso para los intereses de la diplomacia norteamericana, fueron otros tantos éxitos de Rose, venciendo con garbo todas las dificultades. Mientras tanto, hubo que decidir también sobre sus hijos, en edades muy diferentes. Los dos mayores quedaron estudiando en Estados Unidos. Kathleen pudo residir en la embajada, para ayudar a su madre y brillar junto a ella. Rosemary quedó en un colegio especial. Las otras tres niñas, Eunice, Pat y Jean ingresaron en un internado próximo a Londres. Los dos pequeños, Bob y Teddy, también viviendo en familia, asistieron como externos a las clases de un colegio de la capital.

Pero resolver todas aquellas cuestiones, evitando que unas se mezclasen con otras y sobre todo que el aturdimiento se apoderase de la familia, requería una mente lúcida y un pulso firme. Por supuesto, el embajador no debía ser perturbado, pues ya tenía bastante con el esfuerzo de adaptación a sus nuevos deberes.

Cuando todo estuvo en orden –cada persona en su lugar, cada aposento decorado debidamente y cada quehacer programado en un horario estricto–, Rose pudo lanzar un suspiro de satisfacción. «Solo queremos vencedores...» Ella había vencido una vez más.

CAPÍTULO TERCERO

Jack comenzó a dar la medida de sí mismo en la universidad de Harvard, donde se situó por fin, dando una satisfacción a su padre, que había salido de ella. Tomó iniciativas, trabajó, destacó... La organización de la fiesta del primer curso fue un éxito personal suyo, que dio mucho que hablar. También se lanzó a la práctica de los deportes con entusiasmo típicamente kennedyano: precisamente jugando al rugby se fracturó una vértebra de la espalda, lesión que iniciaba su interminable calvario de dolores. Se ha dicho que durante más de la mitad de los días de su vida, John Fitzgerald Kennedy padeció dolores de espalda intensísimos: la veracidad de este aserto solamente él hubiera podido confirmarla, pero lo cierto es que su actividad, su denuedo y su optimismo, invencibles, no hubieran sugerido jamás nada semejante.

Tuvo muchas facilidades, debido a la posición de su padre: es cierto. Pero también lo es que el temple personal le hizo llegar donde otros no hubieran podido aproximarse siquiera. Después de su primer curso en Harvard, durante el cual había aumentado su interés hacia las cuestiones políticas, Joseph Kennedy le preparó un viaje por Europa. El joven lo hizo acompañado por uno de sus mejores amigos, Lem Billings, uno de los «Basuras de Choate». Visitaron Francia, Alemania, Holanda, España, Italia y por supuesto Inglaterra. El momento era excepcionalmente interesante: guerra en España y una creciente tensión en el resto del continente, pendiente de las exigencias de Adolf Hitler.

Los dos jóvenes universitarios no fueron unos turistas distraídos: antes bien, supieron captar los entresijos de la situación europea, calando mucho más adentro de las apariencias. Jack tomó muchas notas: en algunas, no oculta su perplejidad, se formula interrogaciones o expresa dudas; pero en otras acierta con la realidad profunda, donde se estaba gestando el desastre inminente. Algunos de sus juicios, acaso un tanto apresurados, son muy duros: como el que formula sobre la agresividad de los meridionales, tras haber asistido a una corrida de toros. O este otro sobre Francia: «La impresión general parece ser que, así como todos son partidarios de Roosevelt, su tipo de gobierno fracasaría en un país como Francia, que carece al parecer de capacidad para ver un problema en conjunto».

El periplo europeo fue enormemente provechoso para Kennedy: le dio ocasión de aplicar sobre el terreno muchas de las ideas leídas durante la época precedente, le puso en contacto con una realidad viva e hirviente, despertando su interés hacia la matizadísima gama de las actitudes en Europa... Sobre todo, se planteó muy seriamente el problema de los totalitarismos, en cuyo fondo se agitaba el destino del propio continente y, de rechazo, del mundo entero. La complaciente –¿o más bien temerosa?– conducta de las potencias ante Hitler era todo un tema de filosofía política, sobre el que habría de volver Kennedy más tarde.

Sobre todo, le cautivaron el ambiente y el pensamiento británicos. Bien es verdad que en Inglaterra pudo permanecer más tiempo, profundizar más y sobre todo, gracias a la posición de su padre, establecer un contacto asiduo con una serie de personalidades de primera categoría. El sosiego y el equilibrio de aquellas gentes, la inteligencia y la seguridad incluso de los jóvenes de su edad –que le parecieron más maduros que los norteamericanos–, dieron a Jack una nueva dimensión. Allí no acuciaba el éxito por el éxito: un poco desdeñosamente indiferentes a este, los británicos se permitían el lujo de ocuparse en otros menesteres. Concibió una gran admiración hacia Churchill, que entonces luchaba en vano para alertar a la opinión sobre el peligro nazi. Y aquí, una de las grandes cuestiones que el joven Kennedy se planteó: ¿cómo era posible que aquella sociedad británica, curtida por la historia y tan habituada a protagonizarla, no captase las advertencias del preocupado político?; ¿por qué aquella indiferencia respecto de lo que Hitler significaba?

No pasó inadvertido al embajador lo mucho que su segundo hijo había progresado durante unos meses. Veía perfilarse en él un estadista. Pero Jack todavía no pensaba en ello...

Transcurrieron unos meses. Tan pronto como pudo, el embajador Kennedy hizo regresar a Europa a su hijo John: esta vez no se trataba de un viaje de vacaciones, aunque hubieran de ser bien aprovechadas. Había logrado asignarle una misión de observador itinerante oficioso, no solo por cuenta de la embajada en Londres, sino también la de París, de acuerdo con Bullitt. Se trataba, en suma, de aprovechar las condiciones demostradas por el joven para auscultar la realidad.

La ocasión, por otra parte, era excepcional para Jack, respondiendo a sus inquietudes y poniendo a prueba su perspicacia y su penetración. Debido a su falta de jerarquía, no tendría que moverse en las altas esferas, sino más bien entre la gente corriente. Su trabajo había de consistir en abrir mucho los ojos, escuchar no menos... y sacar conclusiones. Ninguna opinión debía echarse en saco roto: el temor de un barrendero puede ser profético; la queja de una vendedora de pescado puede contener el germen de una crisis... Jack Kennedy aprendió entre otras cosas la importancia del «saber escuchar», con paciencia infinita, en espera del dato valioso, que brota súbitamente cuando menos se espera. Por ello, hay que mantenerse en un estado de permanente alerta incluso a lo largo de las conversaciones más soporíferas: si el oyente permanece inhibido o se ha dejado vencer por la atonía de lo que escucha, el dato puede resbalar y perderse entre el resto de banalidades. Se trata precisamente de «salvarlo» de ellas, para integrarlo seguidamente en la visión de conjunto que el observador, laboriosamente, va formándose con tantos retazos sueltos.

El joven cumplió su cometido mezclándose así con la gente corriente, compartiendo su vida cotidiana aquí y allá. No sabemos qué importancia pudieran tener sus informes para la diplomacia norteamericana. En cambio, consta que tuvieron mucha para su propia formación personal. Desde el punto de vista estrictamente histórico, el interés del pulso europeo crecía cada mes o acaso cada semana. Habían sido toleradas anteriormente la anexión de Austria por Alemania y la intrusión en Checoslovaquia desmembrando este país para apoderarse de los Sudetes. Hitler estaba envalentonado: el primero de septiembre de 1939 atacó Polonia.

Pero esta vez no se podía conservar la pasividad: Inglaterra había garantizado en su día las fronteras de Polonia. La nueva agresión afectaba directamente su prestigio. El día 3 de septiembre, tuvo que declarar la guerra a Alemania.

El hecho no tenía nada de imprevisto: se había venido «mascando» durante meses. Sin embargo, no por ello era menos terrible. También era patente que el reguero de pólvora surcaría todo el continente, arruinándolo.

Cundió el pánico. Todos los que pudieron abandonaron Europa rápidamente. En particular, los americanos residentes ocasionalmente en sus diversas naciones. Ello dio mucho trabajo a las embajadas: había que facilitar la marcha a toda prisa de familias enteras. A estas se sumaron, a través de una copiosa picaresca, no pocos europeos ansiosos de alejarse del polvorín. Ni que decir tiene que estos solo fueron una minoría de privilegiados o de listos: la vieja Europa quedó convertida para los demás en una trágica trampa de la que muchos millones no saldrían con vida.

Al otro lado del océano parecía estar la salvación... El embajador Kennedy embarcó a su familia, pero a Jack le correspondió desempeñar una misión de cierto compromiso: en la práctica, su primera misión realmente seria. Un buque había sido torpedeado en ruta hacia el Canadá; entre sus 1.400 pasajeros, que habían arribado precariamente a Escocia, había 300 norteamericanos. Era preciso recogerlos, ocuparse de ellos y resolverles los problemas más perentorios –todos, pues se habían quedado sin nada–, para finalmente preparar su definitiva repatriación;

también interesaba el testimonio sobre lo sucedido, a saber, las circunstancias del ataque y del hundimiento, que en Washington se aguardaba con impaciencia.

John no había tenido hasta entonces ocasión de conocer directamente la advertencia: como hijo de una familia rica, a su alrededor no había visto más que comodidades y buenas caras. Entonces, de pronto, se halló frente a frente con la desgracia. Los náufragos no habían salvado más que la vida y la ropa que llevaban puesta, que por lo demás estaba destrozada. Su moral estaba igualmente hecha trizas: después de la terrible aventura, no tenían ni un solo asidero firme en el mundo. Se preguntaban, incluso, si no hubiera valido más hundirse de veras, con el buque, en vez de ser arrojados a aquella incertidumbre. Por consiguiente, lo primero debía ser darles ánimos y voluntad de lucha: unas esperanzas concretas. Regresarían a los Estados Unidos y allí podrían recomenzar...

John cumplió su papel, mientras veía abrirse ante sí unas perspectivas que nunca había columbrado: la desesperación, la derrota, el desorden, el caos... ¡Era la guerra! Y aquel suceso del barco torpedeado en una guerra no pasaba de ser una anécdota más: unas breves líneas en el parte del día. Sin embargo, ¡qué cúmulo de dolor y de angustia en aquellos grupos de náufragos!

La distancia entre la información escrita y la humanidad maltrecha era incalculable... Los libros y los periódicos no logran captar más que mínimamente las realidades más rudas. Tremenda comprobación para un muchacho tan habituado a los libros, mas por otra parte tan reclamado por la acción eficaz.

Cuando se reintegró a su trabajo universitario en Harvard, aquellas experiencias sustentaron el resto de sus estudios. Se graduó en 1940. Dispuesto a alcanzar el premio extraordinario, eligió entonces como tema el que más le había interesado, a saber, la pasividad de los políticos británicos ante la ascensión del poder de Hitler. Era un tema de raíz churchilliana, que el joven Kennedy no intentó disimular, sino todo lo contrario. Winston Churchill había titulado «Mientras Inglaterra dormía» una recopilación de sus discursos y él parafraseó «Por qué dormía Inglaterra». Así prometía mucho: desvelar, nada menos, un «por qué» tan grave. El trabajo era ambicioso y sólido. Kennedy adoptaba una actitud de historiador lo más al margen posible de los acontecimientos, por lo demás tan inmediatos. Arthur M. Schlesinger resumiría el trabajo en los siguientes términos: «Su objeto era descubrir en qué proporción la falta de preparación de Inglaterra podía atribuirse a los defectos de los políticos británicos, y en qué otra proporción a "la debilidad más general de la democracia y el capitalismo", y encontró que la contestación estaba no en los dirigentes, sino en el sistema». Escribía el joven estudioso: «Los dirigentes son responsables de sus fallos solo en el sector del conjunto... Creo que uno de los defectos de la democracia es que trata de crear chivos expiatorios para sus propias debilidades». Su despego hacia el factor personal se convertía en crítica a la pasión norteamericana hacia este: «Las personalidades siempre nos han interesado más que los hechos», se quejaba. Curioso diagnóstico en un hombre destinado a ser, más allá que una personalidad excepcional, un auténtico mito. Consecuente con sus ideas, no le hubiera agradado esta perspectiva, prefiriendo el análisis frío de sus hechos –con todos los riesgos– a la magnificación entusiasta e incondicionada.

En la época que escribía aquel trabajo, Kennedy era muy sensible a la ventaja que, en una situación bélica, asistía a los regímenes totalitarios, mientras que las democracias le parecían mejor preparadas para la paz. Veía, pues, la situación mundial con moderado pesimismo. De hecho, los primeros compases de la guerra hacían presagiar un paseo triunfal de las potencias del Eje. Sus convicciones personales le conducían a desear la victoria final de las democracias: pero no sin haber pagado un elevado precio.

La obra fue publicada algún tiempo después, todavía en plena actualidad por motivo de la guerra. Kennedy no se dio con ella por satisfecho, ni mucho menos la consideró nunca el comienzo de una carrera.

Aún no había decidido cuál sería la suya. Tampoco su padre le urgía a ello. Desde su posición, podía permitirse contemplar la vida sin agobios y cosechar nuevas experiencias antes de tomar una decisión que le comprometiera y que, como suya, habría de exigirle en adelante un tesón y una entrega absolutos para lograr el éxito.

Se tomó tiempo... Hizo un viaje por Sudamérica. Por aquel tiempo, estuvo enamoradillo de una joven llamada Frances Ann Cannon, pero el asunto no pasó adelante ni le dejó huella. Jack «se dejaba vivir» un poco perezosamente, aplazando el momento de su «salida» a la palestra, que no podía ser sino arrolladora. ¿Para qué malgastar energías antes de tiempo?

El mundo de las finanzas le atraía, en cuanto había sido el de su padre. También llegó a pensar en la abogacía. Pero, sobre todo, qué duda cabe, le apasionaba la política. En fin, muy vinculada con esta se hallaba su inclinación a la historia, que la frialdad en sus capacidades de análisis hubiera podido servir satisfactoriamente. En cualquiera de aquellos campos podría desarrollar la pasión por la competencia y el riesgo que eran la impronta de la familia. Era cuestión de optar...

Pero la guerra impuso otro aplazamiento. Su hermano mayor, Joe, se había hecho piloto voluntario. Creía que su deber le imponía luchar contra los totalitarismos. Por su parte, Jack se planteó el mismo deber. Y su conclusión fue afirmativa: las dudas y las cuestiones personales aguardarían; ya decidiría cuando llegase la paz... Mientras tanto, tenía que ocupar un puesto combatiente.

Como Joe: el adelantado, el espejo de la familia...

CAPÍTULO CUARTO

John Kennedy tuvo problemas para participar en la guerra. No le aceptaban como voluntario: no estaba en las debidas condiciones físicas. Su espalda continuaba muy delicada y desaconsejaba determinados esfuerzos. Pero él puso toda su tenacidad en el empeño: ¡utilizó influencias!, no para lo que muchos suelen hacerlo, es decir, para lograr ventajas o comodidades, sino para todo lo contrario, para ser admitido en el servicio.

Por último, se salió con la suya y fue incorporado a filas, pero con un destino tranquilo en la marina: se le asignó un puesto en una oficina, donde debía elaborar tediosamente resúmenes e informes.

—No, no es esto. Yo no me he alistado para esto... Yo quiero luchar.

Nuevos trámites, nuevas recomendaciones. Después del desastre de Pearl Harbour, que tanto sensibilizó a la opinión norteamericana en todos los órdenes, Kennedy pudo avanzar un paso más hacia su ilusión: salió por fin de su oficina y fue destinado a un centro de instrucción en Carolina del Sur. Tuvo que armarse de paciencia y resistir durante un año y medio en aquella base. No obstante, su objetivo continuaba siendo el mismo: entrar en combate un día u otro.

¿Idealismo? Probablemente. Unido al gusto por la acción y a la voluntad aventurera. Muchos jóvenes, como él, desearon ardientemente entrar en combate: convencidos ingenuamente de que tal debía ser su contribución a un mundo mejor. Desde el escepticismo de quienes han hecho el balance de dos guerras –y el propio John Kennedy se contaría finalmente entre ellos–, aquella abnegación es difícil de sintonizar, pero merece respeto. Probablemente, los nuevos jóvenes desearán sacrificarse de modos no menos estériles. Salvemos la nobleza del gesto. No vayamos mezquinamente en busca de resultados. Y compartamos la ansiedad de Jack, pendiente siempre de una orden de traslado que no acababa de llegarle.

—¿Has insistido a tus amigos en el alto mando? ¿Has hablado con el almirante X? ¿Qué esperanzas te ha dado Z?

Vagas promesas. Mientras tanto, él hacía lo que podía en la instrucción de reclutas.

Pero su momento llegó por fin. Fue destinado a una unidad de lanchas PT. Previamente, hubo de someterse a un ciclo de entrenamiento muy severo de seis meses de duración: aquellas lanchas requerían una oficialidad altamente cualificada. ¡Bien! El tiempo comenzaba a transcurrir deprisa para Jack: aquellos seis meses ya no le pesaron, porque eran la condición necesaria para su servicio activo.

Fue uno de los días más felices de su vida aquel, que se le antojó radiante, de marzo de 1943 en que asumió el mando de la «PT-109». La pequeña embarcación significaba para él, después de tanto desearla, una plena responsabilidad bélica: a bordo, todo dependía de él. Se encontraba en aguas del Pacífico Sur: con qué tensión avizoraba los limpios horizontes, en busca del «enemigo» a quien aniquilar. Pasaron los días... Pero el enemigo no aparecía. El océano, luminoso y bellísimo, parecía el escenario para un idilio, y no para un encuentro sangriento. A bordo hubiera podido llevar, en vez de unos recios muchachotes –con quienes le unía una franca amistad–, un grupo de hermosas polinesias, desnudas, con las cabelleras al viento...

Pero, no: Kennedy estaba alerta para la acción guerrera; no se abandonaba a ensoñaciones hedonistas. El armamento a punto, su gente en forma. ¿Y el enemigo?

Este apareció, bruscamente, después de haberse hecho esperar mucho. El 2 de agosto el destructor japonés «Amagiri» partió en dos la lancha «PT-109». Kennedy y sus compañeros tuvieron que nadar en medio de las llamas, en una especie de infierno marino: el estrecho de Ferguson, donde se había producido el encuentro, era una ancha franja de gasolina ardiendo. La confusión era terrible, pero Kennedy no perdió la serenidad: supo ver cuál de sus compañeros se encontraba en peor situación y acudió en su socorro. Le aferró con los dientes por el chaleco salvavidas y de este modo le arrastró... durante kilómetros enteros de desesperada lucha ya no contra el enemigo, sino contra los elementos. Fue una proeza increíble en un hombre físicamente menos dotado: una de esas proezas que solo se explican por la disposición moral, que multiplica las energías. Unos años más tarde, al recordarla, Kennedy la calificó escuetamente de «experiencia interesante».

Consiguió salvar a su compañero. Arribaron a tierra. Pero entonces sobrevino el desaliento: estaban abandonados, perdidos, sin recursos de ninguna clase... Quizá en aquel trance recordase a los náufragos que había tenido que atender en Escocia: la desesperación que les embargaba le había parecido trágica, pero justificada. ¡Sin embargo, aquella gente había desembarcado en un país amigo, civilizado y afín, donde se preocupaban de atenderles! Ellos, en cambio, estaban a merced del azar: un mensaje escrito en una cáscara de coco que unos nativos «quizá» hicieron llegar a la base aliada más próxima...

—¿Y si no la llevan?

—No me inspiran ninguna confianza esos indígenas...

—Mientras tanto, pueden aparecer los japoneses.

—O no llegar los socorros...

—A lo mejor, se olvidan de nosotros...

Todo eran negras aprensiones. Kennedy –que no dejaba de compartirlas– tuvo que levantar el ánimo de sus compañeros. Durante la interminable espera, cada día transcurrido hacía más verosímiles sus temores. Él se sentía materialmente destrozado, pero debía simular un optimismo que contagiase a los demás. Dejarse vencer por los temores hubiera sido renunciar a la supervivencia: y le había costado muy caro lograrla, nadando entre las llamas...

—Todavía es pronto –argumentaba–. La base debe estar muy lejos... Claro, a nosotros el tiempo se nos hace lento aquí... Pero ya veréis como vienen a buscarnos, ¡estoy seguro!

Efectivamente, el destacamento de socorro les encontró por fin, cuando estaban ya en el límite de su resistencia. La aventura había terminado. Y con ella, para John Kennedy, su tan anhelada participación en la guerra. Porque su estado era tan precario que hubo de consumir seguidamente muchos meses hospitalizado. Por último, fue licenciado de la marina, con prescripción de un riguroso régimen de reposo, que aliviase su terrible dolor de espalda.

Este ya no le abandonaría jamás: la aventura en el mar había rematado el daño de su lesión deportiva. Tendría que sufrir varias intervenciones quirúrgicas, pero estas no solucionaron el problema. Por el momento, marginado de la guerra, Jack fue a convalecer entre los suyos, en su residencia de Hyannis Port, donde tantos recuerdos infantiles le hacían añorar la plenitud perdida.

No se dejó abrumar tampoco. Quieto en su sillón, mientras los más jóvenes corrían y se divertían a su alrededor, Jack reflexionaba sobre la vida, su vida, la guerra, la patria, el futuro político... Lo contemplaba todo con ojos nuevos: como si una distancia se hubiera interpuesto entre su pensamiento y aquellas realidades. No era desengaño, ni menos amargura. Era... una fría objetividad. No se arrepentía de su idealismo. Sencillamente, lo situaba en un contexto diferente. ¿Es cierto que el sufrimiento enseña? Pero, ¿acaso había aprendido él? Había vivido intensamente, sobre todo hacia dentro: aquellos interminables meses de hospital... La acción exterior había sido demasiado rápida: unas horas, una angustia, y luego la quietud forzada.

Sin embargo, la prueba más cruel no le había llegado todavía.

Aún podía conservar ciertos puntos de referencia de su anterior entorno. Pero de pronto le sería arrebatado el más firme de todos ellos.

Había transcurrido aproximadamente un año desde el hundimiento de la «PT-109»: Jack se recuperaba lentamente, comenzaba a pensar en una reintegración a la vida normal... Y entonces llegó la noticia de la muerte de Joe.

Su hermano-espejo, el ídolo de la familia, el muchacho fascinante, la proa de los Kennedy en la vida, a quien nadie parecía poder resistirse, había muerto en combate.

Y basta. Para el alto mando no era tampoco más que una nota entre muchas.

Para la familia, era el desmoronamiento. Y para Jack, en particular, una exigencia de enfrentarse con la vida desde una actitud diferente. Ya no tendría la seguridad ni el estímulo de que Joe iba por delante, triunfando como siempre, a modo de prenda de su propio triunfo, que había de subseguirle. No: la muerte de Joe le obligaba a romper marcha a él. Ya no tendría la comodidad de ser el segundo, al menos cronológicamente: quedaba convertido en el primero a todos los efectos. El primero en los éxitos que la familia esperaba: ¡reclamaba!

Con solo un mes de intervalo, una nueva desgracia azotó a los Kennedy: murió también en la guerra el joven marqués de Hartigton, con quien se había casado poco antes Kathleen.

Pero todos reaccionaron espléndidamente. Joseph Kennedy –a quien tanto debía afectar la muerte de su primogénito– había dicho sencillamente: «Tenemos que cuidarnos de los vivos». Kathleen, por su parte, rehusó el fácil papel de viuda inconsolable y volvió a su puesto de trabajo en la Cruz Roja. ¡Indomables Kennedy! Lloraban por dentro, pero mantenían a toda costa su tributo a la eficacia.

Era cierto que la vida continuaba. Y si unos determinados ideales habían justificado –equivocadamente o no– la acción del soldado, aquellos mismos ideales, pasados por el tamiz de la atroz experiencia, debían sustentar «otro» tipo de acción en la paz.

Jack comenzó a reflexionar sobre ello. La paz, como plataforma para su trabajo futuro... ¿Cuál?

La chiquillería continuaba alborotando allá lejos, a la orilla del mar. El joven convaleciente entornó los ojos, cerró el libro y se puso trabajosamente en pie.

CAPÍTULO QUINTO

La guerra mundial fue seguida por una paz precaria, inestable y ceñuda. Pronto, la gente se habituó al término «guerra fría», que expresaba fielmente la actitud de permanente alerta y sobresalto en que vivió, tras haber cesado el clamor de los cañones. A fin de cuentas, estos no son más que un accidente. El fondo de la cuestión no reside en los armamentos, ni en el uso que se haga de los mismos, sino en el talante belicoso o no de los pueblos. Los Estados Unidos mantuvieron aquel talante, casi maniáticamente, respecto a sus aliados de un día: la URSS.

De fronteras adentro, cundió una psicosis anticomunista. Fueron los tiempos negros de MacCarthy y su «caza de brujas»: en la que, curiosamente, dio a menudo en el blanco de valiosos intelectuales y artistas respetables. De fronteras afuera, se espiaban –en el sentido más estricto– incluso los menores movimientos del temido antagonista.

John Fitzgerald Kennedy se reintegró a la vida activa en aquel ambiente desengañado y recargado. Obtuvo un cargo de redactor especial para la cadena Hearst y por esta razón asistió en 1945 a las negociaciones y los actos fundacionales de las Naciones Unidas, en San Francisco. Es posible que su propia apatía en aquel periodo de su vida recargase más las tintas del escepticismo con que miraba los acontecimientos. Como tantos compatriotas excombatientes, su estado de ánimo era lo más ajeno imaginable al del «vencedor», el «soldado invicto» o el «salvador de la democracia». Se había ganado la guerra efectiva, en efecto, pero cada uno de ellos sentía una derrota carcomiéndole por dentro... Las Naciones Unidas vinieron a ser entonces algo así como unas bambalinas mal pintadas que cubriesen, para los ingenuos, aquel paisaje de ruinas.

Jack expresó su opinión en los artículos que escribió, pero lo hizo más claramente todavía en sus cartas a los amigos: «Admitamos que fuera la solución esta organización mundial, con una obediencia común a la ley. Pero la cosa no es tan fácil. Si no existe la convicción de que la guerra es el mal máximo y definitivo, una convicción bastante fuerte para impulsar a todos a mantenerse unidos, no se puede llevar a la realidad este plan internacional».

Los políticos congregados en San Francisco le causaban una pobre impresión: les hallaba irresponsables y banales y no podían resistir la comparación con los rasgos de heroísmo y de lealtad que había conocido en la guerra o le habían relatado testigos próximos. Existía una profunda fractura entre el orden humano –compañerismo, idealismo, abnegación– en que se producen los actos anónimos y el pomposo orden oficial en que unos cuantos representantes de las naciones victoriosas pretendían traducir en términos de equidad los resultados, inevitablemente injustos, del choque armado. Por eso, San Francisco solo podía ser el teatro de una gran farsa.

Aunque había comenzado aquel trabajo con cierta displicencia «dilettante», Kennedy fue penetrando poco a poco en los entresijos del periodismo, aficionándose a él sinceramente. Fue una nueva experiencia que le habría de servir mucho: porque el mundo de la prensa, extraordinariamente complejo en los Estados Unidos, es difícilmente comprensible desde fuera. Haberlo vivido durante una temporada le aportó una flexibilidad respecto al fenómeno informativo que pocos políticos llegan a adquirir: una capacidad para contemplar la realidad desde el mismo ángulo, gracias a la cual el Kennedy-informante pudo en su día sintonizar sin violencias con los informadores. Muchos problemas menudos –y no tan menudos– de las campañas electorales y de la carrera pública de un político se ventilan a este nivel.

Pero él sabía que el periodismo no era su meta. Así parecía indicárselo incluso aquella íntima disconformidad con el objeto de sus informaciones. Como periodista, hubiera debido acaso mantenerse algo más alejado de una toma de posición tan profunda. Él no era hombre para dar cuenta del manejo por otros de la cosa pública: era hombre para tomarla en sus propias manos...

Su padre, Joseph Kennedy, aguardaba discretamente a que Jack se definiese, aunque probablemente había previsto en qué sentido lo haría. No es cierto que él le influyese. Aunque el difunto Joe había iniciado ya una carrera política, su padre se abstuvo de imponer a Jack una especie de «orden sucesorio», obligándole a tomar el relevo. Fue el propio Jack quien optó libremente por la arena política.

¿Hasta qué punto pesaron, sin embargo, los condicionamientos familiares? ¿Hasta qué punto actuaba la sombra de Joe? ¿Qué margen hay que conceder al afán altruista de «hacer algo» por su país y qué otro al simple móvil deportivo de la lucha por el éxito? Secretos de una intimidad que ni siquiera el mismo sujeto puede aclarar: entre otras razones, porque un hombre de acción no acostumbra a demorarse en introspecciones. Y John Fitzgerald Kennedy fue, a partir de aquel momento, un hombre de acción íntegro.

El pretexto había sido una vacante en un escaño del congreso que precisamente había ocupado en otro tiempo su abuelo Fitzgerald. No había, en puridad, nada más que el pretexto. Porque Jack, largamente ausente de Boston, desconocía por completo a su electorado. Su talante, por lo demás, era también ajeno a las teóricas preferencias de este y al prototipo que podía haber fijado, sin ir más lejos, el propio John Francis Fitzgerald. Sus posibilidades de éxito electoral eran, por consiguiente, harto reducidas.

—Pero, ¿sabes quiénes deben ser tus votantes? Gente sencilla: transportistas, descargadores, mujeres de faenas, tenderos... ¡Tú no hablas su lenguaje!

—Procuraré aprenderlo.

—Imposible: tú eres un graduado de Harvard... y eso marca, desengáñate. No te aceptarán. Tampoco puedes cambiar tu imagen: eres el hijo de un potentado. ¿Qué fuerza vas a tener para convencer a toda esa gente pobre?

Pero Jack no se dejó disuadir: aquellas objeciones le sirvieron, no obstante, como aviso acerca de lo mucho que tenía que trabajar. Estudió a fondo los grupos humanos con quienes debía tratar: sus deficiencias, sus reivindicaciones, sus fobias... incluso su estilo de vida y su lenguaje. Se hizo asesorar por gente bien preparada. Por una parte, la vieja guardia del partido demócrata en Boston parecía dispuesta a apoyarle, pero el joven candidato comprendió que no le convenía aparecer exclusivamente arropado por aquellos figurones de otro tiempo... cuya credibilidad política había sido ya de sobras exprimida. Él necesitaba a su alrededor gente nueva, ¡sin enajenarse por ello a los prohombres! Este difícil equilibrio puso a prueba, ya desde aquel primer momento, su capacidad de compromiso y de maniobra. Salió airoso y conservando el prestigio de los «viejos» irrumpió en la política con un equipo a su imagen y semejanza.

¡Un equipo!: factor clave en toda sociedad moderna, pero más aún en la política norteamericana. El personaje queda muy pronto rebasado por los cientos de detalles que le requieren y que forzosamente –es cuestión de ser o no ser– debe descargar en otros. Un buen equipo le potencia, le multiplica, le realza, le mejora. A la inversa, un mal equipo le traiciona, le tergiversa, le desdibuja. «El equipo es el político», pudiera decirse. John Fitzgerald Kennedy tuvo un raro acierto para seleccionar a sus colaboradores. Por eso llegó. Supo conjuntar un equipo de alta calidad intelectual y operativa, pero al mismo tiempo flexible, simpático, animoso. No fueron meros profesionales: sino una piña muy apretada en torno a un jefe a quien admiraban y querían apasionadamente.

No obstante, trabajar con Kennedy no era cómodo: se mostraba muy exigente e imponía un ritmo agotador. Tuvo siempre obsesión por los detalles, en los cuales se agazapan a menudo las claves para el éxito o el fracaso, por lo que reclamaba meticulosidad y perfección tanto en lo vistoso y decisivo como en lo mínimo y semioculto. Sus críticas a menudo eran cáusticas. Parecía un hombre frío y ciertamente alcanzó un autodominio casi insuperable: pero en el trato asiduo se descubría en él una afectividad soterrada, un elevado sentido del humor y también una gran disponibilidad para el compañerismo.

Se han exagerado sus cualidades de hombre público. Su aspecto juvenil le ayudó mucho, por supuesto. Pero era un mal orador: tuvo que esforzarse mucho, con profesores especializados, hasta llegar a una calidad aceptable. En los primeros tiempos, se ponía nervioso y vacilaba aparatosamente. Estos defectos no desaparecieron, pero logró controlarlos e incluso convertirlos, parcialmente, en armas persuasivas: un cierto aire de indefensión, una muy medida –y falsa– inocencia granjean la confianza de los auditorios... Kennedy no prescindió nunca de una meticulosa preparación de sus discursos, que sus colaboradores le daban prácticamente ultimados. Pero su tenacidad en los ensayos le hizo alcanzar una apariencia de espontaneidad suficiente para convencer. A ello contribuía también, por descontado, su absoluta identificación con los redactores de su equipo; pero el trabajo de preparación personal no había sido menos intenso...

La conjunción entre la «imagen» física –muy grata para los públicos femeninos– y el contenido político de sus proposiciones –que debía interesar no solo a las mujeres– fue una de las tareas de fondo de su equipo asesor. Kennedy añadía, personalmente, su «garra» para la acción: hubiera podido denominarse «hombre de votos». Se lanzó a la campaña sin reservas de ninguna clase: como si le fuera en ella todo un porvenir. No escatimó fatigas. No dio un paso atrás ante las dificultades. Antes bien, eligió la táctica más pesada y en apariencia más demoledora: la visita personal de puerta en puerta. ¡Como el vendedor principiante que llama al timbre para ofrecer un electrodoméstico! Así se cosechan sofiones y desplantes... Pero él estaba convencido de que también se cosechan votos: lentamente, uno por uno, pero votos seguros.

Porque no es lo mismo que llame a la puerta del albañil o del estibador un joven empeñado en vender un frigorífico o bien otro joven que aspira a un puesto en la cámara de representantes de Washington...

Él se presentaba con toda sencillez:

—Buenos días. Me llamo John Kennedy y soy candidato al Congreso por esta demarcación. ¿Podemos charlar un poco?

A menudo el asombro era tan grande que no le podían negar la entrada en la casa ni el diálogo. Entonces tenía en su mano un cincuenta por ciento del éxito: explicaba brevemente su programa electoral, pero también se interesaba por los problemas de la familia y del vecindario, ofrecía su colaboración para solucionar los más generales, en caso de resultar elegido... y se despedía con su ancha sonrisa y sus firmes apretones de manos. La persona o la familia visitada se quedaban como quien ve visiones: ¡el candidato Kennedy ya no se les borraba! Había entrado de rondón –literalmente– por la puerta de su casa y de su despacho. La gente sencilla no necesita más razones para votar. Kennedy pulsaba precisamente las adecuadas.

Así, un piso tras otro. Un inmueble tras otro. Bloques, manzanas, calles enteras... ¡Miles de horas consumidas de puerta en puerta!

Aquel gasto de tiempo –inversión, mejor dicho– debía ser objeto de un cronometraje muy riguroso, que garantizase su rentabilidad. Cada día, el candidato tenía establecido un determinado cupo de visitas: no podían ser menos. Por ello, sus colaboradores habían recibido instrucciones de cortar, haciéndole quedar bien, a cualquier interlocutor demasiado locuaz, que le retuviese más de la cuenta. Improvisaban cualquier excusa. –«Estaban aguardando al candidato en...»– y Kennedy se despedía rápidamente, no sin reiteradas promesas de interés. Se comprende que empalmar dos o tres charlatanes en una sola mañana hubiese arruinado todo el programa. La espontaneidad de estas visitas, por lo tanto, era bastante relativa... Ni más ni menos que la infinidad de los restantes aspectos de una campaña política.

Jack se volcaba en esta. Pero su familia no le fue a la zaga. La madre, Rose, fue la primera en aceptar entusiásticamente aquel nuevo papel, que también convenía a su elástica personalidad: con mil amores hizo su aparición en muchos actos públicos para presentar o defender la candidatura de su hijo. Y otro tanto hicieron los hermanos que se hallaban disponibles para ello. Tan solo el padre se mantuvo al margen, porque las polémicas recientes en torno a su gestión hubieran lastrado, más que ayudado, las posibilidades de Jack. «Los Kennedy», como bloque, se habían puesto en acción por vez primera. Templaban sus armas. Revisaban en la práctica, en la palestra política, su innata moral de vencedores. Esta debía ser confirmada o desmentida por los hechos. De ahí el ardor sincero de todos en la campaña.

No solo discurseaban. También planeaban y sugerían. Partiendo del innegable hechizo de John para las mujeres, Eunice pensó que sería interesante explotarlo mediante algún acto especialmente destinado a ellas: se trataba de facilitar el acceso de las votantes al candidato Kennedy en unas reuniones que les dedicase especialmente. Rose aprobó la idea, que con su experiencia organizadora era realizable sin demasiadas complicaciones. John no se negó... Adelante. Pero los políticos avezados torcieron el gesto: les parecía un sistema poco ortodoxo y –¿por qué no decirlo?– poco serio. Reuniones femeninas, ¡bah! Los Kennedy no se amilanaron: las mujeres votan, ¿no es cierto? Votan por sí, y además influyen sobre los varones de su entorno, es decir, los maridos o los padres... Luego aquella acción electoral podía ser tan admisible como cualquier otra y probablemente más efectiva. Sin embargo, les quedaba una duda sobre el intento. ¿No fracasaría? Hasta el momento de abrir las puertas del local alquilado para la primera experiencia, aquella duda les estuvo inquietando. Pero cuando se abrieron las puertas y la sala fue invadida por un tropel de mujeres de todas las edades, se convencieron de haber acertado. Jack apareció en su momento, radiante, saludando a todo el mundo y repartiendo sonrisas. Fue acogido como un artista de cine. ¡El sistema valía! Aquellas mujeres, encantadas por el agasajo y halagadas por la atención que les había dedicado el candidato –una mirada, una frase, un saludo–, saldrían de allí, en su mayoría, convertidas en otras tantas propagandistas.

El sistema quedó consagrado: las recepciones femeninas fueron en adelante una de las acciones electorales típicas de los Kennedy. «Ganemos a las mujeres y habremos ganado familias enteras», decía Rose. Fueron puliendo y mejorando su técnica. Pero en el fondo, el objetivo era siempre el mismo: dar una ocasión para que la magia personal de Jack operase sobre el electorado femenino.

La campaña tocaba a su fin y el candidato estaba en el límite de sus fuerzas. Pero satisfecho de antemano: aparte el resultado electoral, había adquirido una experiencia inestimable. Los mítines, las conferencias de prensa, las reuniones con mandos del partido, ¡incluso las visitas domiciliarias, le habían prestado una soltura y un aplomo que no dan Harvard, Yale ni Princeton. Había aprendido a «estar con» la gente, y no solo con los círculos selectos que le agradaban. Había descendido desde el pedestal de su mansión adinerada al mundo agitado de los trabajadores, de quienes en aquel momento dependía precisamente su elección. Si en algún momento había corrido peligro de convertirse en un intelectual, aquella campaña lo había barrido para siempre.

Pero además... ganó la elección.

Obtuvo un margen claro: el 42% de los votos; aproximadamente, el doble que su contrincante mejor situado. Los restantes, hasta un total de diez, habían obtenido escaso eco en el electorado.

John Kennedy quedaba catapultado así hacia la política de Washington, donde debía defender los intereses de su patria chica. Tenía entonces 29 años. Era joven, aunque no demasiado: su abuelo había ganado aquel mismo escaño cuando solo contaba 28. Su salud deficiente no alteraba su aspecto deportivo, un tanto descuidado, muy asequible.

Había prometido trabajar de firme y lo hizo. No había luchado tanto para una butaca de preferencia en la capital, sino precisamente para bregar allá y lograr resultados tangibles. Sus electores los apreciaron: Kennedy hacía honor a la confianza que le habían dedicado. Se ocupaba de sus asuntos: esa es la misión de un «representante», ¡que por algo se llama así!

No tuvo nada de sorprendente, pues, que finalizado su mandato de dos años fuera reelegido, en 1948, prácticamente sin rival que se le opusiera. Sin embargo, aquel fue un año triste para la familia, porque murió en accidente de aviación su hermana Kathleen, la animosa y brava Kathleen, una Kennedy de pura cepa.

En 1950, Jack volvió a presentarse como candidato y aunque esta vez hubo quien le plantase batalla, los pronósticos que le señalaban como favorito se cumplieron y fue reelegido.

Asi totalizó seis años en el congreso: seis años que, dado su ritmo de vida y su dedicación, significaron para él una muy sólida experiencia. Kennedy tenía horror a perder el tiempo: leía incluso mientras se ponía la camisa o se hacía el nudo de la corbata; y no literatura de evasión, sino principalmente biografías y ensayos, además de los interminables informes y documentos políticos que le correspondía despachar. Muchos fines de semana los dedicaba a visitar los lugares más apartados de su circunscripción: debía estar enterado de todo y conocer personalmente la situación de sus representados.

Había desarrollado una buena labor. Había cumplido.

CAPÍTULO SEXTO

Ante la opción de 1952, John Kennedy vaciló algún tiempo. Conocía ya de sobras el congreso y no se sentía animado a consumirse en él. Podía aspirar al senado... o bien al cargo de gobernador. Según parece, la mecánica de las obligaciones de este no le seducía tampoco. Pero tardó en manifestar su decisión y mientras tanto escuchó con imperturbable atención las opiniones de los prohombres de su partido y de sus propios consejeros.

El senador Paul H. Douglas le desaconsejó que se presentase a las elecciones para el senado, especialmente si Eisenhower era designado candidato republicano a la presidencia, tal como se esperaba. En tal caso, era probable una victoria republicana –pues la popularidad del general era arrolladora– y los senadores demócratas quedarían reducidos al papel de oposición.

Se consideraba, en general, que las perspectivas eran más bien duras. Pero Kennedy, tras haber valorado los pros y los contras, decidió finalmente arriesgarse. Ello incluso contando con que su contrincante para el senado podía ser –como luego de hecho fue– una personalidad republicana de primera fila: Henry Cabot Lodge Jr.

¡Jugaba fuerte! Una batalla electoral contra Cabot Lodge era la aventura más arriesgada que podía emprender.

Pero el clan Kennedy se había movilizado ya. Todos eran conscientes de lo que hacían. Robert Kennedy, ya casado y con un buen destino en Washington, acudió para asumir la dirección de la campaña. Se haría imprescindible en el equipo de su hermano. Con la entrega, pero también la metódica programación, propia de la familia, Bob integraría en 1956 el equipo electoral de Adlai Stevenson, para formarse en una campaña a escala nacional... y revertir finalmente aquellas experiencias cuando llegase la hora de Jack. Por el momento, Bob encajó perfectamente en el equipo local que este había formado y retocado en las anteriores elecciones para el congreso, efectuó algunas aportaciones personales y comenzó a trabajar. Se contaba con las recepciones con té que «Rose y sus muchachas» dominaban tradicionalmente; se contaba también con la amplia red de conocimientos y amistades que Jack había tejido como congresista; y no se contaba con el factor dramático de su heroísmo en la guerra, porque él sistemáticamente deseaba evitarlo como arma electoral. Más bien echaba a broma aquel recuerdo y cuando alguien lo magnificaba él se echaba a reír: «¡Me hundieron la embarcación y tuve que arreglarme, eso es todo!».

Sabían que Cabot Lodge le aventajaba en varios aspectos: era una figura nacional, mientras que Kennedy lo era tan solo a nivel de su propio estado. Su proximidad a Eisenhower le hacía doblemente relevante en aquellos momentos... Pero Kennedy confiaba en su ya muy avezada «maquinaria electoral». Tenía que competir a base de esfuerzo, como la primera vez: multiplicar sus apariciones personales, estrechar millares de manos, pronunciar cientos de discursos, escuchar a todo el mundo, acceder a todo, captarse voluntades por todos los medios... El político ha de ser un poco prestímano y jugar habilidosamente con sus propias opiniones, tornasolándolas de acuerdo con los públicos que le escuchan... La rigidez es mortal; la versatilidad, imprescindible... ¡Un curioso tipo, el político! John Fitzgerald Kennedy lo era ya de pies a cabeza. Tenía un objetivo: el senado; y se iba a encaminar al mismo, con plena decisión, pero dando todos los rodeos que las circunstancias políticas le impusieran, y con las que ya sabía cómo arreglárselas.

Se prodigó en exceso, pero no tenía otra alternativa. Su espalda volvió a resentirse y tuvo que andar con muletas. Pero como un candidato con muletas ofrece una imagen escasamente estimulante, las ocultaba al aparecer en público, caminando lo más airosamente que le permitían sus dolores, atroces en algunos momentos. Voluntad y denuedo. Un ansia indescriptible le empujaba a la acción. Como si tuviera prisa...

También su avidez por saber y conocer causaba la misma impresión de prisa. Kennedy sentía interés hacia todo: han observado sus allegados que incluso los menores detalles conseguían entusiasmarle. Estos rasgos configuran un modo peculiar de vivir, a grandes tragos, sin desperdiciar ni una gota de vivencia. En efecto, con prisa.

Y así era. John Kennedy tenía muy presente la idea de la muerte: dos de sus hermanos le habían precedido. En cuanto a sí, estaba convencido de que viviría poco. Su mala salud no auguraba nada bueno y algunos de los sucesivos diagnósticos que se le formularon confirmaban sus aprensiones. Se llegó a pronosticar que no pasaría de los cuarenta y cinco años. De ahí su prisa... Tenía mucho que hacer antes del plazo fatídico. No podía permitirse el lujo de aplazar las decisiones o los riesgos: abandonar una campaña electoral –«Ya vendrá otra...»– porque su maldita espalda se empeñase en amargársela. Cada uno de sus objetivos adquiría para él caracteres de imperativo: en aquellos momentos, el cargo de senador llegaba a ser una necesidad ineludible. Por eso luchaba de aquel modo...

La agenda del candidato era todos los días apretadísima, casi inhumana. Incluso un hombre sano hubiera claudicado, pidiendo un respiro. Pero él era el primero en urgir a sus colaboradores para que no desperdiciasen ni una sola ocasión. No había que pensar en su estado, sino en la elección. Entrevistas con personalidades, ruedas de prensa, tés femeninos, grandes mítines, reuniones con grupos seleccionados: todo calculado al minuto. Ni pensar en comer normalmente: un bocadillo, y gracias. Ni pensar tampoco en un reposo nocturno razonable: finalizaba su programa de madrugada y al día siguiente, muy temprano, tenía ya nuevos compromisos que atender.

Aquel dinamismo comenzó a pesar en el ánimo de los observadores políticos. Incluso quienes habían dado por descontado que la elección «era de» Cabot Lodge hubieron de reflexionar sobre el empuje de su contrincante: las perspectivas no eran tan claras... Los sondeos confirmaron aquel equilibrio: el electorado parecía equilibrar sus preferencias entre uno y otro.

Era ya un éxito para el equipo Kennedy: habían derrumbado la supuesta superioridad del candidato republicano. Kennedy no acudía a las urnas como *sparring* ni como víctima propiciatoria, sino blandiendo unas muy niveladas posibilidades. Nada estaba resuelto de antemano, sino pendiente de la decisión de los votantes a última hora.

Una última hora que se perfilaba como dramática...

Efectivamente, la incertidumbre experimentó un «crescendo» hasta el día de la votación. Entonces, nadie se pudo sustraer a la angustia de la expectativa. Ni siquiera el propio Kennedy, que tenía ya fama de sangre fría. Finalizado su arduo trabajo, el equipo estaba reunido, ocioso, pendiente solo de las noticias que fueran llegando sobre el escrutinio: cada una de estas era acogida intensísimamente. Los avances, con gritos de júbilo, aplausos y saltos; las detenciones, con lúgubres silencios y hoscos presagios. Tan pronto se adelantaba Kennedy como Cabot Lodge.

Pero Jack no podía resistir aquella tensión que sus colaboradores iban agudizando a medida que transcurrían las horas. De vez en cuando, la atmósfera de su cuartel general se le hacía insoportable; entonces salía y se refugiaba en casa de sus padres, donde el ambiente era más relajado: allí podía manifestarse más libremente, sin necesidad de disimular que estaba realmente muy nervioso. Una vez desahogado, regresaba al cuartel general.

—¡Hay novedades, jefe! Ha vuelto a cobrar ventaja...

—¿Mucha ventaja? –preguntaba él.

—No mucha, pero sí se aumenta...

No se aumentaba. A los pocos minutos, una nueva información colocaba otra vez a Cabot Lodge por delante. Una sesión semejante es capaz de romper los nervios de cualquiera.

La elección se mantuvo incierta durante todo el escrutinio: tan apretada iba a ser la ventaja de su ganador, quien fuere.

Finalmente, fue Kennedy.

Sus colaboradores estallaron en una ovación incontenible. Hubo lágrimas, risas, abrazos, botellas rotas... John Kennedy había ganado la elección por un margen de 70.737 votos.

Pero lo más importante era la categoría del adversario: un político tan hecho y tan prestigioso como Cabot Lodge. Ello determinó un movimiento de interés en todo el país hacia el joven bostoniano que le había arrebatado el puesto tan limpiamente. Ni siquiera los líderes del partido demócrata hubieran apostado por este: para dicho partido, venía a ser una especie de «consolación» en aquel año de la apoteosis republicana, cuando el general Eisenhower llegaba a la Casa Blanca en una elección triunfal.

Las circunstancias de esta no reducían su impacto. A decir verdad, el electorado no se había inclinado propiamente hacia el partido republicano, sino hacia la persona de Eisenhower. Con no poco simplismo, este era considerado «el vencedor» de la guerra mundial o, en todo caso, la encarnación visible de aquella victoria. Sencillamente, una serie de republicanos sagaces –entre quienes se había contado el propio Cabot Lodge– habían logrado la aquiescencia del general a su candidatura (quizá también un poco víctima del vértigo de las alturas): de este modo se operaba un eficaz contagio entre el símbolo-Eisenhower y el partido republicano. En virtud de aquella hábil operación, este iba a lucrarse de un periodo de ocho años en el poder...

John Kennedy no fue un senador brillante. No hizo grandes cosas, ni sobresalió en la cámara alta. Sin embargo, trabajó mucho, como era costumbre en él. Trabajó en silencio, quizá con visión de futuro. Si excelentes habían sido sus equipos asesores hasta la fecha, el equipo que le rodeó como senador fue extraordinario. De todo ello se debía seguir una nueva etapa de maduración para él. Durante este periodo despuntaron algunas de sus actitudes más características, pero sin hallar ocasión para manifestarse debidamente. La sintonía de Kennedy con los intelectuales aparece clara ya en estos años, pero no llamó la atención. Solo daría que hablar cuando se patentizase a nivel de la presidencia.

Le había llamado la atención poderosamente la alta cualificación intelectual de los «Padres Fundadores» de los Estados Unidos y la armoniosa combinación que ofrecían de estos factores con los estrictamente políticos. Escribía sobre ellos: «Los primeros grandes políticos de nuestra nación (los que presidieron su nacimiento en 1776 y su bautismo en 1787) contaban entre sus filas a la mayor parte de los primeros grandes escritores y eruditos de la propia nación».

¿Qué había sucedido después? Kennedy comprobaba que aquella combinación ideal no se había vuelto a lograr. «Pero hoy la separación entre intelectuales y políticos parece ir haciéndose mayor... Hoy aquel vínculo casi ha desaparecido. ¿Dónde están los estadistas-eruditos? El político norteamericano de hoy teme o desdeña entrar en el mundo literario con el valor de un Beveridge. Y el autor o el erudito norteamericano actual, por su parte, muestra repugnancia o desdén a entrar en el mundo político con el entusiasmo de un Woodrow Wilson».

Semejante divorcio solo podía ocasionar daños a los ciudadanos. Kennedy veía muy clara la función que aguardaba al intelectual en la gestión de la «cosa pública»: superando la engañosa dicotomía entre pensamiento y acción. Probablemente, porque él mismo había logrado la pequeña proeza íntima de superarla, pese a su profesión de acción, prioritariamente. La gente de quien supo rodearse –los Sorensen, Schlesinger, Galbraith, etc.– le prolongaba hacia aquel ideal.

Pero su llamada a los intelectuales, mientras fue solo senador, únicamente pudo formularse a nivel personal: «fichando» a determinados colaboradores. Sus convocatorias en forma pública –por ejemplo, con motivo de una inauguración del curso académico en Harvard– apenas tuvieron resonancia.

Fuese por convicción propia o también por consejo de sus inmediatos colaboradores, Kennedy progresó en el perfeccionamiento de un estilo propio. Abundaban todavía demasiado los retóricos ampulosos, que disimulaban en hojarascas su indigencia ideológica. Kennedy se habituó a vertebrar sus alocuciones sobre unas pocas ideas, claras y concretas, que desarrollaba con sobriedad; y a ser posible, brevemente. Aquel estilo directo, cada vez más lejano del «hablar por hablar», fácilmente comprensible, armonizaba también con su imagen física. Entre las filas del senado, tan pobladas de ancianos, él era una nota juvenil. Por consiguiente, se tendía a esperar de él algo también diferente, en sustancia, de las maneras habituales de aquellos severos políticos.

Se preocupaba por el hombre concreto. Los grandes temas, a los que forzosamente había de dedicar gran parte de su tiempo, no le distrajeron de una infinidad de cuestiones personales, en que la gente de su equipo consumió a veces cantidades impresionantes de horas. De manera que cualquier ciudadano que acudiese a la oficina del senador Kennedy podía esperar ser, no solo escuchado, sino efectivamente ayudado. Mary Barelli Gallagher recuerda el caso de un inmigrante, un tal Toy Lin Chen, en continuo peligro de ser echado del país por razones burocráticas. La oficina de Kennedy estuvo durante muchos meses pendiente de Toy Lin Chen, removiendo papeles, apelando, insistiendo, para lograr su definitiva radicación. Y había muchos Toy Lin Chen, con estos u otros diversos problemas...

John Kennedy los recordaba, uno por uno. Y de vez en cuando preguntaba por ellos. Si sus ayudantes, llevados de una indolencia impensable con él, hubiesen optado por dejar aquellos asuntos en el fondo de un montón... –táctica internacional de los covachuelistas–, seguro que el senador les hubiese dedicado una buena bronca por su desidia. Aquel hombre, Peter o Tom o William o Mac, había confiado en él, y no era lícito defraudarlo. No era lícito éticamente; pero tampoco rentable políticamente. Porque, lo mismo que en su época electoral de visitas piso por piso, Kennedy creía en la eficacia de la dedicación personal.

En 1957 fue nombrado miembro del comité de asuntos exteriores, por iniciativa de Lyndon B. Johnson, que entonces era jefe de la mayoría en el senado. Fue el único puesto relevante que obtuvo como senador. Estaba ciertamente preparado para desempeñarlo y lo hizo con solvencia y dedicación, pero también sin destacar. Por lo demás, sus años en el senado estuvieron surcados por acontecimientos personales muy decisivos. La vida y la muerte, el amor y la enfermedad, habían agitado lo que en la superficie era una carrera política bien mantenida, pero no resonante.

CAPÍTULO SÉPTIMO

La crónica menor y el periodismo de chismorreo se ocupaban más de John Fitzgerald Kennedy que los altos responsables de la política. Reunía muchas características de «play-boy» y es posible que no solo características, sino también hechos. Su fortuna personal, su encanto indiscutible y su buena carrera hacían de él uno de los «solteros apetecibles» de Washington, objetivo predilecto tanto de las casamenteras de la buena sociedad como de las jóvenes ambiciosas y las modestas «starlettes» a la caza de oportunidades. En suma, tenía dónde elegir...

Pero eligió algo «diferente».

Eligió a Jacqueline Bouvier, una joven delicada, de escueta pero exigentísima elegancia, una formación intelectual muy completa y una casi congénita seguridad, disimulada bajo su aspecto desamparado. Había ejercido el periodismo y era una amante del arte bajo todas sus formas. No tenía entusiasmos fáciles: el cerebro empuñaba las riendas de sus acciones. Por eso, ante los primeros contactos con aquel joven senador, disputado por tantas otras, lejos de encandilarse, lo sometió a una severa crítica y más bien se sintió molesta por su petulancia: Jack no había disimulado ante ella su pretensión de llegar a presidente de los Estados Unidos. A Jacqueline le pareció una demasía y se rebeló contra esta, con aquel espíritu que hacía reprobar a los helenos cualquier exceso, aunque fuera noble. ¡Presidente de los Estados Unidos! ¿Quién se había creído que era?

Él se había creído, simplemente, que era John Fitzgerald Kennedy. Y también empleaba muy seriamente su cerebro, incluso cuando confesaba aquel propósito, el más ambicioso imaginable.

Tuvieron ocasión de ajustar sus respectivos puntos de vista. Empezaron a salir juntos y Jacqueline, deslizándose desde su prevención inicial, llegó a reconocer que, en efecto, «quizá pudiera llegar a ser» lo que se proponía... A la avidez vital y a la prisa de él, la muchacha contraponía una calma y una mesura que ejercían una influencia beneficiosa sobre el senador. Le ayudaba a mirar la vida desde otra óptica: saborear la belleza, demorarse en un tema, contemplar y aguardar... Aparte de la belleza de Jacqueline, su actitud y su estilo de vida le enriquecían. Jacqueline era para él, a nivel personal y afectivo, la aplicación práctica de sus convicciones acerca del intelectual: ¡la necesitaba! Jacqueline había escrito que los tres hombres a quienes más le hubiera agradado conocer eran Baudelaire, Wilde y Diaghilev.

Dialogaron mucho. También Jacqueline captó pronto que Jack imprimía aquel ritmo a su vida impulsado por el afán de conocerlo todo. Fueron las suyas unas relaciones muy particulares, que ella calificaría más tarde de «espasmódicas». Pero se iba logrando la deseable complementariedad entre ambos.

Una semana antes de casarse todavía tenía motivos para interrogarle:

—¿Cuál crees que es tu mejor cualidad?

—La curiosidad –respondió él.

—¿Y tu peor defecto?

—La irritabilidad. Es decir, mi intolerancia hacia lo vulgar o lo aburrido, que me sacan de quicio.

Ya lo sabía. Pero había querido escuchárselo. Jack demostraba conocerse bien. Aunque hubiera podido añadir muchos rasgos más en un apartado y en otro. Y también Jacqueline...

Su boda fue sonada y fastuosa, el 12 de septiembre de 1953. Pero la vida que siguió poco tuvo en común con aquella grata apariencia. En la práctica, Jack era un enfermo y atravesó una larga temporada de prueba. En 1954 sus habituales dolores de espalda se hicieron intolerables y le obligaron a algo que en él equivalía a reconocer «¡No puedo más!». Le propusieron una nueva operación, pero sin garantizarle sus resultados: se trataba de insertarle una placa de acero en la columna vertebral.

—Los riesgos son notables. Debe usted reflexionar seriamente sobre ellos antes de dar su conformidad.

—No me importan los riesgos: ¡no puedo continuar así!

La operación se desarrolló normalmente, pero sus secuelas fueron calamitosas: la placa introducida fue causa de una infección y el paciente se vio en peligro de muerte. Le administraron los últimos sacramentos. Cuando salió de aquel trance, hubo de reponerse para soportar una nueva operación, en la que le retirasen la placa motivo del trastorno. Durante mucho tiempo, permaneció en la cama, enteramente inmovilizado.

Semejante experiencia de invalidez total no era nueva para él: pero sobrevenía entonces en una fase de su vida apta para replantearse esta con crudeza nueva. Kennedy ya no era una promesa, sino un hombre cuajado, en marcha hacia un destino que él había fijado en la cúspide. Tenía a su lado una esposa joven, bella, sensible y enamorada. Su hábito de vencer no había sido interrumpido aún por ningún fracaso. Sin embargo, la muerte, aquella vieja conocida, estaba al acecho. Él no desviaba la mirada. Aceptaba su proximidad y sabía que en cualquier momento podía truncarle todo. En su quietud absoluta, sentía que recorrían sus músculos, como escalofríos, unas descargas de impaciencia: la prisa, la prisa siempre... Llegar, vencer, y luego morir. ¿Tendría tiempo?

Al problema de su espalda nadie le veía solución. Era preciso habituarse a aquel sufrimiento, como una dimensión más de su vida: como la atención al electorado o el interés en descubrir nuevos colaboradores valiosos. No le abandonaría nunca. Era ya una parte de sí mismo...

Había estado en manos de muchos médicos. Había escuchado de ellos los más dispares pronósticos. Se había abandonado a ellos... y le habían estropeado cada vez más. Pero, ¡era preciso actuar! No podía resignarse a dejar la dolencia en paz. Profundamente escéptico, acudió a la doctora Janet Travell –un nombre más en la larga lista–, que practicaba un sistema propio en casos semejantes. La doctora Travell, en efecto, planteó su diagnóstico sobre unos supuestos completamente diferentes. Kennedy experimentó un alivio. Por vez primera en muchos meses, sintió renacer la esperanza. Quizá pudiera volver a una vida activa... Y entonces...

La terapia de la doctora Travell fue todo lo eficaz que permitía aquel caso. Kennedy le debió mucho. Pero, en un plano anecdótico, le debió también la que había de ser una de sus imágenes más populares: en la consulta de la doctora, descubrió un día que le resultaba cómoda una mecedora. Ordenó que le comprasen una semejante. Desde entonces, la mecedora fue un objeto imprescindible para Kennedy y casi un símbolo de su tenacidad. La mecedora recordaba a cuantos la veían que «el jefe» realizaba continuamente un prodigio de autodominio para mantenerse en pie de lucha. Le fastidiaba que le preguntasen por su estado. Era su secreto. A veces, en los momentos peores, se le captaba algún pasajero arrebato. Pero generalmente disimulaba bien. El secreto no debía traslucirse. A los electores no les interesaba que se sintiese mejor o peor. Tampoco al país. Rendimiento, eficacia, por encima de todo. A lo sumo, la gran concesión de un rato en la mecedora...

Jacqueline procuró identificarse con sus ambiciones políticas. Cuando se sentía expansivo, Jack le hablaba de sus proyectos, de las dificultades que se le oponían, de las argucias senatoriales... Le interesaba ver pasar aquellos temas por el fino cedazo de las apreciaciones de ella. Pero durante mucho tiempo sus escalas de valores difirieron. Jacqueline se tomaba profundamente en serio las incidencias del juego político, enconándose contra los antagonistas de su marido. Pero, con gran sorpresa suya, al cabo de unas semanas Jack le hablaba como de un aliado de aquel mismo tipo que ella había aborrecido poco antes como el peor enemigo...

—Pero, ¿en qué quedamos? –se desesperaba– ¿No es el mismo senador de quien me contaste aquella mala partida?

—¡Oh, sí, fue una treta sucia! Lo recuerdo perfectamente. Pero ahora es otra cosa... Ahora, ¡fíjate!, resulta que su toma de posición me beneficia de lleno en este nuevo asunto. Verás...

Jacqueline le escuchaba con paciencia. Pero aquella danza de papeles, aquel vertiginoso intercambio de antagonismos y alianzas, era algo demasiado desconcertante para ella.

—¡No comprendo nada!

Jack le tomó una mano.

—Es muy sencillo –susurró–. Tú te empeñas en clasificar a los políticos... Amigos de Jack, enemigos de Jack... Eso es simplista. No, la política es otra cosa: no hay amigos ni enemigos, sino solo colegas. Todos somos colegas. Por eso nunca nos enfadamos demasiado entre nosotros...

Pero no pretendía convertirla a aquel talante. Le agradaba que conservase el suyo: no en vano había percibido cuánto necesitaba la corrección que Jacqueline podía aportarle. Sin ella, hubiera podido caer en la cerrazón de tantos políticos que, absorbidos por aquella actividad, ignoraban cualquier otra dimensión. Animales políticos, hundidos en ella hasta las cejas, cuyas esposas eran igualmente incapaces de reaccionar más que en función política. Estaba encantado de que Jacqueline se extrañase ante las particularidades de aquel mundillo, harto enrarecido. Ojalá se mantuviese siempre igualmente ajena a sus entresijos: curiosa, interesada... pero desde fuera. Aquella exterioridad de Jacqueline respecto de la política le permitió a él evitar la exclusivización política de su interés, abriéndole a otros horizontes. Le libró, en resumen, de degenerar en el desagradable animal político de que estaba tan sobrado el capitolio: Jack pudo ser siempre un hombre completo, con mirada en todas direcciones, no obsesionado ni deformado por la política. Esta sería la primera beneficiada por ello.

Tenían pocas treguas de asueto. Incluso carecían de un domicilio propio estable. Viajaban mucho. Pasaban temporadas en casa de los Kennedy padres. Estaban muy volcados hacia fuera. Pero ello mismo les inducía a paladear golosamente los regalos de soledad o de confidencia que de vez en cuando podían permitirse.

Entonces Jacqueline hablaba de literatura, le comentaba sus lecturas recientes o incluso, cuando él se lo pedía, le leía algún fragmento que le hubiese interesado sobremanera. Quería llevarle hasta el fondo de sí mismo, donde reposaban las energías que luego derrocharía en su actividad pública: un paisaje, una sinfonía, un color, una estrofa... John Kennedy aceptaba la sugestión y efectivamente se reconocía a sí mismo en todo ello, como quien descubre una imagen propia ignorada en un estanque silencioso.

—Lástima que no tengamos más ocasiones como esta.

—Lástima –repetía ella.

Pero sabía que él hubiera podido buscarlas y no lo hacía. Hubiera sido pedirle demasiado, por mucho que le cautivasen los descubrimientos en las aguas del estanque.

CAPÍTULO OCTAVO

La inercia que la administración republicana imprimió a la vida política de los Estados Unidos permitió al partido demócrata algo así como un severo examen de conciencia o, si se prefiere, una revisión a fondo de su arsenal persuasivo. Aquel lapso de espera era una ocasión propicia para adecuar el partido, su ideología y sus hombres a la nueva situación del país, cuya dinámica los republicanos parecían en gran parte ignorar.

Los demócratas tenían por entonces un gran líder: Adlai Stevenson. Perder las elecciones presidenciales de 1952 frente a Eisenhower no había sido propiamente una derrota: eso estaba claro para todos. Stevenson aventajaba al general en todos los órdenes, excepto en el simbólico. Y este había desnivelado la balanza. Por consiguiente, Stevenson y su gente afrontaron el periodo que siguió sin el menor complejo de frustración: prueba de ello fue que el partido le designó de nuevo para correr la misma aventura electoral en 1956 y frente al mismo contrincante.

Adlai Stevenson, con su talente liberal y abierto, su inteligencia lúcida y flexible, que le permitía captar agudamente el sentido del presente, fue el «gancho» que atrajo al partido demócrata a toda una nueva generación, para la que nada decían los políticos del viejo estilo. Fue una lástima para el país que un hombre de cualidades tan sobresalientes y tan adecuadas para el momento histórico que vivía se «quemase» en la doble confrontación con Eisenhower: él perdió «su» momento y los Estados Unidos perdieron ocho preciosos años, en plena época de transición del mundo. En 1960, Stevenson ya había consumido su turno..., pero esta es precisamente la historia del hombre que recogió su antorcha.

Con ello está dicho que John Kennedy, durante su periodo de senador, debió tener la mirada muy fija en Adlai Stevenson: abanderado indiscutible de su partido y, dentro de este, de su tendencia más avanzada. Prueba del respeto que le inspiraba Stevenson es que la presencia de este contuviera su ambición y su prisa. Efectivamente, ante las elecciones de 1956, Kennedy –que hacía tiempo que había fijado su meta en la presidencia– se limitó a aspirar a la vicepresidencia. Ser el delfín de Adlai Stevenson le parecía en aquellos momentos el peldaño inmediato en su carrera; pese a la mediocridad a que condenan al vicepresidente la constitución y los usos políticos norteamericanos.

Su padre, Joseph Kennedy, le desaconsejó aquella aventura.

—Es muy probable que Eisenhower sea reelegido –opinó– y a ti no te conviene aparecer en una candidatura perdedora. No olvides, por otra parte, que por tu condición de católico, muchos te echarían la culpa de ese fracaso y harían correr la especie de que con un candidato no católico Stevenson hubiera podido vencer. Con lo cual quedarías definitivamente descartado para lo sucesivo.

—Yo también había pensado eso –arguyó Jack–, pero a la inversa: puesto que existe en este país una desconfianza tan grande hacia la posibilidad de un presidente católico, quizá la manera de abrir brecha fuera comenzando por un vicepresidente católico y demostrando que no por eso se ha de hundir nuestra sociedad.

—No es el momento. Resérvate para más adelante.

Jack escuchó y meditó aquellas razones. Pero, por otra parte, había encargado a Theodore Sorensen un estudio sobre sus posibilidades. La opinión de este, por el contrario, fue favorable. Kennedy decidió entonces dar unos pasos más y aproximarse a los círculos de Adlai Stevenson. Supo que este le miraba con buenos ojos: no le preocupaba el tema de su catolicismo y consideraba, por otro lado, que él podía dar a su candidatura un tono juvenil deseable, representando precisamente a aquellos sectores de gente nueva sobre los que tanto se apoyaba. Entre sus consejeros, no obstante, Kennedy tenía detractores muy firmes: se le consideraba un ambicioso recién llegado.

Sin definirse claramente –lo cual era muy típico en él–, Adlai Stevenson hizo alentar indirectamente las esperanzas de Kennedy. Con lo cual, abandonando toda reserva, Kennedy se decidió finalmente a librar la batalla por la vicepresidencia. El gesto más claro de Stevenson consistió en encargarle un discurso ofreciendo su candidatura ante la próxima convención demócrata: le hizo llegar, además, el borrador del mismo redactado por su equipo. Tenía sumo interés en controlar todo lo que dijesen públicamente los aspirantes a candidatos, para que su propio ideario no quedase afectado por una posible dispersión. En la práctica, pues, Stevenson tenía en sus manos todos los detalles de la convención, aunque todavía vacilase entre bastantes nombres acerca de la persona del candidato vicepresidencial.

Sin embargo, Kennedy respondió con un gesto, a su vez, muy suyo. Hizo caso omiso del borrador que se le había remitido y se puso a redactar con Sorensen el discurso, con plena independencia de lo que se le hubiera sugerido.

Estaba embarcado de lleno en el nuevo empeño.

La convención demócrata de Chicago, tal como estaba previsto, designó a Adlai Stevenson candidato a la presidencia de los Estados Unidos. El sutil político probaría fortuna por segunda vez... No había existido discrepancia alguna: Stevenson era intocable para los demócratas. Pero una vez confirmado clamorosamente, se planteó el tema de la vicepresidencia. Objeto de innumerables presiones, Stevenson no se había decidido aún. Más: se resistía a hacerlo. La costumbre le autorizaba a nombrar por sí mismo a su compañero de candidatura. Pero él sugirió que para animar la convención, falta de pugna hasta el momento, se dejase a los miembros de la misma la facultad para elegir al candidato vicepresidencial.

—Puede usted verse emparejado con alguien que no le agrade –le advirtieron.

—Acepto ese riesgo. Pero creo que vale la pena hacer sentir más importantes a los delegados en la convención. Por otra parte, ello nos diferenciará notablemente del partido republicano ante la opinión pública, pues allí han de aceptar a Nixon como candidato a la vicepresidencia, sin otra alternativa.

Stevenson tuvo que vencer muchas resistencias entre los prohombres de su partido que rechazaban aquella innovación. Pero finalmente su prestigio se impuso. La convención tendría que elegir.

Una sacudida de emoción agitó a la masa de los delegados. ¡Habría lucha! La afición competitiva, tan viva en los norteamericanos, iba a ser satisfecha. Y quienes habían acudido a Chicago convencidos de asistir a una convención amorfa, sin incertidumbres ni votaciones reñidas, de pronto se hallaron ante la oportunidad de protagonizar uno de aquellos combates políticos que tanto les entusiasmaban.

Los aspirantes a la vicepresidencia pusieron en marcha, inmediatamente, a sus respectivos equipos. Comenzaron a circular delegados por todas partes, buscando conexiones, sondeando posibilidades, ofreciendo alianzas... Siguieron unas horas de intensísima labor preparatoria: cada político reunió oficiosamente a sus partidarios y lanzaba incruentas ofensivas previas para arrancar votos a sus contrincantes. Kennedy se hallaba en su elemento: prendido como el que más por la emoción de la pugna y moviendo sabiamente sus peones para obtener el número preciso de los votos.

—Kefauver está muy fuerte –le advertían sus enviados, al regresar de las gestiones que les había encomendado.

—Lo sé. Él será nuestro peor contrincante.

Aquellas impresiones eran ciertas. La pugna por la designación vicepresidencial se polarizó en los nombres de Estes Kefauver y John Fitzgerald Kennedy, que mantuvieron un apasionante codo a codo. Lyndon Johnson decantó el voto tejano en favor de este último, en uno de los momentos decisivos de la convención; pero Kefauver recuperó terreno y finalmente salió vencedor.

Era la primera vez que Kennedy experimentaba una derrota electoral: una experiencia nueva para él.

Supo asimilarla. Se presentó ante la convención, tras un baño sedante que le había recuperado de la tensión anterior, y en un ponderado discurso pidió a los delegados que la designación de Kefauver fuese por aclamación: una caballerosa manera de prestar su homenaje al vencedor.

En apariencia, pues, la ardua pugna de unas horas no había dejado cicatrices en el tejido vivo del partido demócrata, como pudieran temer quienes recomendaban a Stevenson evitar el juego de las votaciones. Sin embargo, bajo la superficie de tranquilidad y consenso, quedaban efectivamente una serie de cuentas pendientes. Tanto Kennedy como Hubert Humphrey se sentían defraudados, porque ambos habían esperado –sin razones sólidas para ello– un apoyo decidido de Adlai Stevenson. La conducta de este les pareció inconsistente y fluctuante.

—Ha estado indeciso, blando –se quejaba Kennedy a sus íntimos–. No ha dado la medida de la firmeza que puede esperarse de un gobernante.

Era una opinión parcial. Adlai Stevenson había actuado como juzgaba más conveniente, no ya para sus miras personales, sino para el éxito de su partido en las elecciones. La figura del vicepresidente –lo habían olvidado los contendientes en el ardor de su combate– no es más que un mero complemento electoral; y en la vida política de la nación, una vez elegida la candidatura, mucho menos que eso, ya que no tiene participación alguna en las tareas de gobierno: se trata, simplemente, de un «repuesto humano» para el caso de fallecimiento, incapacidad o renuncia del presidente.

El senador Estes Kefauver completaba la opción demócrata en 1956 de un modo digno, más que suficiente: pues todo el peso de la campaña había de girar en torno a la personalidad de Adlai Stevenson.

No obstante, este fue vencido por segunda vez. El tándem Eisenhower-Nixon se mantuvo en la administración, durante otros cuatro años.

Solo más tarde comprendió Kennedy que, de acuerdo con las previsiones de su padre, su ocasional derrota en la convención de Chicago había sido una suerte para él: obtener entonces la designación para la vicepresidencia hubiera significado compartir el revés electoral de Stevenson y, falto aún de su enorme prestancia pública, quedar completamente descartado para la futura política de su país. Tal fue el destino de Kefauver. En 1960, Adlai Stevenson todavía pudo alentar tímidamente ciertas esperanzas, porque sus méritos se las fundamentaban. Pero su anterior compañero de candidatura había quedado barrido sin remedio.

Kennedy, en cambio, había sido apartado a tiempo: esta vez no por su agudeza política, que le había fallado, sino por la marcha de los acontecimientos. Quedaba inédito ante la opinión nacional. Es decir, disponible ante nuevas opciones electorales.

CAPÍTULO NOVENO

El senador Kennedy tuvo tiempo para sedimentar aquellas experiencias. No le habían desalentado, sino todo lo contrario. Fríamente, calculaba la magnitud del desgaste de Adlai Stevenson, vencido por dos veces, cuyas posibilidades serían ya muy dudosas en un tercer intento: era el salto sobre una generación... Invalidado Stevenson, con todo lo que había significado, la atención debía recaer sobre los políticos que le seguían, entre quienes el propio Kennedy ocupaba una posición destacada. ¡Paso a los jóvenes!

Era preciso, por tanto, no distanciarse de los centros de poder: mantener la misma prudente cercanía, no excesivamente comprometida, que había caracterizado hasta entonces su labor senatorial. Por eso, se presentó a las elecciones de 1958 para la renovación del senado: y precisamente con miras al futuro inmediato, se fijó como objetivo, no una simple victoria, la mera permanencia, sino un margen tal que diese que hablar en los Estados Unidos y le elevase a la categoría de personaje nacional.

Por eso luchó en la campaña electoral como si el resultado fuese incierto, aunque en teoría no lo era aquella vez: debía alcanzar una votación apabullante. Jacqueline participó en la campaña, no de muy buena gana al parecer. Ella no compartía los ardores políticos de la familia. Por ello mismo, su figura no hubiera sido útil en determinados ambientes, donde eran necesarias ciertas dosis de energía y aun desgarro; en cambio, en otros círculos más elevados, la presencia de Jacqueline fue ciertamente un factor favorable. Los Kennedy, meticulosos y astutos, habían previsto cuáles eran aquellos círculos y ocasiones, midiendo por consiguiente la intervención de la bella cuñadita, no solo en atención a sus gustos, sino a la rentabilidad electoral del esfuerzo.

El objetivo fue alcanzado: John Kennedy obtuvo el margen más amplio que se recordaba en la historia del estado de Massachusetts: 875.000 votos de diferencia.

Era un aval suficiente para continuar en el senado, diciendo sin palabras a sus colegas que consideraba aquel cargo estrecho para sus capacidades.

A partir de aquel momento, su máxima concentración se dedicó a la futura campaña presidencial de 1960.

Sus colaboradores comenzaron a celebrar encuentros informales con los gerifaltes del partido, para tantear la actitud de cada uno de ellos. En realidad, todos los líderes hacían lo mismo: algunos, como Lyndon Johnson, negaron al principio sus aspiraciones presidencialistas; otros no las recataban lo más mínimo, como Hubert Humphrey... Pero movían los hilos disimuladamente, para saber a qué atenerse a la hora de programar sus campañas respectivas y sobre todo el complicadísimo tinglado de las «elecciones primarias».

El veterano Adlai Stevenson observó una conducta enigmática, que hizo ir de cabeza a los demás. Evitó pronunciarse. Obviamente, una definición de beligerancia o de abstención por parte de Stevenson hubiera condicionado en gran manera la estrategia de los restantes líderes demócratas. Pero él les mantuvo a todos en la incertidumbre. ¿Qué pensaba realmente? ¿Intentaba hacerse rogar, considerándose indispensable todavía para el partido? ¿Esperaba que los demás aspirantes a la candidatura se destrozasen mutuamente en la pugna de las primarias, para aparecer luego él, limpio de polvo y paja, y erigirse con la designación cómodamente? Esta hipótesis no parece verosímil dado su interés sincero por la unidad del partido, que en tal caso hubiera quedado seriamente afectada. ¿O bien se consideraba efectivamente «pasado», no abrigaba aspiraciones de ninguna clase, y sencillamente evitaba favorecer con su prestigio a ninguno de los nuevos líderes? En este orden, recibió presiones de todas las procedencias, pero las fue soslayando con su sempiterna habilidad.

Es muy probable que durante aquel largo compás de espera Adlai Stevenson vacilase. Que su reserva no fuese calculada, sino fruto de su propia perplejidad. No podía ocultársele el quebranto que suponía su historial de perdedor –aunque con todos los honores– en dos elecciones presidenciales sucesivas. Pero tampoco ignoraba su relevancia en el partido, que precisamente hacía tan codiciable para cualquier otro una manifestación clara de su apoyo. «Dar tiempo al tiempo...», aguardar acontecimientos, no le perjudicaba en ningún supuesto... Mientras tanto, iban floreciendo, más o menos espontáneos, diversos movimientos «pro Stevenson» en el seno del partido. Él se dejaba querer...

E1 2 de enero de 1960, John Kennedy anunció oficialmente su decisión de optar a la candidatura a la presidencia de los Estados Unidos.

Kennedy no se libró del «efecto Stevenson»: él también intentó atraerle a su ámbito. Pero no consiguió más que promesas de neutralidad. Ya en plena iniciación de la campaña, acudió a visitarle en su residencia de Libertyville: sostuvieron una conversación larga y tranquila, en la que Stevenson le reiteró su posición, asegurándole que tampoco apoyaría a ningún otro contendiente, ni siquiera alentaría a los grupos que pretendían promocionarle a él. Sus formulaciones eran muy claras, aunque el fondo de estas lo era menos. En todo caso, parecía decidido a mantener su pasividad: si salía finalmente lanzado a la palestra electoral, sería por iniciativa ajena, y no propia. Aquello no resolvía nada para Kennedy ni para los demás, que debían mantener su atención política fija tanto en los movimientos de los antagonistas ya alineados como en la eventual irrupción sorpresiva de Adlai Stevenson.

La primera escaramuza electoral tuvo por escenario el estado de Wisconsin: allí se encontraron dos de los líderes que parecían aspirar con más denuedo a la designación, es decir, Kennedy y Humphrey. ¡Dos peleones! Humphrey había puesto en juego toda suerte de recursos, intentando llevar a su contricante a los terrenos que este había pretendido siempre evitar: por ejemplo, a la cuestión religiosa. Se habían distribuido con profusión unas fotografías de Kennedy rodeado de grupos de monjas: para los protestantes intransigentes, era una seria llamada a la prudencia. «Católico» era para muchos sinónimo de «papista» y se temía que un presidente católico fuese una especie de monaguillo del Vaticano, incapaz de considerar los intereses de la nación con independencia de las consignas emanadas de allá. Increíbles simplismos, ya rebasada la mitad del siglo XX, pero todavía operantes en amplios sectores de la población.

Kennedy no ocultó su disgusto al círculo de los íntimos. «No enemigos, sino colegas»... Pero aquel «colega» estaba pasándose un poquito de la raya de tal... Había anunciado que hacía depender de Wisconsin su futuro electoral: si perdía, se retiraría de la carrera a la presidencia. Quizá ello justificase el ardor de su campaña y la elección de sus medios...

Pero Kennedy le venció en Wisconsin y Humphrey no se rindió: incumpliendo lo anunciado, quiso disputarle una nueva batalla en el estado de Virginia Oeste. Allí se mostró aún más agresivo: llegó hasta los bordes de la calumnia. Humphrey era un orador arrebatado –Kennedy le consideraba exagerado y creía que fatigaba inútilmente a sus públicos– y se dejaba arrastrar por la pasión hasta más allá de lo prudente. Pero causaba efecto. Atacó el origen de los Kennedy, su fortuna personal, las facilidades económicas que fundamentaban su campaña.

—No permitamos que las elecciones se «compren» –clamaba– ¡Nada de recorrer el estado con un talonario de cheques! Esto es política, algo más importante que todo eso. No podemos permitir que la alta política de nuestra nación se convierta en el coto de caza de un potentado. Robert Kennedy ha declarado estar dispuesto a gastar medio millón de dólares para hacer triunfar a su hermano. ¡Atención, no debemos permitirlo! Nadie ha dado a la familia Kennedy el privilegio de decidir, gracias a su fortuna, quién debe ser el candidato del partido demócrata.

Estos ataques impresionaban a la gente sencilla: es decir daban en el blanco del elector medio. Kennedy, habitualmente frío, perdía a veces la paciencia cuando le trasladaban las argumentaciones de su contrincante: estimaba que aquello era envenenar una contienda política. No estaba dispuesto a descender al mismo terreno personal, donde tan fácil se hacía caer en el insulto o la vulgaridad.

Sin embargo, sus arrebatos eran transitorios. Reconocía en Humphrey una gran figura del ala liberal de su partido –por eso chocaban: en la disputa de los mismos sectores del electorado–, y no en vano le había ofrecido ya acompañarle en su candidatura, como aspirante a la vicepresidencia. Humphrey había rehusado, pero más adelante Kennedy le reiteraría la proposición. Humphrey en aquel tiempo quería «la presidencia o nada». Los años le harían cambiar de opinión: finalmente, había de ser vicepresidente de los Estados Unidos, bajo el mandato de Lyndon Johnson.

Como quiera, en la gran batalla de las primarias en el estado de Virginia Oeste, la asoladora ofensiva de Humphrey obligó a Kennedy a afrontar la cuestión religiosa, lo cual a la postre le fue beneficioso, porque era una objeción latente, que no podía desatender por más tiempo.

—No estamos ya en tiempos de prejuicios religiosos –empezó a declarar Kennedy– ¡El pueblo de los Estados Unidos no puede permanecer atado a las ideas de hace cincuenta o setenta años! Si quiere elegir bien, no se fijará en cuál sea la religión de un candidato, sino en su programa. Yo, por mi parte, espero ser juzgado por lo que propongo a los electores, no por mis ideas religiosas, a las que por lo demás tengo pleno derecho.

Kennedy venció también en Virginia Oeste. Entonces, Hubert Humphrey se retiró definitivamente de la liza.

Ello le dejaba el campo momentáneamente despejado. Pero existe siempre, en la trayectoria interna de todo proceso electoral, una tendencia generalizada a interponer nuevas barreras al líder que sucesivamente va destacando. En estas operaciones que pudieran parecer de desgaste obtienen provecho a veces los «terceros en discordia», los políticos no destacados que tienen el acierto o la fortuna de emerger en un momento propicio, cuando se ha deshinchado el globo más atractivo... Cuando las perspectivas de Kennedy comenzaban a ser halagadoras, intervino el ex presidente Truman, muy beligerante, en un intento de cerrarle el paso. Truman gozaba de prestigio en amplios sectores del partido demócrata y sus argumentos tuvieron una considerable resonancia: volvió a esgrimir –equivocadamente, porque ya estaba rebatida– la objeción contra el catolicismo de Kennedy; y atacó la inexperiencia de este.

Fue un fallo de Truman. Porque la respuesta de Kennedy resultó arrasadora, afectando de lleno a la historia del propio Truman.

—Puedo presentar una experiencia de catorce años en puestos de importancia política –dijo Kennedy–. Si estos no constituyen una experiencia satisfactoria, habrá que barrer de nuestra consideración a una serie de presidentes de los Estados Unidos, que no llegaron al puesto con una preparación semejante, entre ellos los presidentes del siglo XX, incluyendo a Wilson, Roosevelt y Truman... En cuanto a la edad, si se considera prudente excluir de los cargos de responsabilidad nacional a los menores de 44 años, con este criterio se hubiera privado a Jefferson de escribir la Declaración de Independencia, a Washington de acaudillar el ejército que la consolidó... e incluso a Colón de descubrir América.

Tras estos argumentos, Kennedy supo suavizar la respuesta, conduciéndola a unas afirmaciones retóricas sobre sus ánimos para la alta responsabilidad que pretendía. Era una norma suya no ensañarse con el rival, sino dejarle una puerta abierta en cualquier caso. Despachar a Truman en aquella ocasión había resultado demasiado fácil y él no quiso recrearse machacándole. Ya tenía bastante...

Aunque Stevenson no abandonaba su ambigüedad, esta había fatigado ya a un sector de sus más caracterizados colaboradores, que no se sentían dispuestos a aguardar indefinidamente... mientras se esfumaban las posibilidades de una apertura liberal demócrata. Ellos habían sido fieles a Stevenson en las dos elecciones anteriores, pero ante su indecisión creyeron que debían actuar en defensa de sus ideales, por encima del personalismo. Dudoso Stevenson y retirado Humphrey, el único representante de la ideología liberal y progresista que mantenía enhiestas sus probabilidades era Kennedy. Redactaron, pues, con sumo cuidado en las matizaciones, una declaración de apoyo a este. Pueden dar una idea de la delicadeza en su toma de posición los párrafos siguientes:

«La finalidad de esta carta consiste en formular un llamamiento a los liberales, ahora que el senador Humphrey ha retirado su candidatura y que el señor Stevenson continúa sin decidirse, para que presten su apoyo al senador Kennedy como candidato a la presidencia. Estamos convencidos de que la fe del senador Kennedy en los principios progresistas que nosotros profesamos es firme e inconmovible. Ha demostrado poseer la decisión y la clarividencia que han de hacer de él un gran líder mundial». No satisfechos con ello, por razones de adhesión personal y también de eficacia electoral, volvían más adelante sobre la gran figura del partido: «Todos nosotros apoyamos a Adlai Stevenson en 1952 y en 1956 y esperamos que sea una figura clave en la política internacional de la nueva administración demócrata. Pero mantiene su posición de no presentar su candidatura en 1960 y el senador Kennedy, por su parte, un hombre de quien los liberales tienen derecho a enorgullecerse, es un candidato activo, que ha demostrado su popularidad entre gentes de todas las clases sociales y de todos los credos religiosos».

Stevenson supo encajar con señorío lo que, en el fondo, era una detección de sus filas; pero debía reconocer que él no había hecho nada para mantener los ánimos de aquella gente... Sin embargo, muchos de sus partidarios continuaron defendiendo sus posibilidades todavía.

Lyndon Johnson avanzaba hacia primer plano a medida que transcurría el tiempo: a él le beneficiaba la actitud de Stevenson, y se amparaba en su nombre, dispuesto a recoger la herencia en el momento preciso. Los Kennedy no tardaron en detectar que Johnson sería el contrincante que resistiría hasta la última embestida...

Los sentimientos de Kennedy hacia Johnson, muy confusos particularmente por los remolinos de las últimas luchas, eran más bien favorables, según parece: admiraba su experiencia parlamentaria y su seguridad en sí mismo, su capacidad de maniobra y la tenacidad con que había sabido llevar a puerto la aprobación de leyes muy arduas. En suma, Johnson era un «viejo zorro» del senado, dotado de cierta cazurrería tejana, muy apta para determinados manejos en Washington. Tenía una manera peculiar de actuar, un «estilo indirecto», en que utilizaba personas interpuestas, en vez de salir personalmente al ataque. Kennedy le llamaba a veces «el tahúr»: denominación equívoca que evocaba un tipo de la leyenda nacional, experto en las artimañas y las trampas del juego. Por su parte, Johnson había demostrado a Kennedy varias veces su adhesión y no cabe duda que también apreciaba sus cualidades –tan diferentes–; pero la idea de ser aventajado por él, que era bastante más joven, le molestaba visiblemente.

Se aproximaba la fecha de la convención demócrata, que en aquella ocasión iba a celebrarse en Los Ángeles, y el panorama interior del partido no variaba sensiblemente: un Kennedy robustecido, un Johnson ascendente, y la permanente incógnita de Stevenson, que perdía interés de día en día, más una copiosa segunda fila de figuras menos caracterizadas, a punto para sacar provecho de las incidencias entre los «grandes».

La convención marcaría el clímax de toda la campaña precedente: máxime en aquella ocasión, cuando –contrariamente a la anterior– los delegados iban a tener en sus manos toda la decisión. Nada estaba resuelto de antemano, nada claro.

Bob Kennedy, infatigable, se multiplicó durante aquellos últimos días. No descuidaba ni un solo detalle. Particularmente, prestaba una atención continua a los sondeos sobre votos garantizables para su hermano: estos eran favorables, pero no alcanzaban la cifra tope de seguridad.

Sería preciso aguardar hasta el último momento. Y entre tanto, cualquier vuelco era posible...

CAPÍTULO DÉCIMO

El gran circo de la convención demócrata celebró su fiesta maratoniana en julio de 1960. Nada faltaba en materia de colorido, animación, bullicio y diversidad: los tipos más estrafalarios junto a los más prestigiosos políticos; tenderetes de perritos calientes, globos de papel, confeti, bandas de música... Y mientras tanto, en los principales hoteles de la ciudad, los encuentros frenéticos de los hombres de confianza de cada uno de los candidatos, proponiéndose mutuamente maniobras de última hora. Mientras la gente se divertía, los altos mandos ponían a la máxima presión su capacidad negociadora y aguzaban su visión electoral para prever qué podría ocurrir en las horas siguientes... o qué estaba sucediendo ya a unos cientos de metros de distancia.

Para todos estaba muy clara la ventaja inicial de Kennedy. Pero se trataba de una ventaja lograda trabajosamente, gracias a la habilidad de Bobby, armonizando precariamente intereses y preferencias de suyo divergentes: por tanto, una ventaja también precaria...

—Si no conseguimos la designación en la primera votación, todo se puede venir abajo –había dicho el propio Bobby.

Así era: su laboriosa combinación no resistiría el embate de unas votaciones accidentadas, sino que se vendría abajo estrepitosamente ante cualquier imprevisto. Por eso, los Kennedy estaban echando el resto en las horas anteriores, con objeto de alcanzar la victoria al primer intento.

En cuanto a Johnson, tras haber captado la misma realidad, había encaminado su táctica precisamente de acuerdo con ella, tal como se había venido insinuando en las últimas semanas de la campaña electoral. Había continuado alentando la «opción Stevenson», porque los votos que fueran a este eran votos restados a Kennedy con toda seguridad. En una segunda o una tercera vuelta, podría repescarlos en beneficio propio.

La posición de Stevenson se hizo dramática en las primeras horas de la convención: materialmente asediado, llevado en volandas por sus entusiastas, no hizo nada para resistirse y en la práctica apareció como aspirante a la designación, aunque él no quiso reconocerlo. Incluso, le llevaron al «Sports Arena», la sede de la convención, donde fue acogido clamorosamente por la multitud: un error de sus consejeros, porque un auténtico aspirante no debe presentarse en semejante escenario antes de tiempo; y si acaso pretendía solo hacer «acto de presencia» sin miras electorales, tampoco lo dejó claro. Adlai Stevenson aquel día vivió unos minutos de celebración personal, pero estropeó algunas de sus últimas posibilidades, si había pensado explotarlas.

John Kennedy, por el contrario, se mantuvo refrenado, como correspondía a un político en su situación. Intervenía solo ante grupos de relevancia crucial o con personas clave. Era el momento de Bob: este actuaba y prometía en su nombre. Ante una reunión de delegados, se mostró debidamente explícito, abordando el tema de los derechos civiles:

—Quiero que sepan a ciencia cierta cuál es la posición de mi hermano en la cuestión de los derechos civiles. Tenemos el mejor programa sobre esta que nunca se haya presentado en el partido demócrata, a lo largo de toda su historia. Hagan saber ustedes a sus respectivas delegaciones que las fuerzas de Kennedy están inequívocamente en favor de este programa, y dispuestas a que se apruebe en la convención. Aquellos que tengan contacto con las delegaciones del sur, que les expliquen claramente nuestra posición en materia de derechos civiles. No hay que ocultarles nada. Digan a los estados del sur que tienen otras razones para apoyar a Kennedy. Pero no les dejen ninguna duda sobre la materia.

El miércoles, a escasas horas de distancia de la votación, el frágil tinglado mantenido por Bob parecía resquebrajarse. La delegación de

California, que era esencial en sus previsiones, se estaba dividiendo rápidamente. Parecía iniciarse la descomposición del bloque pro-Kennedy.

—No quiero vagas promesas –decía Bob a sus informantes– Quiero datos concretos: con quién podemos contar y con quién no.

Parecían mantener todavía una cifra aproximada de 740 delegados dispuestos a votar a Kennedy: pero hacían falta 21 más.

Durante las horas siguientes, aquel equilibrio inestable podía romperse en cualquier sentido. Bob se daba por satisfecho con mantener un límite de 720-710, convencido de que, a la hora de la verdad, la convención se dejaría arrastrar por este volumen, cosechando sobre la marcha los votos que hacían falta para alcanzar la designación. Pero, mientras tanto, podía también suceder que las defecciones se multiplicasen en cadena... en cuyo caso las probabilidades de Kennedy quedarían rotas sin remedio.

Mantener, mantener a todo trance las adhesiones durante unas horas más, debía ser su objetivo. Difícil objetivo. Porque la actividad se multiplicaba también a su alrededor. El movimiento de los partidarios de Stevenson se intensificó y hubo momentos en que dio la impresión de llegar a hacerse irresistible: nadie olvidaba la impresionabilidad de las convenciones –una convención es, a la postre, una masa solo muy superficialmente organizada–, que hace imprevisibles sus reacciones emocionales. Aunque, en teoría, la hamletiana conducta de Adlai Stevenson debiera haberle ya marginado por completo de la pugna, había que reservar una cautela respecto a un eventual estallido del público en favor de su ídolo, que hubiera determinado una lluvia de votos. Hubert Humphrey se había manifestado de pronto en favor de Stevenson: ¿era el comienzo de aquel fenómeno? Como el cowboy que, en solitario, conduce un inmenso rebaño de reses, superior a todas sus capacidades, Robert Kennedy comprendía que de un momento a otro podía producirse una estampida. Su obsesión era conducir el rebaño intacto hasta el momento de las votaciones aquella misma noche.

—Si no ganamos esta noche, estamos perdidos –repetía.

Y llegó la noche. El «Sports Arena», lleno a rebosar, era un ruidoso hervidero. Cada uno de los aspirantes a la designación fue presentado mediante un discurso por uno de sus defensores: Sam Rayburn habló de Johnson; Orville Freeman, de Kennedy; y Eugene MacCarthy, de Stevenson, definitivamente colocado así en la línea de salida. Se trataba de un aspirante a pesar suyo, cuya suerte iba a entrar en la votación, sin necesidad de que él hubiera pronunciado una sola palabra indicadora de su voluntad. Pero la participación de Stevenson habría de resultar, a fin de cuentas, un simple reflejo, un tributo del partido, algo romántico, a su espléndida trayectoria frustrada.

Comenzaron las votaciones y Kennedy empezó a cobrar ventaja. Bob se mordía los puños, a medida que iba avanzando, distanciándose de sus contrincantes hacia la cota tranquilizadora de 720-710 que él mismo se había establecido. Pero mientras no la alcanzase, todo continuaba siendo posible...

La intervención del estado de Washington situó a Kennedy en sus 710. Bob suspiró. E inmediatamente se produjo lo que él esperaba: la decantación franca de la convención en su favor. Ya no había duda. Cuando llegó el turno de Wyoming, dicho estado le dio virtualmente la designación. Lo demás fue un paseo triunfal.

John Fitzgerald Kennedy había sido elegido candidato a la presidencia. En su cuartel general estallaron los vítores y los abrazos, respondidos como un eco, a mucha distancia, por el júbilo de Joe y Rose.

Bob Kennedy, exhausto, se había desplomado en su asiento.

—¡Lo hemos conseguido!

El recinto estaba dominado por el jolgorio: los entusiastas de Kennedy y los que se habían incorporado a su opción por inercia durante los últimos momentos se entregaban a estruendosos transportes de júbilo: como si se tratase de una victoria propia. Y lo era: una victoria particularmente cómoda para aquellos indecisos, que habían fluctuado sin candidato definido, hasta inclinarse al bando del seguro vencedor. Esta clase de tipos a menudo tienen ocasión de celebrar victorias semejantes.

Pero, como siempre sucede, en medio de una alegría que parecía general, quedaban reductos sombríos: sobre todo, los defensores de Stevenson quedaron profundamente lastimados. Eran conscientes –y lo habían mantenido contra viento y marea, en una admirable muestra de lealtad personal– de cuánto había significado Adlai Stevenson en la solidez y el prestigio del partido demócrata y experimentaban, quizá más que él mismo, la frustración de que una personalidad semejante no hubiera podido llegar nunca a la más alta jerarquía del país. Con semejante óptica, Kennedy les parecía un advenedizo desatento y precipitado: él también hubiera debido ceder el paso ante los méritos superiores de Stevenson. El remedio que se le sugirió, ofrecerle la vicepresidencia, no bastaba para cauterizar aquellas heridas. Fue descartada la posibilidad de que Stevenson completase la candidatura, secundando a Kennedy. A este le tocaría en adelante realizar muchos prodigios de tino para atraer a Stevenson a su órbita, congraciándose definitivamente con el influyente sector del partido que le había apoyado hasta el final.

Pero estos problemas, por el momento, debían aplazarse ante otro mucho más inmediato: el candidato electo debía nombrar efectivamente a un compañero de candidatura; y descartado Stevenson, que hubiera sido indiscutible en caso de aceptar, había muchos nombres en nivelación de posibilidades, entre los que no se hacía fácil decidirse.

John Kennedy tenía apenas 24 horas para hacerlo: el tiempo justo para que se acallase el clamoreo de su designación, cuando el partido aguardaba aquel primer acto suyo como candidato a la presidencia. Que, por ello mismo, había de contribuir poderosamente a definirle ante sus eventuales electores: según quién fuese el candidato a la vicepresidencia, su imagen adquiriría una u otra tonalidad.

Se ha especulado con la hipótesis de que John Kennedy ofreció la vicepresidencia a Lyndon Johnson muy poco convencido. Efectivamente, el talante más bien conservador de este podía echar a perder su propio prestigio en el ala liberal del partido, matiz que hasta entonces Kennedy había cuidado en extremo. Incluso se ha supuesto que realizó aquel gesto dando por descontado que Johnson rehusaría... Y es cierto que muchos desaconsejaron a Johnson la aceptación. Como jefe de la mayoría en el senado, había detentado hasta entonces mucho más poder que el que corresponde a un vicepresidente, que es mínimo. Johnson era un fanático del poder: lo deseaba con todas sus fuerzas. Por tanto, aquella dejación de poderes solo a cambio de un título sonoro se le debía hacer muy difícil. Mas, en otro orden, reconocía que su figura carecía de una vasta proyección: era conocido estrictamente en el senado, por una parte, y en su estado de origen, Texas, por otra. No era un personaje nacional. En cambio, como vicepresidente podía serlo...

Todos aquellos argumentos, y otros muchos, se mezclaron y se agitaron en la mente, precisa y lúcida, de Lyndon Johnson cuando aquella mañana, tempranito, el candidato electo le anunció por teléfono que iba a pasar a visitarle personalmente.

—Sin duda te quiere ofrecer la vicepresidencia –le había dicho su esposa– ¡No la aceptes!

Johnson parecía de acuerdo, en determinados estratos de su conciencia:

—No, no debo aceptar.

Sin embargo, cuando se halló mano a mano con John Fitzgerald Kennedy sus aprensiones se desvanecieron, no opuso ninguna objeción seria y simplemente le pidió un breve plazo para reflexionar. Estaba virtualmente decidido. Algunos de los que habían intentado disuadirle, se pasaron entonces a animarle. Dar el «sí» definitivo a Kennedy era solo cuestión de fórmula.

Johnson había jugado fuerte en aquella convención y había perdido. Retornar a su puesto al frente de la mayoría senatorial en una situación diferente, esto es, ya no frente a un presidente republicano, pero pasivo e inoperante, sino con un presidente de su propio partido lleno de energías y de ideas nuevas, hubiera significado de todos modos una merma de su antiguo realce. Y la gris dignidad de la vicepresidencia podía proyectarle a un plano nacional que siempre había ambicionado; ello sin pensar en un accidente que, afectando al presidente, pusiera de la noche a la mañana en sus manos la responsabilidad suprema...

—¡Ese hombre acepta! –debió comentar Jack Kennedy con su hermano Bob.

—Veamos el lado positivo de la cuestión: Johnson aportará a tu candidatura no solo el estado de Texas, que jamás hubiéramos ganado, sino bastantes otros estados del sur. Es un refuerzo importante para la elección presidencial. Por otra parte, al formar equipo contigo evitarás su rivalidad en el senado, que por su dominio de aquel medio, hubiera podido ser en muchas ocasiones embarazosa para tu administración. No es un mal fichaje.

—Sin embargo, temo que los sectores progresistas del partido no me lo perdonen: la imagen de Johnson es demasiado conservadora.

—Te lo tendrán que perdonar y tú los moverás a ello con otros nombramientos, que estudiaremos despacio. No, no creo que el nombramiento de Johnson te perjudique a fin de cuentas, sino todo lo contrario.

Para ambos hermanos, la cuestión estaba muy clara. Sin embargo, hubo que cuidar todavía un sinnúmero de pequeños detalles que, en el seno del partido, se interponían ante el nombramiento de Johnson. Solo un conocimiento perfecto de los hombres, las afinidades y las incompatibilidades en el partido permitía orientarse en medio de aquel laberinto de gestiones y de encuentros, hasta llegar a la proclamación pública del candidato a la vicepresidencia.

Cuando esta se verificó hubo las protestas previsibles. Los liberales más acérrimos acusaron a los Kennedy de politiqueros y calculadores. La convención se convirtió en un tumulto, aunque finalmente Johnson fue aceptado por la mayoría. Con la perspectiva de unos días, algunos de los detractores de aquel nombramiento hubieron de reconocer que había sido una prudente medida política: equilibraba la candidatura demócrata, «abriéndola» a las perspectivas del sur. En caso de haber elegido un compañero de candidatura con rasgos análogos a los suyos, Kennedy hubiera trazado una especie de invisible barrera en sus planes electorales, aislando de hecho al sur, ya demasiado proclive por sí mismo a la inhibición. La incorporación de Johnson comprometía al sur en su elección, así como a otros sectores del partido.

Venciendo su fatiga, no solo física, John Kennedy pronunció ante la convención demócrata un discurso de contenido vibrante y estimulante. La voz, sin embargo, le traicionó más de una vez, al no traducir exactamente aquel sentido de convocatoria animosa: habló por vez primera del que sería su «lema» en lo sucesivo, la «Nueva Frontera», como símbolo de unas exigencias de acción y renovación nacionales.

—La «Nueva Frontera» no es un manojo de promesas..., sino un manojo de exigencias. No se resume en ella lo que trato de ofrecer al pueblo norteamericano, sino lo que quiero pedirle.

Este había de ser un «leit motiv» de su actuación futura: Kennedy no quería pintar el panorama de colores rosados, al modo de los políticos de viejo estilo; no quería minusvalorar al pueblo, tratándole como a un niño a quien se cree encandilar impunemente. Antes bien, se esforzaría en enfrentarle con la dura realidad y con la tarea que le correspondía en el mejoramiento de la misma. Basta de esperarlo todo bobamente de los políticos, como si estos fueran unos magos: era la base popular quien debía asumir la máxima responsabilidad, reconociendo primero la gravedad de los problemas planteados y aportando seguidamente unas soluciones, que probablemente se le harían costosas. El líder político se limitaría entonces a sensibilizarle, a encaminar su atención hacia las cuestiones fundamentales, pero no debía dar la impresión de ofrecerle unas soluciones prefabricadas. Kennedy iba a «pedir» y a «exigir», no a «garantizar» ni a «prometer» nada.

Finalizada la convención, Jack y Bob no estaban entusiasmados, sino más bien deprimidos. Había caído la noche y en aquel rincón del jardín reinaba un silencio casi completo. Ellos no hablaban. La victoria obtenida carecía de sabor para ellos en aquellos momentos. La exagerada tensión a que habían estado sometidos sin interrupción durante los días precedentes les tenía sumidos en una especie de sopor: lo percibían todo un tanto borroso y como lejano. ¿Designación? ¿Victoria electoral? ¿Johnson como compañero de candidatura? Parecían haber transcurrido años, y no unas pocas horas, desde aquellos acontecimientos, superpuestos y dramáticos.

Sería preciso un largo reposo, para que las figuras y los hechos recuperasen su perspectiva correspondiente. Entonces hallarían ánimos para alegrarse por el triunfo, que les arrojaba de pronto ante la gran alternativa nacional de las elecciones presidenciales; y para disponerse ante aquel nuevo envite, definitivo, que pondría a prueba su pulso humano y político. Por el momento, una confusión pesada les aturdía...

CAPÍTULO UNDÉCIMO

El reposo fue para los Kennedy muy breve. Una pausa en Hyannis Port, arropados por el siempre estimulante círculo de la familia, horas de relax al sol o navegando en su yate... Pero, a las pocas horas de la designación y ya repuestos Jack y Bob de su momentánea depresión, de nuevo se encontraron discutiendo sobre temas políticos: ¡había que preparar la campaña presidencial!

La proa de su «Marlin» cortaba las aguas de la bahía, levantando un par de crestas de espuma. Después de varios chapuzones, los hermanos se recogían a saborear el aperitivo a la sombra, casi siempre acompañados de un grupo de amigos fieles. Estaban ociosos, deportistas y dinámicos. Comenzaban a pergeñar ideas, a valorar problemas, a calcular posibilidades...

—Lo primero es reconstruir la unidad del partido. ¡Lástima que en Los Ángeles las cosas llegaran hasta aquel punto! Si no se hubieran empeñado en empujar a Adlai hasta el final...

—Pero así fue, y ahora uno de nuestros principales objetivos consiste en «repescarle» –decía Bob– ¡Lo necesitas! Su derrota te ha enajenado a mucha gente importante, precisamente de los círculos liberales donde nosotros nos movemos más a gusto. Además, en su equipo había cerebros de primera magnitud. ¡No podemos prescindir de ese capital intelectual y también sentimental!

—Sí, «repescar» a Adlai... –repetía Jack.

—Queramos o no, es la clave del partido. Lo hubiera podido ser en la convención, evitando problemas, si se hubiera decidido a apoyarte:

ahora no tendríamos estos inconvenientes... aparte de que nos hubiese ahorrado malos ratos. Pero lo fue de todos modos, a su pesar, distrayendo entusiasmos y votos. Ahora tendrá tiempo de reflexionar. Ante todo, es un hombre sensato y un gran patriota. Por poco que sepamos tratarle como merece, estoy seguro de que llegará a colaborar con nosotros.

El candidato designado por el partido demócrata se encontraba, ciertamente, en una coyuntura difícil. Pocos días después tuvo ocasión de comprobarlo: mucho más difícil de lo que había supuesto desde la ocasional calma de su opulenta residencia de Hyannis Port.

Sencillamente, para muchos de los que debieran ser votantes suyos carecía de imagen. O la que ofrecía era tan borrosa que apenas le distinguía de su contrincante republicano. Quizá influyese todavía en ello el resplandor propio de Adlai Stevenson, que había dejado en la penumbra a las «promesas» del partido. O quizá no fuesen ajenas al fenómeno las cautelas electorales, que no habían permitido perfilar a Kennedy debidamente... y aún tardarían en permitirlo.

La entidad «Americanos de Acción Demócratica», que agrupaba a algunos de los demócratas más progresistas, no reconocía a Kennedy ninguna clase de liderazgo. Era preocupante. La reserva de sus diversos grupos ante él rozaba la desconfianza. Solo algunos se mostraban decididos a apoyarle por el argumento de que «Nixon era peor»...

Aquellas comparaciones con Nixon en los inicios de su campaña electoral molestaban mucho a Kennedy. En efecto, ante amplios sectores de la opinión pública, el candidato oponente, el entonces vicepresidente Richard Milhaus Nixon, se diferenciaba muy poco de Kennedy; a lo sumo, se otorgaba a este la ventaja que inclina hacia «un mal menor»... ¡Tan evidente era la desastrosa opción representada por Nixon!

Muchos comentaristas les equiparaban sin más. John Kennedy estaba a punto de perder su frialdad ante opiniones semejantes. En especial, llegó al colmo un artículo de Eric Sevareid en que les dejaba a la altura de unos agudos ejecutivos de empresa, pero carentes de brío político y sobre todo de convicción. Escribía Sevareid: «Siempre tuve la impresión de que (hombres semejantes) acabarían al frente de las grandes compañías de la ciudad, pero que me maten si se me ocurrió alguna vez pensar que acabarían al frente del país».

—¡Es intolerable! –exclamó Jack– ¿Cómo se explica que me ponga al mismo nivel que Nixon?

Se podía explicar, en efecto. La preocupación electoral, fijada, más que en ganar votos claros, en evitar que se escapasen los votos tibios de la mayoría, era una especie de «fútbol defensivo», con escasa o nula capacidad goleadora: léase capacidad de definición humana y política de un candidato. Se trataba de conseguir la adhesión del mayor número posible de votantes, para lo cual era preciso no alarmar ni inquietar a los diversos sectores de la opinión con manifestaciones o programas rotundos en algún sentido. Pretendiendo así «llegar a la mayoría», abarcando la más amplia gama posible de electores, se difuminaba la imagen del candidato. Las dos imágenes difuminadas por idénticas razones de prudencia –¿o medrosidad?– calculada tendían a confundirse peligrosamente: ninguno de ambos candidatos quería enajenarse de entrada a estos o aquellos grupos.

Aquellas comprobaciones acerca de la opinión pública no alteraron, sin embargo, el desdén de Kennedy hacia su contrincante. Es un hecho que le minusvaloró siempre: actitud equivocada, porque no debe echarse en olvido que, a la «hora de la verdad» democrática, Nixon estuvo a punto de darle un susto. Que las diferencias temperamentales e incluso intelectuales, por no decir también ideológicas, fueran muy notables entre ambos no quita que, por las razones tácticas apuntadas, el electorado tardase mucho en percibirlo así. Y que en el último momento aún hubiera más dudas de las deseables...

Kennedy tendía a personificar en Nixon todos los errores, la inercia y el conservadurismo de los ocho años de administración republicana. Por otra parte, se fijaba mucho en sus deficiencias personales.

Nixon era un político experto, un batallador electorero, pero de ninguna manera un hombre brillante, sino todo lo contrario, ni un líder de masas. Sus enormes deficiencias resultaron ser, a fin de cuentas, más decisivas de lo que jamás Kennedy hubiera imaginado... Pero en aquellos momentos era su rival y debía aceptarle con todos los honores correspondientes.

—Me siento enormemente responsable –decía– cuando pienso que yo soy lo único que ahora se interpone entre Nixon y la Casa Blanca...

En el equipo de Kennedy se creó un departamento especial, bajo el mando de Mike Feldman, dedicado a recoger la información sobre las actividades de Nixon, con especial interés hacia sus «lapsus», contradicciones y equivocaciones. Fue denominado humorísticamente «la Nixopedia». Hubo material abundante en la Nixopedia: su protagonista lo producía en abundancia. Pero una vez más el criterio de los Kennedy pecaba acaso de intelectualaristocratizante: a pesar de aquel volumen de fallos, el candidato republicano obtenía adhesiones, porque lograba utilizar los argumentos capaces de convencer a un gran número de norteamericanos. Nunca fueron más útiles los reiterados sondeos de opinión: si no hubieran existido estos, Jack Kennedy se hubiera creído fácil vencedor de las elecciones, juzgando solo por las pobres apariencias que Richard Nixon ofrecía.

Gracias también a aquellos continuos toques de atención y a la desazón que personalmente causaba a Jack ser pasado por el mismo rasero que Nixon, poco a poco obtuvo de su equipo unas proposiciones y unas acciones que comenzasen a diferenciarle. Es un hecho que Kennedy «fue a más» a lo largo de la campaña electoral. Coadyuvó a ello la seguridad moral que le causó granjearse por fin el apoyo de Adlai Stevenson, con la consiguiente recluta de una parte de sus mejores colaboradores. Adlai Stevenson abandonó al fin su balanceo hamletiano y se manifestó públicamente en favor de John Kennedy: gesto decisivo para que este fuera aceptado por el ala liberal de su partido, obteniendo así la base sólida para operar y lanzarse a la conquista de los conservadores o de los indiferentes. Para los primeros se jugó la «baza Johnson» –precisamente, uno de los factores que habían hecho desconfiar a los progresistas–. En cuanto a la masa fluctuante, habría que ganarla con los clásicos argumentos superficiales: simpatía personal, participación frecuente en actos masivos, declaraciones sonadas, en suma el efectismo electoral.

John Kennedy se zambulló resueltamente en la vorágine de la campaña: discursos a granel, banquetes, ruedas de prensa... El ya consabido esfuerzo, pero esta vez multiplicado según la escala de Los Estados Unidos. Johnson colaboró bien, habiéndosele reservado la actuación en el sur. Los récords personales de Kennedy parecen haber sido diez discursos diarios y 27 estados recorridos en el plazo de una semana. Es impensable que un hombre pueda dar más de sí...

Sin embargo, aquellos excesos de resistencia no podían ser «todo»: había que contar con que el contrincante realizase alardes semejantes.

Era preciso afinar más las ideas, perfeccionar su incisividad y su asequibilidad para el público medio, dotarlas de encanto y atracción, realzar las cualidades humanas del candidato –aspecto en que Nixon tendría que salir perdedor muy probablemente– y sobre todo aportar algo nuevo al ya aburrido panorama de la política norteamericana.

—Yo parto de esta base –declaraba Kennedy–: El pueblo norteamericano está preocupado por los derroteros de nuestro destino nacional, le molesta el descenso de nuestro prestigio y desea que los Estados Unidos se pongan de nuevo en marcha, con empuje, hacia nuevas metas.

El brutal «rodaje» de la campaña resultó favorable para Kennedy. Efectivamente, «iba a más»: su seguridad ante los públicos aumentaba y también la correspondencia afectiva por parte de estos. Comenzó a manifestarse, como nunca, el «carisma Kennedy»: hecho difícil de analizar, en tanto que enraizado en los fondos no conscientes de la masa; pero sobre el que caben algunas aproximaciones. Por ejemplo: parece existir una correlación entre la manifestación del carisma y la progresiva liberación de Kennedy respecto a las cautelas que le habían cortado las alas hasta entonces. Muy al final de su campaña, en pleno apogeo, cuando Kennedy parecía «embalado» hacia el triunfo electoral, el 24 de octubre fue condenado a una pena de cárcel el líder de los derechos civiles Martin Luther King. El tema era vidrioso electoralmente, dada la hipersensibilidad acerca del mismo de los estados del sur. Pero Kennedy no vaciló y llamó por teléfono a Coretta King, la esposa de Luther, que se hallaba en avanzado proceso de gestación y muy afectada por la sentencia: la animó y le prometió su ayuda. Era un gesto espontáneo que un frío cálculo electoral le hubiera vedado: pero entonces se manifestaba el auténtico Kennedy.

A su vez, aquellas libertades respecto de su escueta conveniencia política, ¿no se las permitía a sí mismo debido a su creciente éxito y su confianza en la elección? ¿El carisma provocaba la corriente de simpatías o bien la captación de esta permitía a Kennedy mostrarse más espontáneamente tal como era?

La mayoría de los analistas de la campaña electoral han coincidido en señalar la importancia que revistió en esta el empleo de un arma hasta entonces inédita: los debates televisados entre los candidatos. En términos generales, la teoría y la práctica electorales habrán de ser divididas, en la historia que más adelante se escriba, marcando dos eras muy definidas: antes y después de la televisión, respectivamente. Pero la televisión, que ya existía desde muchos años atrás, no alcanzó su rango de medio electoral hasta los sonadísimos encuentros Kennedy-Nixon de 1960.

Ambos partidos fueron empujados a ellos por una experiencia negativa: los costes astronómicos de sus espacios publicitarios. Los asesores económicos de una y otra parte advertían que el gasto en publicidad se hacía insostenible. Por ello hubo que recurrir a una fórmula que permitiese aprovechar unos espacios que les habían sido ofrecidos en televisión gratuitamente para enfrentamientos dialécticos: los directivos de las cadenas de televisión, por su parte, habían intuido la «garra» que podían lograr, y por tanto la elevadísima audiencia, de aquel espectáculo nuevo que podía ser el debate cara a cara de los dos candidatos.

Aunque las negociaciones entre los partidos fueron complicadas, el interés mutuo les condujo finalmente a un acuerdo. Había ciertos impedimentos legales, pero el presidente Eisenhower no se resistió a revocarlos, pese a que estaba convencido de que la fórmula no favorecería a Nixon y le desaconsejó que se prestase a los debates. Aparte de los resultados técnicos posteriores de dichos debates, en principio la reserva de Eisenhower no iba descaminada: su vicepresidente y «delfín» del partido republicano se presentaba a las elecciones con la aureola de tal, es decir, con imagen de político hecho, todavía en plena actividad, nada menos que desde el segundo puesto jerárquico –aunque inoperante– de la nación; mientras que John Kennedy quedaba como simple aspirante, alguien ajeno al poder que procuraba encaramarse a este. La aceptación de los debates les colocaría a ambos en un plano de igualdad: o sea, en este sentido su mero planteamiento favorecía a Kennedy, que por virtud del mismo solo podía «subir», mientras que Nixon no «subía» en absoluto y por el contrario se arriesgaba a «bajar»...

Pero Nixon desoyó la opinión de Eisenhower. Hay que elogiar su espíritu deportivo –quizá también sostenido por su correspondiente complejo de superioridad– al aceptar los encuentros, «descendiendo» de su pedestal. Actitud realista, por lo demás: porque ciertamente era el vicepresidente todavía, pero actuaba en cuanto candidato, y en este orden no era ni más ni menos que John Kennedy. No le temía. Confiaba también en sus cualidades de polemista, basadas en una larga experiencia abogadil.

Los representantes de ambos candidatos pactaron meticulosamente las reglas de aquel juego: por vez primera en la historia, dos antagonistas políticos iban a medirse ante los ojos de millones de espectadores. Se llegó al acuerdo de celebrar cuatro encuentros: el primero, un debate abierto entre ambos sobre temas de política nacional; cada uno de ellos dispondría, al comienzo, de ocho minutos para una exposición monologada; a estas exposiciones seguiría el debate propiamente dicho; finalizándose con otras intervenciones monologadas de cada uno, con tres-cinco minutos de margen. A nadie se ocultaba cuánto iba a depender la serie de este primero de los encuentros: y por consiguiente, más allá de la serie, toda la campaña, que de hecho pasaba a pivotar sobre este espacio de televisión.

Las emisiones segunda y tercera serían unas entrevistas en que los candidatos serían interrogados sucesivamente, pero con facultad de apostillar cada uno las respuestas dadas por el otro; cada respuesta tendría una duración máxima de dos minutos y cada apostilla eventual de un minuto y medio. Finalmente, la cuarta emisión sería un nuevo debate entre ambos, en esta ocasión sobre cuestiones de política internacional.

Una experiencia nueva requería, por consiguiente, una preparación y unos asesoramientos también especiales. Ninguno de los viejos consejeros electorales poseía experiencia para el caso. Pero, una vez más, Kennedy supo hallar el equipo idóneo: se presentó a la prueba bien preparado. Nixon falló de antemano en este orden. De ahí algunos de sus errores previos, que han pasado a ser ejemplo ya clásico en ciencias de la comunicación. Siendo las paredes del «plató» de tonos claros, que darían en las pantallas de televisión un blanco o un gris claro, Kennedy se presentó al primer debate vestido de oscuro, con lo cual su figura dio en la pantalla negro, destacando nítidamente. Ello equivale a comunicar sin palabras una presencia firme, delimitada, contundente. En cambio, Nixon no debió haber sido asesorado sobre este detalle y apareció con un traje de color claro, que no destacó debidamente su figura sobre el fondo también claro: su presencia quedó diluida, imprecisa visualmente.

Por otra parte, Kennedy había hecho un alto en su infatigable campaña, con tal de presentarse a la prueba físicamente descansado, fresco y animoso: rasgos que las cámaras, implacables en los primeros planos, no podían dejar de captar. Por el contrario, un candidato fatigado hubiese dado una imagen mucho menos estimulante. Su contrincante no resistió la comparación y pareció a mucha gente agotado o abrumado.

Nixon tampoco fue aconsejado sobre su mímica. Esta era eficaz en espacios amplios, ante auditorios numerosos, cuya inmensa mayoría se queda materialmente lejos del orador. En tales circunstancias, su gesticulación un poco exagerada y violenta resultaba normal. En cambio, la televisión coloca al hablante en la inmediata proximidad de cada uno de sus oyentes: y en esta visión sus ademanes habituales resultaron enfadosos, inoportunos y en algún momento incluso grotescos. Kennedy, mucho más contenido y más frío habitualmente, quedó también mucho mejor en este aspecto: en la pantalla de televisión pareció más natural y no causó aquella impresión de demasía.

Por lo demás, en los minutos anteriores a la transmisión ambos se sentían igualmente nerviosos... Sabían que iban a verles y juzgarles aproximadamente unos setenta millones de compatriotas: eran conscientes de la medida en que se jugaban la elección. Pero la suerte estaba echada.

—Atención, señores candidatos. ¡Se graba! Adelante...

Allí estaban, frente a frente, bajo los focos. Y comenzaron sus respectivas exposiciones. Nixon, también mal aconsejado en este sentido, no desató un ataque frontal contra su oponente: con lo cual de hecho abandonó a este la iniciativa. La impresión fue muy pronunciada: Nixon pareció ceder el mando a Kennedy, siguiendo la pauta marcada por este. No supo o no pudo hacerse fuerte en sus discrepancias, para valorar su oferta política: llegó incluso a dar la razón a Kennedy en algunos puntos, limitándose en otros a ciertas ligeras discrepancias, insuficientes para hacerse valer. Ello no debe sugerir que realizase un papel desairado: opinó con coherencia y no perdió el control ante las tarascadas dialécticas de Kennedy, que se había aprovechado de la superioridad que todos aquellos factores dispersos decantaban a su favor. En suma Kennedy jugó aquel día al ataque, y Nixon hubo de jugar a la defensiva. Y aunque ambos jugasen bien, el impacto causado en los telespectadores fue netamente favorable a Kennedy.

Su credibilidad electoral ascendió de pronto vertiginosamente. El medio televisión, bien manejado, había hecho sentir su influencia por vez primera en la historia.

Las emisiones segunda y tercera –las entrevistas con los candidatos– no lograron torcer la impresión causada por la primera: tal como, por lo demás, había sido supuesto también. Algunos analistas opinan que en la tercera Nixon se mostró superior a Kennedy. Por descontado, el candidato republicano y su equipo debían haber aprendido algunas de las lecciones del primer día. Así, para el segundo encuentro Kennedy encontró que el «plató» había sido intensamente refrigerado, a petición de Nixon, a quien el exceso de calor afectaba en gran manera. También comprobó que sobre él se había acumulado la potencia de unas luces potentísimas, incidiendo de frente y dándole en la cara, mientras que sobre el lugar destinado a Nixon había un único reflector, suficiente. Kennedy no hizo comentarios, pero pensó que los directivos de la cadena de televisión habían tomado posición sin lugar a dudas en favor de la candidatura republicana.

Cuando finalizó la emisión y se apagaron los focos, Kennedy se dirigió a su antagonista, tendiéndole la mano, para intercambiar algunas frases banales: era un gesto de normal deportividad. Pero Nixon, siempre astuto, se las arregló para sacarle otro partido: había advertido la presencia de un fotógrafo que se aproximaba a ellos en aquel momento. Disimuló su observación, continuó hablando en el mismo tono indiferente, pero llegado el momento preciso alzó el dedo índice de su mano derecha, ante el rostro de Kennedy, que no esperaba acción semejante, y así fue tomada la fotografía. En esta aparecía el candidato Nixon en gesto indudable de reconvenir, amonestar o llamar al orden al candidato Kennedy, al modo de un superior dirigiéndose severamente al inferior.

Esta fotografía fue ampliamente utilizada en lo sucesivo en la propaganda de Nixon.

De modo que también a Kennedy le tocaba aprender ciertas lecciones. Por ejemplo, esta: con ciertos antagonistas los gestos caballerosos se pagan caros. Sin embargo, no se irritó demasiado por aquella artería de Nixon: la admitió como un recurso más en la batalla electoral. ¿No se trataba de una lucha? Pues él estaba dispuesto a recibir golpes, aunque no fuesen muy ortodoxos.

La cuarta emisión, con el segundo enfrentamiento directo, halló a los candidatos ya muy influidos por los abundantes comentarios de la prensa, netamente propicios a Kennedy a partir del primero de ellos. Es decir, conscientes ambos de que el medio televisivo había favorecido al uno y perjudicado al otro, así como de la inamovilidad –discutible– de semejante resultado: habían aceptado su suerte respectiva. De modo que no se alteró notablemente la relación de fuerzas establecida: mejor imagen para Kennedy frente a un Nixon digno, pero solo defensivo.

Esta cuádruple experiencia televisiva supuso, en efecto, el «momento psicológico» para John Kennedy. Los espectadores norteamericanos le vieron con maneras de vencedor: lo cual determinó el esperable aluvión de entusiasmos por parte de los indecisos, que solamente necesitan sentirse arrastrados así por la mayoría. Su popularidad se propagó como una centella: muchos han comparado aquella fase de la campaña con un incendio aventado sobre bosques secos. Kennedy durante algunas semanas pareció irresistible. Por descontado, ya no se le confundía con Nixon. El avance de los pronósticos favorables a Kennedy se hacía arrollador.

Esta situación indujo a intervenir al presidente Eisenhower. Hasta entonces, este había evitado entrar en liza para apoyar a su vicepresidente: le había dejado que se arreglase solo. Pero, ante el cariz adquirido por la campaña, probablemente los altos dirigentes del partido republicano debieron presionar muy en serio al presidente para que hiciese uso de su enorme prestigio –no desvanecido por su incolora actuación política–, definiéndose sin lugar a dudas en respaldo de Richard Nixon.

La declaración de Eisenhower fue tardía. Cabe preguntarse cuál hubiera sido su resultado si se hubiese producido a tiempo, antes de permitir que Nixon se viera tan amenazado. Duda tanto más legítima cuanto que la intervención de Eisenhower se mostró eficaz: contuvo a tiempo la desbandada de votos republicanos y frenó el avance de Kennedy. ¡Tal es el poder de una «figura nacional»!

La campaña tocaba a su término. Y se produjo un fenómeno apasionante: con la misma celeridad que había prendido el entusiasmo pro-Kennedy este se apagó; la curva ascendente en los sondeos se estabilizó de pronto y luego comenzó a descender; en el espacio de pocos días, aquel descenso llegó a hacerse aparatoso, hasta el punto de que los demócratas contaron afanosamente los que faltaban para la elección. Siguiendo el ritmo de aquel descenso, unos días más de duración de la campaña hubiesen significado acaso la derrota. Naturalmente, el hundimiento de Kennedy tenía la contrapartida de una insólita resurrección de Nixon.

¿Razones de semejante vuelco? Discutibles... Arthur Schlesinger, citando a Norman Mailer, se plantea si la nación era «bastante valiente para enrolarse en aquel sueño romántico de sí misma... para votar a favor de la imagen del espejo de su subconsciente»: en el supuesto de que John Kennedy había llamado profundamente a la intimidad aventurera de los norteamericanos, ofreciéndoles por fin una opción de riesgos y descubierta. La respuesta sería negativa: deslumbrada por el joven líder, que por fin se había mostrado en su pujante agresividad, la gran mayoría se le había entregado durante unas semanas. Pero aquello fue un amorío del que, retornada a la sensatez, tenía que arrepentirse. Con una breve perspectiva de tiempo, sintió miedo: el espíritu de aventura fue ahogado. La masa es pusilánime y conservadora. Frente al político de la «Nueva Frontera», crepitante de ideas de innovación, volvió a inclinarse hacia el conocido, el tedioso Nixon, que por el contrario no ofrecía nada original y en este sentido era perfectamente tranquilizador.

Inquietante el uno, archisabido el otro. La masa se inclinó según su propia inercia: prefería refugiarse en este.

Es una explicación entre otras... Lo único irrebatible son los hechos: descendía Kennedy y se recobraba Nixon. La última prueba de ello sería el margen apretadísimo con que se resolvió la elección, impensable unas semanas antes. Pero indudablemente aquel fenómeno fue también un sano correctivo a la seguridad, levemente fatua, que acechaba como uno de sus peores peligros a los Kennedy. Les convenía una punta de humildad, para humanizar su impenitente talante de triunfadores: ninguna victoria está asegurada hasta el último momento. Esta sabiduría electoral es también sabiduría deportiva.

Aquellos últimos días fueron terribles para ellos. Jack se mostraba también sensible a las cifras de los sondeos: parecía perder arrestos. A ello contribuía en gran medida la fatiga de su intensa campaña. Los republicanos arreciaban en sus ataques: «¡Con una K tenemos bastante!», repetían, identificando a Kennedy con la otra K nada deseada de Nikita Kruschev.

El último acto electoral de Kennedy se celebró en Boston, su tierra. El candidato regresaba a sus orígenes. Como si, al modo de Anteo, necesitase recobrar fuerzas en contacto con la tierra madre. Fue un mitin sin problemas técnicos, estrictamente triunfal: una reunión con la flor y nata de sus entusiastas de Massachusetts. Le ovacionaron interminablemente. En aquella apoteosis, parecía insensato dudar sobre la decisión de las urnas al cabo de unas pocas horas. Pero era una apoteosis engañosa: los Estados Unidos eran mucho más que el estado de Massachusetts. Precisamente en los estados menos propicios a Kennedy se preveía una mayor afluencia de votantes. No, los Kennedy no se dejaron deslumbrar por aquel epílogo, que ellos mismos habían programado para dejar óptimo sabor de boca.

Su equipo estaba también exhausto.

—Hemos hecho todo lo que se podía hacer –declararía Jack en el momento de depositar su voto.

A su lado, Jacqueline dedicaba su mejor sonrisa a los fotógrafos. Era la bella fachada de confianza. Pero, al otro lado de la fachada, reinaba una profunda zozobra.

Todo el clan se concentró en Hyannis Port a la espera de las primeras impresiones al término de la jornada electoral. Los norteamericanos votaron en 1960 en una elevada proporción –nada menos que 69 millones de electores–: índice del interés que en aquellos momentos experimentaban hacia el futuro de su país. Faltaba saber nada menos que la orientación política de aquel interés.

Jack se mostraba en aquella ocasión relativamente tranquilo casi fatalista. Quizá se esforzase para conseguirlo teniendo en cuenta que su esposa se hallaba en el octavo mes de embarazo y le convenía no ser zarandeada por un exceso emocional. El clima de expectación más crispada reinaba en torno a Bob, que en su función de director de la campaña se había responsabilizado de centralizar la recepción de informaciones, en compañía de los parientes y los colaboradores más allegados. Como de costumbre, Bob tampoco se dejaba llevar por las emociones, pero su gente no estaba hecha del mismo material que aquel hombre, preciso e infalible como una maquinaria infinitesimal.

El equipo reaccionaba por tanto con intensidad a veces desorbitada a las alternativas de la información. La mayor parte de sus miembros estaban absolutamente seguros de la victoria de Kennedy, pese a las incidencias de los últimos días, por lo que vivenciaron muy penosamente los sucesivos «tirones» de la candidatura de Nixon a medida que se iban transmitiendo resultados provisionales.

Como en otras ocasiones anteriores, estos oscilaban continuamente. Era una experiencia no apta para cardiacos. Durante muchas horas, el desenlace se mantuvo incierto. Ninguno de los candidatos lograba «despegarse» netamente de su rival, de modo que la inversión de las impresiones podía producirse en cuestión de minutos.

Solo a altas horas de la madrugada el escrutinio pareció orientarse con cierta insistencia en favor de Kennedy. Como en el país eran muchos los que seguían aquellas informaciones, por diversos motivos, los huéspedes de Hyannis Port observaron la llegada de unos discretos contingentes del servicio secreto, cuyos miembros se distribuyeron para montar vigilancia en las cercanías de las residencias de los Kennedy, particularmente la de John: era un signo sintomático, porque alguien en las esferas decisorias interpretaba ya que este podía ser el presidente electo, habiéndose apresurado a dotarle de la protección correspondiente.

Pero John Kennedy en aquellos momentos apenas estaba en condiciones de valorar estos u otros signos. Vencido por la fatiga, decidió irse a dormir.

Alguien le deseó:

—Buenas noches, señor presidente.

La elección, sin embargo, no estaba todavía decidida. Quienes permanecieron en vela todavía sufrieron nuevos sobresaltos.

A la mañana siguiente, cuando reapareció John Kennedy, tras un breve sueño, recién afeitado y al parecer bastante fresco, la suerte estaba echada: nadie dudaba que, en efecto, era el nuevo presidente de los Estados Unidos.

Pero faltaban todavía ciertos formalismos que lo confirmasen. Él se negó a considerarse vencedor mientras estos no se produjesen: particularmente, la llamada telefónica protocolaria del candidato vencido para felicitar al presidente electo, una tradición que sella definitivamente la anterior pugna.

Mientras tanto, en el exterior se aglomeraban los periodistas, fotógrafos y filmadores. En los medios informativos no se abrigaba ningún género de dudas. Continuamente llegaba más gente, mucha de ella por razones profesionales, pero también meros curiosos. Las fuerzas de policía a duras penas contenían aquella marea creciente.

Los teléfonos no cesaban de comunicar. Pero el mensaje de Nixon no llegó hasta mediodía. También el presidente Eisenhower felicitó a Kennedy.

—Bien –suspiró este–. Ahora puedo estar seguro.

Su acto inmediato debía ser dirigir una pequeña alocución al país. Su equipo organizaba rápidamente una caravana automovilística para trasladarse al cuartel de Hyannis Port, local elegido para la transmisión. En medio del entusiasmo general, todos corrieron a ocupar sus puestos en los coches. Cuando John Kennedy apareció en la puerta, sus partidarios congregados enfrente le saludaron con su primera gran ovación como presidente; algunos lograron llegar hasta él para estrecharle la mano. Rápidamente se vio envuelto en el torbellino del triunfo.

Allá en el pórtico, solo, quedaba Joseph Kennedy, su padre, contemplando a distancia la escena. Enteramente apartado. John se percató de ello a tiempo. Y acudió hasta él.

—¿No vas a venir también?

—No. Prefiero quedarme aquí.

—Nada de eso –protestó John–. Yo quiero que asistas a mi discurso.

—Déjalo, Jack: es mejor. Yo represento otra época. No te conviene que me mezcle.

—Ni pensarlo: quiero que vengas, y basta.

Tomó del brazo a su padre, casi imperiosamente, y le arrastró hasta uno de los automóviles. El público volvió a aplaudir, aunque no captaba toda la significación del gesto, vagamente conmovido por este. Así fue cómo Joseph Kennedy saboreó el mejor aplauso de su vida: que no era propiamente para él, sino para su hijo, presidente electo de los Estados Unidos de América.

CAPÍTULO DUODÉCIMO

Los setenta y dos días que debían transcurrir desde la elección a la toma de posesión fueron trascendentales. Un presidente no se aposenta en la Casa Blanca como cualquier otro inquilino que cambie de piso: debe llevar muchas cuestiones resueltas, muchas dudas aclaradas y una sólida organización ya montada, al menos sobre el papel. Baste decir que John Kennedy tenía que colocar a gente de su confianza en 75 puestos-clave de la administración; otros 1.200 cargos, también de designación presidencial, no podían ser desdeñados alegremente y requerían su correspondiente reflexión, aunque a nivel menos comprometido. Tuvo que hacer muchas combinaciones. Aunque no le agradaba el llamado *establishment* –el círculo de los financieros y hombres de negocios, que tantas cosas controlan en el país–, tuvo también que recurrir al mismo para cubrir determinados puestos: aquellos personajes le hacían falta; hubiera sido suicida, por lo demás, emprender unas tareas de gobierno habiéndoles marginado sistemáticamente.

Pero Kennedy no descuidó tampoco sus relaciones personales con las más altas figuras políticas: comenzando por Lyndon Johnson, su vicepresidente, que tenía fama de hombre arisco y difícil, si bien se había portado muy bien durante la campaña. Lyndon Johnson estaba haciendo todo lo posible para hacer comprender a Kennedy su adhesión: ¡olvidemos el pasado!

Después de la agotadora jornada electoral, le invitó a pasar unos días en su rancho de Texas. Aquella convivencia entre los grandes rivales de unas semanas atrás, a la sazón compañeros de éxito, podía evitar de antemano posibles confusiones. Por eso, Kennedy no vaciló en aceptar. Acudió a Texas solo, porque Jacqueline estaba a punto de dar a luz.

Lyndon Johnson se desvivió por hacerle agradable su estancia. Fue un anfitrión generoso y encantador. Entre los agasajos que le había preparado, figuraba una partida de caza. A Kennedy no le agradaba la caza e intentó eludirla:

—No es preciso. En el rancho estamos muy bien... Por mí, podemos quedarnos aquí conversando en vez de salir lejos...

Pero Johnson insistió. Interpretaba las razones de Kennedy como fórmulas corteses del huésped que no quiere resultar enojoso.

—Le agradará, estoy seguro. Tengo en mis territorios piezas espléndidas. ¡A ver si puede cobrar alguna que valga la pena!

Además de obsequio, era casi un reto. Kennedy, tan sensible a estos argumentos competitivos, tuvo que rendirse a regañadientes: era el presidente de los Estados Unidos, pensó, y un presidente, si se le ofrece cazar, tiene que cazar también, y efectivamente a ser posible una buena pieza.

De manera que se avino al madrugón señalado por Johnson, y antes del amanecer del 17 de noviembre abandonaron el rancho para iniciar su cacería. El anfitrión iba vestido a la usanza tejana: y en verdad que su aire era el de un «cowboy» cabal. Kennedy vestía de «sport», de manera que su contraste era un tanto chocante. Recorrieron paisajes maravillosos, bajo un cielo límpido, mientras este se iba iluminando paulatinamente; por último, ascendió un sol de oro majestuoso.

Kennedy dominaba su aprensión lo mejor que podía. Le repugnaba la idea de matar a un animal indefenso. Pero tendría que hacerlo. Absorbido por esta idea, no tenía ojos para gozar de las bellezas de la naturaleza. Todo él estaba concentrado en la inquietante perspectiva de la caza.

Todo había sido organizado de modo que el señor presidente tuviera a tiro alguna pieza realmente hermosa. Y así fue. Apareció un ciervo soberbio: allí estaba, a su alcance... Comprendió que era para él. Era su «reto». Kennedy se echó el rifle a la cara. Apuntó durante unos segundos.

Interminables segundos. Pudo apreciar distintamente la cabeza del noble animal, sus bellísimos ojos, dotados de una expresión casi humana... Él tenía que abatir aquel ser, pujante e inofensivo: por obra suya, unos segundos más tarde la vida habría huido para siempre del ciervo.

Apretó el gatillo. El ciervo, efectivamente, vaciló sobre sus patas y al cabo se desplomó. El presidente había dado en el blanco.

Fue muy felicitado.

—Es verdaderamente una pieza excepcional –oía repetir a Johnson, muy satisfecho.

Pero la visión del hermoso ciervo no se apartaba de su mente. Era una visión acusatoria: él, precisamente él, le había dado muerte. Aquellos ojos se hacían inmensos y parecían llorosos, percutían implacablemente sobre la sensibilidad de John Kennedy. Y todo... ¿para qué? Aquella caza le parecía un acto inútil. Se había afirmado a sí mismo en presencia de los circunstantes. Había demostrado que el presidente de los Estados Unidos poseía buena puntería. Eso era todo. Mísero balance. No valía una vida. Había pagado un precio exageradamente alto para un rasgo de orgullo que ni siquiera le complacía, antes bien le atormentaba.

La visión del ciervo muerto le persiguió durante mucho tiempo, ¡siendo él tan poco dado a los sentimentalismos! Para colmo, Lyndon Johnson llevó su obsequiosidad a hacer disecar la cabeza, que más tarde se empeñaría en que fuese colgada como recuerdo nada menos que en el propio despacho del presidente. Naturalmente, esto fue evitado. Lyndon Johnson no hubiera comprendido nunca por qué rehuía John Kennedy la presencia de aquel espléndido trofeo de caza.

Eran dos mentalidades instaladas en dos mundos muy alejados entre sí.

Pero, anécdotas aparte, lograron entenderse bien, por lo menos en los escasos puntos donde deben colaborar un presidente y un vicepresidente de los Estados Unidos, Johnson era sincero al querer hacerle patente su fidelidad. Había reunido a su propio equipo para exhortarlo a una absoluta lealtad respecto de Kennedy.

—Deben ustedes traspasar al presidente la fidelidad que me han demostrado siempre a mí y que yo les agradezco vivamente –les dijo–. A partir de ahora, solo tienen un jefe y es John Fitzgerald Kennedy. Deben procurar servirle y complacerle en todo. Como yo mismo voy a hacer.

El planteamiento era muy claro. Otra cosa es que, en la práctica, los equipos presidencial y vicepresidencial continuasen girando, como sus respectivos líderes, en órbitas propias... y mirándose con reticencia. Pero ello era una consecuencia de la naturaleza humana y de la distribución de las funciones en el estado norteamericano, donde el presidente asume todas las responsabilidades y el vicepresidente queda eclipsado, tan solo como «reserva»...

Kennedy había tenido presente, desde sus primeros pasos electorales, el problema extraordinariamente complejo que supone un cambio de administración: problema no solo nuevo para él, sino para el propio estado, en cuanto llevaba ocho años sin un cambio de aquella índole. Los anteriores habían sido penosos: faltos de colaboración entre el partido saliente del poder y el vencedor de las elecciones, habían supuesto para este último un periodo de rodaje más bien azaroso, del que el país no salía nada beneficiado. Kennedy contó desde muy pronto con dos asesores sobre aquel tema en concreto: Clark Clifford y Richard Neustadt. Estos le prepararon con sobrada antelación una serie de informes –más numerosos el segundo– sobre las medidas que adoptar para la asunción de sus poderes. Se trataba de trabajos para ser estudiados después de su elección, pero la avidez de la curiosidad de Kennedy no siempre le permitió aguardar: así, en un vuelo durante su campaña electoral había ojeado ya un informe de Neustadt sobre la «Elección de los colaboradores del presidente», con un epílogo sobre Roosevelt que él juzgó fascinante.

Como de costumbre, ambas designaciones habían sido acertadas. El trabajo previo de aquellos dos cerebros permitió a Kennedy imponerse en pocas horas de sus más acuciantes intereses como presidente electo. No podía perder el tiempo en más consultas que las imprescindibles: por tanto, lo empleó exclusivamente en gestiones sobre personalidades precisas, habiéndose ahorrado la delicada tarea de la composición de lugar.

El apretado margen de su victoria, más que un alarde de caballerosidad, dictó a Kennedy un gesto insólito: visitó a Nixon en su retiro de Key Biscayne. Nunca se había visto que un presidente electo tuviese aquella atención con su rival vencido. Pero Kennedy quería lograr a todo trance la armonía entre las fuerzas políticas, por convicción y por necesidad. No cerraría las puertas de su administración a gente procedente del campo republicano. No era nada sectario: «Me importa poco a quién hayan votado –dijo varias veces–. Lo único que me interesa es que sean eficaces para un puesto». También visitó al presidente Eisenhower, que vivía sus últimas semanas como huésped de la Casa Blanca. El general, que había sido anteriormente muy duro con él –parece ser que le había llamado «mequetrefe» en alguna ocasión–, quedó prendido en el encanto personal de Kennedy. Estos contactos facilitaron la difícil transmisión de poderes: de acuerdo Eisenhower y Kennedy en la conveniencia patriótica de evitar dificultades, nombraron a sendos representantes que trabajasen durante aquel periodo como enlaces entre la administración saliente y la entrante. Por parte de Kennedy actuó Clifford; por parte de Eisenhower, el general Milton B. Persons. Ambos delegados se vieron diariamente hasta la toma de posesión de Kennedy y fueron resolviendo amigablemente muchas de las cuestiones que hubieran entorpecido al futuro gobierno. Fue un acto admirable de ambos estadistas, pero más sin duda en lo que se refiere al republicano, que aceptaba su cese con exquisita delicadeza. El trabajo de Clifford y Persons, nada brillante, evitó muchas indecisiones al joven equipo demócrata que iba a tomar el relevo.

Mientras tanto, Jacqueline daba a luz a un niño, el 25 de noviembre. Fue una enorme alegría para Kennedy. Este quería con delirio a su hija mayor, Caroline, pero había deseado mucho un varón: el nacimiento de John fue para él una plenitud en aquellos momentos.

Sin embargo, la familia le retuvo poco. Pasaba las jornadas enteras dedicado a la confrontación de planes y al contacto con gente nueva.

—¡No conozco a todo el mundo! –se quejaba, ante la balumba de nombramientos para quienes no tenía un aspirante de confianza.

Por lo demás, tampoco quería nutrir sus filas exclusivamente con la gente que siempre le había rodeado: los universitarios de Harvard, los demócratas liberales y los políticos de Massachusetts. Quería hombres nuevos y como queda dicho no restringió en absoluto su captación: ellos prestarían a su administración el tono abierto que concebía necesario.

Algunos contactos fueron muy delicados. Así, una vez más, los que tuvo Kennedy con Adlai Stevenson, que para algunos observadores debía ser el secretario de estado ideal, por su experiencia, por su relevancia histórica y por el apoyo que últimamente había prestado el presidente electo. Pero este no lograba sentirse debidamente desenvuelto en sus relaciones con Stevenson, como le ocurría con tanta facilidad respecto de la inmensa mayoría de personajes: con Stevenson se sentía Kennedy siempre algo distante, incapaz de saltar cierta barrera invisible que se interponía. Él lo atribuía a las vacilaciones de Stevenson, pero probablemente le tocaba también una considerable parte de la responsabilidad: acaso actuaba encogido por la impresión de superioridad que aureolaba a su interlocutor y que a él, empedernido vencedor, se le hacía intolerable. Lo cierto es que buscó una serie de excusas para escamotearle la secretaría de estado: le ofreció, en cambio, la embajada de la ONU, cargo que se proponía revalorizar; y en un determinado momento de sus gestiones incluso pensó en hacerle secretario de justicia. Pero esta opción fue desechada por Stevenson, que finalmente, una vez más, dio pruebas de su relieve moral aceptando el cargo en la ONU, inicialmente sin duda por debajo de sus merecimientos.

El gran fichaje de la administración demócrata en aquellos momentos fue Robert McNamara. En este caso, como en los demás, el agente volante de Kennedy fue su cuñado Sargent Shriver, que efectuaba las primeras pesquisas, visitaba a la gente interesante y le transmitía una opinión objetiva sobre cada cual; en caso positivo, Kennedy procuraba que le pusiese en contacto con el interesado. McNamara era un hombre de filiación republicana, pero lo suficientemente independiente para haber colaborado incluso con dinero en la campaña del candidato demócrata: acababa de ser nombrado presidente de la Ford Motor Company, ¡que era casi un estado dentro del estado! Se calcula que el año anterior había ganado en aquella empresa 410.000 dólares: nadie podía soñar en unos emolumentos semejantes al servicio de la administración de la Unión. Sin embargo, Kennedy intentó «tentar» a McNamara. Hablaron en una ocasión y McNamara pidió que se le dejase reflexionar; en la segunda entrevista aceptó el cargo de secretario de defensa, uno de los más cruciales del gabinete, pero también de los más incómodos, pues suponía una continua brega con el estamento militar. Durante la administración de Kennedy, aquella brega llegó a ser extenuante en algunos momentos, cuando los militares, en sus ardores patrióticos, hubieran podido echar a pique la política internacional distensiva propugnada desde la Casa Blanca. McNamara, joven, emprendedor, animoso a toda prueba, resultó dar el tipo cabal del «hombre de la Nueva Frontera» y sus lazos de afecto y admiración respecto de Kennedy crecieron continuamente desde las escaramuzas que habían sostenido en el primero de sus encuentros:

—Ya le he dicho al señor Sargent Shriver que yo carezco de la experiencia militar necesaria para ese cargo –había dicho.

—Yo no sé que exista ninguna escuela de ministros ni de presidentes –le había respondido Kennedy– y aquí estoy. Esa excusa no me vale.

Aquel corte había indicado a McNamara la clase de hombre efectivo y exigente que era el presidente electo. Le cuadraba. Solo así se explica su rápida aceptación al cabo de unos días... abandonando su suculento y recién estrenado puesto culminante en la «Ford».

El gran interrogante continuaba siendo la secretaría de estado...

Las sugerencias e incluso las presiones menudeaban sobre Kennedy. Pero este demoró la decisión todo lo que pudo, consciente de la trascendencia del cargo. Por otra parte, como más tarde se ha escrito, él experimentaba una secreta vocación de ser «su propio secretario de estado»:

lo cual hacía la selección aún más difícil, ya que descartaba a cualquier figura con una personalidad demasiado pronunciada en el ámbito internacional. Tal vez fuera esta una de las concausas del postergamiento de Adlai Stevenson.

Después de barajar muchos nombres, de escuchar a sus colaboradores y de meditar él mismo con el mayor sosiego posible –nunca total, en el ajetreo de jornadas semejantes–, John Kennedy optó por Dean Rusk. Le avalaban una serie de opiniones de gran peso. No le conocía personalmente, pero dio crédito a aquellas garantías. Rusk era un hombre trabajador y honrado, profesor de ciencias políticas y dotado de experiencia en el departamento que le iba a tocar asumir, donde había dirigido la oficina de Asuntos con las Naciones Unidas y había sido por último secretario adjunto para Asuntos de Extremo Oriente.

La práctica de los meses que siguieron demostró además que Rusk sabía amoldarse bien a la actividad un tanto invasiva del jefe del poder ejecutivo en la órbita de los asuntos exteriores. Con otro secretario de estado, Kennedy hubiera tenido que chocar casi fatalmente. Rusk evitó aquel trance y más bien se conformó siendo un ejecutor puntual, no muy creativo, de las iniciativas del presidente.

Iban poco a poco encajando las diversas piezas de lo que debía ser el gabinete gubernamental. También las filas de los subsecretarios y de los consejeros presidenciales se nutrían sucesivamente. Estos últimos acaso fueron los menos problemáticos, ya que, con solo leves retoques, Kennedy conservó a la mayoría de sus principales colaboradores, con quienes la sintonía era perfecta.

Pero quedaba vacante aún el departamento de justicia.

Kennedy padre había pensado en aquel puesto para Bobby. Pero ninguno de sus dos hijos involucrados en la cuestión deseaba semejante recurso. El fiscal general, o por otro nombre, secretario de justicia, tendría que adoptar en la administración naciente algunas medidas muy controvertidas: para empezar, habría de intervenir resueltamente en la cuestión de los negros, que tantos apasionamientos concitaba. Bobby no consideraba nada oportuno que la impopularidad de aquellas actuaciones recayese sobre otro Kennedy, lastrando aún más la responsabilidad del presidente. Por otra parte, y a la luz de las razones antes examinadas, tanto Jack como el propio Bob procuraban evitar la impresión de nepotismo.

En estas vacilaciones, las sucesivas alternativas para el departamento de justicia tuvieron que ir siendo descartadas. Y paralelamente las opciones que habían parecido en principio válidas para Bob: este no podría ocupar un puesto de subsecretario –lo cual no le desagradaba– porque teniendo, en cuanto hermano, un acceso directo al presidente, crearía una situación paradójica a su inmediato superior, quien quiera que fuese el designado ministro, naturalmente más alejado de aquel; tampoco quería Bob un puesto en el *staff* de la Casa Blanca. El callejón sin salida le hizo considerar la posibilidad de regresar a Massachusetts y prepararse para las elecciones al cargo de gobernador.

Por otra parte, su hermano le necesitaba cerca. Finalmente, John decidió hacer caso omiso de todos los consejos en contra.

—Ya sé que tú no quieres y que no parece prudente –le dijo–. Pero no me queda otro remedio. Tendrás que ser mi secretario de justicia.

—Es un disparate. Se cebarán contra nosotros: lo están deseando.

—Prescindamos de ello. El departamento de justicia habrá de asumir tareas muy trascendentales, en las que es preciso que actúe en absoluto acuerdo con la presidencia: es decir, tiene que haber alguien a su frente en quien yo confíe tanto como en mí mismo.

—Pero...

—Eso es todo, Bobby: he revisado todos los posibles fiscales generales y solo tú me puedes ofrecer la seguridad que necesito.

Bob conocía a su hermano de sobras para captar el sentido irrebatible de aquellas palabras. Además, compartía su lógica, aunque le contrariase. Tenía que ser el ejecutor de algunas de las mejores ideas de John y no podía negarse a ello por razones de comodidad o de opinión ajena.

Sabían que el nombramiento sería mal acogido. Pero el equilibrio demostrado en todos los demás, que prácticamente habían compuesto un abanico de ideologías y de talantes, suavizaba el mal efecto de que otro Kennedy pasase a ocupar un puesto de tanta relevancia.

Cuando uno de sus colaboradores, Ben Bradlee, se permitió preguntar al presidente cómo iba a «vestir» el anuncio de aquel nombramiento, él lo echó a broma: una vez adoptada su resolución, se sentía más bien optimista.

—Pues, mire usted –le respondió–, me parece que lo mejor será que abra la puerta de mi casa de Georgetown a eso de las dos de la madrugada, mire a derecha e izquierda a lo largo de la calle... y cuando me convenza de que no hay nadie en ella diga en voz muy baja: «¡He nombrado a Bobby!».

Un domingo del mes de diciembre, un aletazo siniestro rozó al presidente electo: un desequilibrado había preparado un atentado contra él, cargando siete cartuchos de dinamita en su coche, con el propósito de hacerlo chocar con el del presidente, cuando este fuese a misa. Nadie hubiera podido impedir el asesinato. Pero su autor, en el último momento, desistió de su propósito... por razones de sensibilidad. Confesó más tarde que renunció cuando vio a Jacqueline y a su hija Caroline despidiendo a John Kennedy: ¡le pareció mal hacerle morir delante de ellas!

El suceso, paradójico y grotesco, dio algo que pensar a Kennedy. Su vulnerabilidad era evidente. Pero esto no le preocupaba. En cambio, se sentía inquieto por el carácter arbitrario y caprichoso de un intento semejante. ¿Cuántos perturbados habría en el país capaces de moverse por motivaciones tan incongruentes? El estado y sus destinos, el proyecto de una futura sociedad mejor, ¿podrían estar al arbitrio de tipos como aquel?

Las exigencias de su absorbente organización del gabinete le distrajeron pronto de aquellas reflexiones.

CAPÍTULO DECIMOTERCERO

El día de la toma de posesión, Washington tuvo un día luminoso pero helado. Los anteriores habían sido muy rigurosos. Pero la belleza de aquella espléndida jornada invernal animó a muchos indecisos a presenciar el paso de la comitiva. Había también expectación para ver en directo al joven presidente. En las tribunas de los invitados oficiales podían registrarse presencias significativas: al lado de los políticos y los miembros del *establishment,* en la toma de posesión de Kennedy figuraron muchos intelectuales, artistas y profesores. Estos personajes no solían aparecer en ocasiones semejantes.

Se trata de un rasgo anunciador de lo que va a ser la nueva administración: Kennedy ha gustado siempre de rodearse de gente de esa clase. Se entiende bien con ella. Habla su mismo lenguaje. Los intelectuales –generalmente, mirados con recelo desde las esferas del poder– son por vez primera apreciados; más aún, requeridos, por el equipo de Kennedy. Ello se trasluce en la actitud perceptible entre los diversos sectores de invitados: mientras los políticos a la antigua usanza se muestran «a la espera», un tanto a la defensiva, ante el nuevo estilo presidencial, los intelectuales no ocultan su optimismo, por cuanto creen que pueden hacerse grandes cosas desde la jefatura del poder ejecutivo cuando quien la ostenta muestra una sensibilidad semejante.

Como consecuencia de ello, la juventud se ha sentido también convocada. No solo el aire juvenil de Kennedy, sino aquellas primeras muestras de sus maneras, atrajeron a nutridos sectores de la juventud hasta entonces completamente desinteresados por la política. La administración republicana no había tenido nada que ofrecerles. La figura de Eisenhower les era indiferente: muy críticos respecto al fenómeno de la guerra, se mostraban insensibles a los supuestos méritos en ella del general, cuando no abiertamente hostiles; en lo referente a su actuación política, esta había sido tan anodina, el país había caminado tan rutinariamente, que ningún motivo habían podido hallar para la colaboración, ni siquiera para la atención. En cambio, la victoria de Kennedy les decía que «algo podía suceder»: y acudieron a la toma de posesión con la ilusión, más o menos teñida de escepticismo según los temperamentos, de quien necesita incentivos, y los desea, para ponerse a actuar de una vez.

Mientras aquellas gentes tan diferentes iban tomando posiciones a lo largo del recorrido y en los espacios acotados, en la Casa Blanca se desarrollaba un protocolo sencillo y calmoso. El matrimonio Eisenhower tomaba café con el matrimonio Kennedy, conversando de temas baladíes. Los temas importantes habían sido abordados por ambos estadistas en sus reuniones de trabajo, la última de ellas desarrollada precisamente la víspera: Eisenhower había expuesto a su sucesor la situación de los diversos problemas y su opinión sobre los mismos (que, por supuesto, él solo en contados casos compartía). En otro salón de la casa se celebraba un encuentro semejante entre los matrimonios vicepresidenciales, Nixon y Johnson. Llegada la hora, se interrumpieron –sin ningún esfuerzo– las conversaciones y los cuatro personajes ocuparon los puestos señalados en los carruajes que debían conducirles al capitolio.

La ceremonia de juramento carece de otro interés que el estrictamente simbólico. John Fitzgerald Kennedy, sin abrigo a pesar de la inclemencia del tiempo, juró conforme al rito establecido. El público esperaba el capítulo verdaderamente sustancioso de aquella jornada: su discurso de toma de posesión.

Lo había preparado muy meticulosamente, con dedicación personal superior a cualesquiera otras de sus piezas oratorias. Esta vez Sorensen había desempeñado una función secundaria, tan solo sugiriendo y corrigiendo. Es natural el interés de Kennedy en ser plenamente «él» en discurso semejante: había de ser su presentación oficial al país y al mundo, su más claro compromiso voluntariamente delimitado.

Su voz se elevó sobre un silencio absoluto:

—Hoy celebramos no una victoria de partido, sino una fiesta de la libertad, símbolo de una etapa que finaliza y de una que comienza, de renovación y también de cambio. Permitamos que desde este momento y este lugar parta la noticia, indistintamente para amigos y enemigos, de que la antorcha ha pasado a una nueva generación de norteamericanos...

Su apariencia corroboraba sus palabras. Kennedy no tenía una figura garbosa, ligeramente cargado de espaldas por causa de su lesión, pero irradiaba decisión y potencia. A su lado, muy digno pero ya encogidito, el anciano Eisenhower era la imagen misma del ayer: un ayer respetuosamente invocado para su destino de referencia y retiro. La comparación de ambos personajes hacía evidente aquella noción del tránsito.

—Permitidnos comenzar de nuevo, recordando a ambas partes que la civilización no es signo de debilidad y que la sinceridad está en cada momento sometida a pruebas. Permitidnos negociar sin temor. No hay que temer hacerlo.

Kennedy había procurado nivelar en su discurso la proclamación de un horizonte distensivo y optimista, que contrastase con la hosca defensiva de los Estados Unidos en los últimos tiempos, y la evitación de promesas fáciles. Al contrario, él no podía garantizar nada. Podía ofrecer, proponer un estilo diferente; pero este entrañaba una responsabilidad para todos.

—Compañeros norteamericanos: no os preguntéis qué hará el país por vosotros. Preguntaos, en cambio, qué podéis hacer vosotros por vuestro país... Compañeros ciudadanos del mundo: no os preguntéis sobre lo que Norteamérica hará por vosotros; sino sobre lo que todos juntos podemos hacer por la libertad del hombre.

Era lo que pretendía: comprometer a todos en sus ideales, encabezar un inmenso equipo de gente que, creyendo en la libertad, estuviese a punto para trabajar por ella. Había quedado muy claro. Kennedy se dirigía a su país, pero también a todo el mundo, consciente de la misión que los Estados Unidos debían cumplir por lo menos en cuanto abanderados de un determinado modo de vida. No quería que su país fuese mirado solo como una mano pródiga que derrama dólares: quería establecer unas relaciones de compañerismo.

Vivía el momento de la solemne definición. A partir del día siguiente, le tocaba ascender la empinada cuesta de las realizaciones prácticas. ¿Lograrían los demás países captar aquella nueva voluntad norteamericana? ¿Responderían todos los estamentos de aquella nación a la llamada de su presidente para ofrecer semejante imagen?

A John Kennedy le tocaría pelear para conseguirlo. Sabía que no sería fácil; admitía por descontado los descalabros y los errores. Pero estaba convencido de su deber de arriesgarse. Finalizado el discurso, nuevas aclamaciones, felicitaciones, saludos...

Jacqueline se le abrazó suavemente en un momento de respiro:

—¡Oh, Jack, qué día...! –susurró.

Era ciertamente «su» día, el gran día de su vida.

Toda ella había sido un tesonero esfuerzo para llegar a pronunciar aquellas palabras. Pero el resto habría de ser esfuerzo para realizarlas...

CAPÍTULO DECIMOCUARTO

Comenzó la vida cotidiana de los Kennedy en la Casa Blanca: paradójicamente, esta había de ser más reposada que la anterior. ¡Jack disponía entonces de más tiempo para su familia! En efecto, jamás había podido estar tan habitualmente con los suyos. Al haber restringido sus desplazamientos, concentrando en el mismo edificio a la mayor parte de sus colaboradores, el presidente se halló en una situación nueva, en que los paréntesis hogareños eran frecuentes y provechosos. Caroline, que era una niña extravertida, campaba a sus anchas por la Casa Blanca y no tenía el menor reparo en ir a ver a su padre –ni este se lo reprochaba– aunque se encontrase en lo más arduo de una reunión de alto nivel: aquellas interrupciones a cargo de Caroline llegaron a ser uno de los más simpáticos condimentos de los trabajos presidenciales.

Era –también en aquel orden– un ambiente nuevo. No se recordaba la presencia de niños en la Casa Blanca: los presidentes llegaban a tales en edad provecta. En cambio, la juvenil pareja Kennedy parecía en condiciones de convertirla en una amable pajarera infantil. De momento, la esposa del presidente había dispuesto la instalación de un colegio, donde sus hijos pudieran aprender en compañía de otros de su edad: no quería tenerles segregados, precisamente en aquellas fases tan decisivas para su formación. Al cabo de ocho años, a lo sumo, la familia tendría que desalojar la Casa Blanca: es decir, retornar a una existencia, aunque suntuosa, relativamente normal; y no era cuestión de que sus hijos hubieran crecido en un invernadero...

Jacqueline tuvo muchos otros quehaceres durante los primeros tiempos. La Casa Blanca le había parecido un lugar horrible cuando la visitó, invitada por *Mamie* Eisenhower. Presentaba un amontonamiento de objetos, recuerdos y muebles, sin orden ni gusto, que la hacían francamente desacogedora: una especie de *pastiche,* que a una mujer como ella le parecía intolerable. No podía resignarse a vivir en medio de «aquello». En consecuencia, se dedicó a un estudio histórico sobre la residencia presidencial que poco a poco le fuese revelando su aspecto primigenio. Como consecuencia, se propuso aplicar aquellas ideas a la ordenación de la casa. Jacqueline rechazó el concepto «decoración» para lo que se proponía emprender: no, no se trataba precisamente de decoración, sino de algo bastante más profundo y ambicioso: a saber, la recuperación del ambiente original de la mansión, el ambiente de los presidentes de los Estados Unidos en los grandes tiempos, que debía ser también el que rodease a su marido. Buscó objetos que hubieran pertenecido a diversos antecesores de este y los instaló, debidamente valorados; en los almacenes y desvanes de la propia Casa Blanca halló incluso piezas de valor, arrinconadas, cuando no estropeadas. Todo fue incorporado con el tino y el buen gusto que la caracterizaban. La Casa Blanca pasó a ser algo así como un museo, pero un museo vivo, donde precisamente, a la vez que se evocaba la historia pasada, se estaba haciendo sobre la marcha la historia presente y futura de los Estados Unidos. El público captó bien aquel sentido de «historia viva» o «historia en curso», aquella continuidad dinámica que presentaba la Casa Blanca, en la nueva faz de esta preparada por Jackie Kennedy; y comenzó a aficionarse a visitarla... La propia Jackie redactó finalmente una guía, donde se resumía su trayectoria histórica.

Era un medio más para aproximar la institución presidencial a la sensibilidad de la gente. El presidente dejaba de ser una figura lejana, residente en un palacio inasequible: por el contrario, su ámbito se hacía comprensible para todos, al mismo tiempo que le entroncaba con la tradición de los más gloriosos presidentes de los Estados Unidos.

Semejante planteamiento no podía dejar de agradar a John Kennedy, cuyo dinamismo gobernante se sintió a gusto respaldado por el fondo de la historia. No se encontraba solo: los recuerdos de los otros presidentes, que podía ver a diario en los pasillos o en los salones, le conferían una impresión de seguridad, como si ellos mismos quisieran acompañarle. Con una voz familiar, la voz del patriotismo, parecían decirle: «¡Bien, muchacho, adelante! Nosotros también pasamos apuros... Pero, mira, ahí tienes lo que son ahora los Estados Unidos: los hemos forjado entre todos. Ahora te toca a ti poner tu parte».

Jackie, que continuaba poco interesada por la política propiamente dicha, tuvo otros medios para secundarla: medios que comprendidos por los colaboradores del presidente, estos procuraron fomentar. Su pasión por la elegancia contribuiría a crear una buena «imagen» de la nación: durante 1961, la esposa del presidente gastó más de cuarenta mil dólares en su guardarropa... Su figura grácil no era solamente una bella aparición: su conversación refinada, el acierto de sus preguntas, el donaire de sus observaciones, fueron un complemento no desdeñable en los encuentros de alto nivel que el presidente hubo de celebrar, particularmente en los más comprometidos, donde la intervención de Jackie suavizaba las tensiones: ella, por ejemplo, consiguió una conversación espontánea y suelta con el orgulloso y correoso Charles De Gaulle... En principio, pues, sus derroches vestimentarios pudieron ser considerados poco menos que de interés nacional. Se montó una completa red de información –si acaso no de espionaje– sobre el mundo de la moda, que le permitió, más que estar al día, anticiparse siempre que pudo a los últimos avances. Por supuesto, estos alardes no hubieran servido más que muy poco sin su figura envidiable y su sentido de la elección: nunca vistió recargada ni ampulosamente, ni cayó en la trampa de las joyas ostentosas o apabullantes. La sencillez era su principal arma: pero una sencillez muy meditada...

John Kennedy lo apreciaba todo, sin detenerse en ello. Es probable que no le otorgase más que su propia dimensión instrumental. En cambio, hay testimonios del intenso placer que experimentaba jugando con los niños: tenía una singular capacidad para ponerse a su nivel, entrar en sus fantasías, contarles cuentos... Se trata de una faceta muy al margen del político pugnaz y multitudinario, pero que prolonga y completa a este. Un político amputado de una suficiente dimensión humana –tal como hubimos de señalar en otro capítulo, era el caso de muchos profesionales– queda reducido a una máquina de computar adhesiones o preparar maniobras. También esta puede ser una deformación, padecida al cabo de muchos años de quehacer político. La edad y la coyuntura de Kennedy le libraban de ello: afortunadamente, era un presidente con hijos de corta edad; y el país podía beneficiarse mucho de este factor, en apariencia solo personal, en la medida que le permitía aquella desenvoltura psicológica –alegría e ilusión al mismo tiempo– que la presencia de niños suele causar.

Se hicieron muchos chistes –algunos, sangrientos, a costa de los errores de Kennedy– sobre sus niños. Pero es cierto que estos contribuyeron también algo al talante de la Nueva Frontera. Dieron aquella animación peculiar a su equipo: porque también sus íntimos colaboradores y sus consejeros más prestigiosos tenían de vez en cuando que echarse a cuatro patas para jugar con Caroline o con John, aliviándose de las premuras de la alta política...

Inconfesadamente, Kennedy tenía prisa también como presidente...

Prisa: una de las constantes de su vida.

¿No disponía, como mínimo, de cuatro años de margen?: los cuatro años de su primer mandato, antes de una eventual reelección.

Sin embargo, tenía prisa. Una prisa acaso pueril en que se «comprobase la diferencia» de su estilo y en lograr con este ciertos resultados tangibles. Muy escarmentado el país por el inmovilismo de la anterior administración, él consideraba saludable que experimentase cuanto antes la sensación de movimiento; y movimiento hacia unos objetivos netos y válidos.

La problemática del resto del continente le preocupaba desde la visita, un tanto apresurada, que había girado en su juventud a algunos de aquellos países hispanoparlantes. No era ser un lince alimentar la convicción de que la política de los Estados Unidos había sido tradicionalmente errónea respecto de ellos. Los Estados Unidos no eran queridos al sur de Río Grande: todo lo contrario, eran mirados con inquina y últimamente, según la nueva terminología, tildados de imperialistas. John Kennedy estaba dispuesto a cambiar aquella situación.

En este aspecto, como en muchos, su carga de buenas intenciones era notable. Otro asunto sería la cosecha de aciertos.

Ya en su campaña electoral, Kennedy había apuntado la idea de la que sería la «Alianza para el Progreso»: su ambicioso plan de colaboración con América Latina. Dicha alianza, según su pensamiento entonces, habría de requerir por parte de los Estados Unidos los suficientes retoques políticos que hiciesen posibles las siguientes condiciones:

—El apoyo a los regímenes democráticos y la oposición a las dictaduras.

—La aportación de fondos a largo plazo, esenciales para una economía de crecimiento.

—La estabilización de los precios de los principales productos de exportación.

—La ayuda a los diversos programas nacionales de reforma agraria.

—El estímulo a la inversión privada, con objeto de aumentar los puestos de trabajo y reactivar así la vida económico-laboral de cada país.

—La ampliación de los programas de ayuda técnica.

—La ampliación igualmente de los programas de intercambio cultural.

—La preparación de un acuerdo sobre control de armas en el hemisferio occidental.

—El robustecimiento de la Organización de Estados Americanos.

—La selección para aquellos países de unos embajadores tales que contasen con una formación previa y un interés personal acreditado acerca de los problemas de América Latina.

Se trataba, por tanto, de un programa bastante realista. Tomándolo como base comenzó a estudiar un grupo de trabajo –Kennedy creía mucho en el sistema de los grupos de trabajo– animado por Richard

Goodwin. Gracias al celo de aquellos hombres, en los albores de su administración Kennedy pudo contar ya con un plan americano coherente, que satisficiera su prisa. Se necesitaron muchos reajustes y muchas gestiones menores, pero el 13 de marzo pudo ser convocado en la Casa Blanca el cuerpo diplomático de aquel continente para escuchar de labios del flamante presidente la animosa convocatoria a la «Alianza para el Progreso». ¡Era un récord de planificación y de espíritu!

Kennedy comenzó señalando las líneas comunes de la historia de los Estados Unidos y los demás países de América, con lo que, ya de entrada, evitaba cualquier asomo de superioridad:

—La misión que nuestros países tienen que cumplir todavía consiste en demostrar al mundo entero que la aspiración humana insatisfecha en materia de progreso económico y de justicia social puede ser mejor lograda por unos hombres libres que trabajen en el ámbito de unas instituciones democráticas...

Kennedy mezclaba el idealismo con un sentido crudamente objetivo de la realidad, por lo que no disimuló en su discurso los errores cometidos por los Estados Unidos en otras etapas anteriores, que él daba por superadas. Apoyándose en aquella experiencia negativa, presentaba su opción esperanzadora.

—He convocado a todos los pueblos de este hemisferio –declaró con solemnidad– para que se unan en una «Alianza para el Progreso», en un amplio esfuerzo de colaboración, sin igual en magnitud y nobleza de miras, con el fin de satisfacer las necesidades básicas de la gente americana: techo, trabajo y tierra, salud y escuela.

Pronunció las últimas palabras, un poco trabajosamente, en español. Los diplomáticos hispanoamericanos le aplaudieron con frenesí. No solo por ser muy permeables a las bellas frases, sino porque, ciertamente, las del presidente Kennedy no tenían precedentes en aquella materia desde ciertos remotos atisbos en tiempos de Roosevelt.

—La voluntad debe ser firme. La libertad política debe ir acompañada del progreso material. ¡Progreso, sí! ¡Tiranía, no!

Se repitieron los aplausos, aunque en la sala muchos eran los representantes diplomáticos de sendos impenitentes tiranos.

Kennedy causó una magnífica impresión.

—Al fin los Estados Unidos adoptan una posición realista y generosa.

—Creo que podemos esperar mucho de Kennedy.

—Parece resuelto a ayudar de verdad... y desinteresadamente.

¿Apuntaba, tan temprano, la hora de su cosecha de éxitos políticos? Tal hubiera podido creer John Kennedy al salir de aquella recepción y escuchar más tarde las impresiones de sus diversos colaboradores esparcidos por la sala, que no se cansaban de comentar el entusiasmo percibido entre los asistentes hispanoamericanos.

Pero la vida del continente no era tan sencilla.

Si, por un instante, John Kennedy pudo caer en el espejismo de la satisfacción, habría olvidado la cuestión de Cuba...

Y no es fácil que la olvidase: la tenía sobre la mesa, se le replanteaba continuamente y le tenía en vilo, irresoluto, a él, que tan amigo era de las decisiones prontas y tajantes.

El problema de Cuba obedecía, por una parte, a los condicionamientos geográficos, que hacían de aquella isla antesala, pantalla, salida, puente y muchas cosas más de los Estados Unidos, involucrándoles en su devenir político mal de su grado; y por otra parte, de la herencia recibida de la administración Eisenhower, que no solo había emprendido una política nefasta, sino que la había dejado tan en marcha, tan al borde de los hechos consumados, que la preocupación de Kennedy consistía precisamente en hallar el modo para zafarse de ellos. Hasta el presente, no lo había conseguido.

Los Estados Unidos, que habían estado tranquilos con el régimen del dictador cubano Fulgencio Batista, mientras Cuba era solo su proveedor de azúcar y su exutorio de placeres sexuales –habiéndose convertido la histórica y bella ciudad de La Habana en una especie de inmenso burdel abierto para los norteamericanos pudientes–, se intranquilizaron terriblemente cuando Fidel Castro puso término a aquella etapa. Rápidamente tildaron a Castro de comunista, –lo cual tendría mucho que discutir–, con lo que, según su cómoda óptica maniquea, se le alineaba entre los enemigos mortales que combatir. Cuál hubiera sido el curso de los acontecimientos, si los Estados Unidos, en vez de oponerse a Castro desde un principio, hubieran estudiado, con ánimo constructivo, una forma de entendimiento con él, es algo difícilmente calculable: pero probablemente Cuba no se hubiese escorado –necesariamente– hacia el bloque comunista, donde encontró el apoyo que su poderoso vecino le negaba.

Kennedy heredó, pues, aquella actitud de antagonismo poco fundamentado. Pero había mucho más: la CIA estaba entrenando unas fuerzas destinadas a efectuar una invasión armada de la isla de Cuba. Kennedy se quedó helado cuando supo aquella noticia: nada podía ser más opuesto a los ideales manifestados en sus discursos y a sus mismas convicciones personales. Pero el plan estaba en vías de realización, el cuerpo expedicionario se preparaba a fondo en cierto lugar de Guatemala, los exiliados cubanos –que formaban una minoría no despreciable, particularmente en algunos estados del sur, como Florida– esperaban con entusiasmo la hora de la invasión... y las agencias informativas de todo el mundo menudeaban las informaciones sobre ella. ¡Era un secreto a voces!

Una contraorden súbita, el desmantelamiento de la base de la CIA y la dispersión de la fuerza que se entrenaba en ella –que hubiera sido la reacción espontánea del hombre John Kennedy– hubiera significado para el presidente de los Estados Unidos echar sobre sí, como una oleada, una campaña acusándole de procomunista o de traidor a los compromisos contraídos por su país. Kennedy vacilaba. Muchos de sus consejeros, lejos de darle razones para superar sus vacilaciones, se las confirmaban aún más. Otros, incluso, le animaban a continuar adelante con el programa emprendido.

Así fueron escapándose los días y las semanas... que no hacían sino aproximar más el momento de lo irremediable. «Quien calla, otorga...». El presidente no se daba cuenta –requerido por tantos problemas a la vez– de que el mero aplazamiento de una toma de posición clara acerca de aquel en concreto le inclinaba peligrosamente hacia la beligerancia.

Los partidarios de la acción invasora argumentaban con fuerza:

—Ahora, antes que sea demasiado tarde: si se da tiempo a que regresen a Cuba los pilotos entrenados en la URSS para el empleo de los aviones «Mig», la operación será imposible.

El presidente contemplaba melancólicamente el mapa: estaba Cuba tan al alcance de la mano...; la facilidad parecía tan evidente...

Pero una cosa es el mapa y otra la realidad socio-estratégica. Los partidarios de la intervención se engañaban y le engañaban. Suponían que un desembarco anticastrista había de suscitar, como por ensalmo, un levantamiento general en toda la isla. No habría tal: el descontento popular respecto a Fidel Castro era una hipótesis de los exiliados. Pero los auténticos descontentos eran estos, y proyectaban erróneamente sus sentimientos sobre una supuesta mayoría de sus compatriotas.

Por otra parte, la ficción de que los Estados Unidos podrían patrocinar la acción armada de un contingente de voluntarios cubanos, manteniéndose ellos al margen de la misma, es decir, conservando su aureola de pacifismo, era tan hipócrita como infantil. ¡Nadie aceptaría semejante comedia! Nadie... excepto los muy inteligentes y estudiosos consejeros que se la presentaban a su presidente como viable y él mismo, que les escuchaba con respeto, sin arrojarles con cajas destempladas: no menos hubiera merecido una proposición tan absurda.

Con todo, algo de su absurdez iba percibiéndose: porque el planteamiento hubo de replegarse desde una hipocresía a otra. Admitido por fin que los Estados Unidos no se iban a librar de unas salpicaduras, por lo menos, de aquella acción militar, se exigió que no interviniesen en la lucha directa las fuerzas norteamericanas. Estas se limitarían a transportar a los cubanos y secundar su desembarco: el resto se abandonaba como cuestión interna de aquella nación.

Kennedy buscaba argumentos para oponerse, pero no los hallaba. La mayor habilidad o insistencia de los defensores del plan había asumido totalmente la iniciativa.

Es ciertamente un Kennedy desconocido, increíblemente borroso, indeciso y blando, el que aparece a lo largo de la gestación de este lamentable asunto: parece un juguete manejado por un determinado sector, desasistido además por el otro, donde contaba con gente tan lúcida y que habitualmente le asesoraba con clarividencia. Se trata de una especie de embotamiento colectivo del brillante equipo. Schlesinger recuerda que en algunas reuniones los únicos convencidos de que debían oponerse al proyecto eran dos: el presidente y él. Pero no lograron imponerse. Aquel Kennedy borroso no hacía más que ceder terreno, una claudicación tras otra: fue consintiendo, autorizando, condescendiendo... hasta que la descabellada aventura se culminó.

Nada en aquel plan resiste el análisis. Por tanto, el juicio ha de ser igualmente duro para los hombres que, pudiendo abortarlo, no lo hicieron. Una fuerza de solo 1.400 hombres fue desembarcada en la Bahía de los Cochinos, en una zona de pésimas condiciones para ello, y el ejército de Fidel Castro no tuvo problemas para aplastarla. El esperado levantamiento no se produjo. Cuando en las Naciones Unidas se manifestaron las primeras voces de protesta por aquella injerencia, el embajador Adlai Stevenson no sabía nada: ¡no había sido informado siquiera! Su cólera fue sumamente plausible: no hay que dejar a un embajador inerme de información ante un evento semejante.

Todo, todo marchó mal: torpe, atolondradamente preparado, contando con que la estupidez del contrario fuese tan elevada como la de los propios planificadores.

Se alzó en todo el mundo un clamor de protesta contra los Estados Unidos: estos habían proclamado con los hechos justamente lo contrario de lo que su presidente predicaba con su fogosa palabrería. El desprestigio era completo. ¡Y en aquellos momentos!, cuando la opinión pública aguardaba los movimientos del nuevo mandatario...

Abrumado, en su residencia dominguera de Glen Ora, John Kennedy recibía las noticias del fracaso y de su enorme repercusión internacional. Entonces veía la lógica de la concatenación de todos aquellos sucesos: no podía haber otra salida que aquella. La aventura de la Bahía de los Cochinos había estado condenada al descalabro desde el primer momento y los Estados Unidos a la vergüenza de haber patrocinado una acción semejante. Pero no descargó sobre nadie la amargura de aquellos momentos: aceptaba que le correspondía toda la responsabilidad. Si otros habían fallado, él tenía que haber intervenido enérgicamente. Jamás debió haber accedido a un proyecto semejante.

¿Quizá se apagase poco a poco el escándalo? John Kennedy se sublevaba contra aquella perspectiva. ¿Poco a poco? ¿Y su prisa? ¿Y la urgencia para demostrar al mundo el pacifismo y el amor a la libertad de los Estados Unidos? Un castillo de naipes...

Los artículos editoriales de la prensa internacional fueron implacables con él. Apareció ridiculizado en innumerables caricaturas. Se formularon protestas, se recogieron firmas para estas... Pero ante aquel alud condenatorio, inesperadamente el pueblo de los Estados Unidos tuvo una reacción parcialmente favorable: como si, en la adversidad, comprendiese que debía proteger a su presidente... Los sondeos arrojaron una perceptible alza en su popularidad nacional.

–Veo que me está sucediendo como a Eisenhower –observó con tristeza, no exenta de humor–: cuanto peor lo hago, más popular resulto.

Fue una severa lección que no olvidaría. Tampoco sus inmediatos colaboradores, que le agradecieron en silencio el airoso gesto de no intentar culparles, pero recogían su correspondiente parte de responsabilidad.

Había que recomenzar la obra emprendida del prestigio. Partir de cero... o de bajo cero.

CAPÍTULO DECIMOQUINTO

Afortunadamente la administración Kennedy tenía planteados muchos otros problemas, que distrajeron su atención –y la del público– del recuerdo inquietante de la Bahía de los Cochinos.

Otra mala herencia republicana era el cariz de las relaciones con la URSS, la otra gran potencia mundial, con quien forzosamente los Estados Unidos debía compartir la hegemonía. Esta noción de «compartir» conlleva un cierto margen de comunidad o de nivelación: y casi obliga a cuestiones de entendimiento... Pero la administración de Eisenhower había mantenido una situación tensa, en que los dirigentes de Moscú, por su parte, no dejaron de aportar sus malos modos: la imagen de Kruschev en la ONU golpeando la mesa con su zapato fue muy explotada con fines propagandísticos, pero era real y además sintomática. Una política hecha a zapatazos no augura nada bueno...

A Kennedy le desagradaba, por principio, la irrazonada escisión de la realidad en dos partes: aquí, nosotros, los buenos; allá, los otros, los malos. El comunismo y la URSS habían sido identificados como el mal, y se obraba en consecuencia.

La fraseología anticomunista había calado muy dentro de la sociedad norteamericana. Arremeter contra aquel enemigo era un tópico siempre bien acogido. Kennedy procuró usar el mínimo de estridencias para acabar con él, pero tal fue su objetivo. Se hizo llegar a los altos mandos militares una recomendación para que moderasen el tono con que, en sus discursos, habitualmente incidían en sus ataques a la URSS. Se procuró –en vano– sustituir por otros términos los ya tan manidos de la antinomia mundo libre-mundo comunista; pero el Departamento de Estado se mostró insensible a la voluntad de la Casa Blanca en este sentido...

Sin embargo, Kennedy había percibido los signos de una nueva actitud por parte del Kremlin y les otorgaba crédito –quizá un crédito excesivo–: Kruschev le había felicitado con motivo de su elección en unos términos inesperadamente calurosos. Además, poco después habían sido puestos en libertad en la URSS los aviadores del RB-47 que habían caído en sus manos: ello era una muestra de buena voluntad digna de valorarse, máxime cuando Kruschev dio a entender al embajador Llewellyn Thompson que dicho gesto había sido aplazado hasta aquella fecha para que su impacto beneficiase a los demócratas, y no a los republicanos. En suma, los políticos de Moscú eran sensibles al cambio de administración norteamericana, y parecían dispuestos a establecer unas relaciones más amables con la demócrata.

En febrero, Kennedy reunió al embajador Thompson con tres de sus predecesores en Moscú: Harriman, Bohlen y Kennan. No ocultaba el presidente su afán de aprender. Por consiguiente, él habló poco en la sesión. Prefirió hacerles hablar a ellos. En materia de kremlinología era un novato y debía limitarse a escuchar. Lo hizo con provecho. De aquella reunión salió una iniciativa presidencial muy concreta: Thompson regresó a la capital soviética con una carta, de fecha 22 de febrero, en que sugería Kennedy a Kruschev la posibilidad de encontrarse personalmente ambos, hacia finales de la primavera, en Viena o en Estocolmo.

Era un paso importante: significaba dejar a un lado la fraseología oficial –Kruschev continuaba tronando de vez en cuando– para establecer una relación interpersonal y por consiguiente más humana. Visto el callejón sin salida a que abocaban las invectivas y los exabruptos mutuos, Kennedy intentaba llevar el inevitable enfrentamiento con la URSS a un encuentro de alto nivel entre los respectivos dirigentes.

En principio, Nikita Kruschev no se opuso. Probablemente, también él era muy consciente del grave compromiso que suponía el aumento de la tirantez de los últimos años. La posibilidad de una guerra nuclear

–que hubiera sido exterminadora a nivel mundial– se hacía cada vez más inquietante, si ambas partes se dejaban resbalar por la pendiente de las amenazas y las bravuconadas. Sencillamente, bastaría un pasajero apasionamiento, una interpretación apresurada de las intenciones de la parte contraria o una tentación de orgullo patriotero para que se desencadenase lo irremediable... Dos hombres tan radicalmente diferentes como Kennedy y Kruschev poseían, no obstante, la base mínima común para comprender que semejante riesgo les acechaba a ellos personalmente, dada su posición respectiva. Por eso, la conveniencia de encontrarse y hablar, ¡sencillamente hablar!, era tan clara entonces para ambos.

Existía, además, un componente de curiosidad. Nikita Kruschev deseaba conocer directamente al arrogante joven que había asumido la máxima magistratura de la potencia rival, para calibrar por sí mismo, con su intuición rural, si era tan atolondrado e irresponsable como parecía haber revelado en el asunto de Cuba o bien se trataba de un político de peso. En cuanto a Kennedy, cuya impresión de su futuro interlocutor, a través de la propaganda habitual, era asimismo más bien pobre, aunque en otro sentido, por ello mismo la ponía en tela de juicio, pretendiendo comprobar hasta qué punto se manifestaba en efecto como un personaje intratable y brusco. En suma, se fascinaban mutuamente. Respaldados –y preocupados– por sus respectivos poderes militares, capaces de destruir la vida sobre el planeta, Kennedy y Kruschev tendrían que prescindir de muchos prejuicios para establecer una comunicación medianamente satisfactoria.

No obstante, la respuesta oficial de Kruschev se hizo esperar hasta el 12 de mayo: se habían interferido algunas cuestiones como la ya citada de Cuba y la de Laos –esta última, mejor abordada por la administración Kennedy– que retardaron la posibilidad del encuentro. Para este, era preciso encontrar un paréntesis, aunque fuera fugaz, en los continuos enfrentamientos de las dos potencias.

Entre tanto, y como base importante para su actitud ante el líder soviético, Kennedy había tenido ocasión de conocer más a fondo las posibilidades militares norteamericanas. Eran muy deficientes. Robert McNamara, el secretario de defensa, se había orientado con tino en la «jungla» del Pentágono –la metáfora es suya–, hasta determinar la potencialidad bélica disponible y los achaques de las fuerzas armadas. Gran parte del material era anticuado, los efectivos humanos no hubieran permitido a los Estados Unidos afrontar simultáneamente tan solo dos focos de guerra y la actitud moral de los mandos distaba mucho de la sintonía con la nueva administración. Se dependía aún de los planteamientos, ya caducos, del tiempo en que los Estados Unidos habían poseído la exclusiva del armamento nuclear, fiándolo todo a la capacidad disuasoria de este. Pero tan pronto como la URSS poseyó su propio arsenal atómico, el equilibrio se había establecido, exigiendo una mentalidad táctica nueva, que no había suplido de hecho a la anterior.

Kennedy, de acuerdo con McNamara, estaba convencido de que persistir en la amenaza nuclear como único argumento frente a eventuales incidentes era un juego demasiado peligroso: el país debía dotarse de medios suficientes para otros tipos de guerra no nuclear –aunque habían de ser más costosos– y basar su seguridad en estas otras opciones. Su pacifismo, que continuaba siendo sincero, no excluía, sino que por el contrario reclamaba, una escalada de armamentos. La proverbial tacañería del partido republicano se había empeñado en evitar semejantes gastos; pero el demócrata era, por el contrario, más bien pródigo y el presidente Kennedy requirió una vez y otra del congreso nuevas asignaciones para este capítulo.

La URSS se había adelantado también en la conquista del espacio: el vuelo orbital de Yuri Gagarin el 12 de abril fue un nuevo toque a la sensibilidad de la administración demócrata. Se recogían los frutos de la larga siesta nacional... y era preciso despertar de ella. John Kennedy actuó durante aquellos meses como infatigable despertador, llamando a la acción, solicitando del congreso dólares y más dólares y proponiendo metas ambiciosas: por ejemplo, la colocación de un hombre sobre la superficie de la luna en 1970. Grandes proyectos a los que se partía desde la magra realidad de un abandonismo casi general.

Pero todo ello sirvió para que el novel presidente acudiese a su cita con Kruschev suficientemente informado y fogueado, con una visión objetiva de las posibilidades de su país. Más que nunca comprendía la inviabilidad de los gestos o las condenas grandilocuentes: era preciso introducir un estilo de moderación en los contactos con la URSS.

El viaje a Europa comprendía una visita a París, donde el presidente Kennedy celebraría conversaciones con De Gaulle, y seguidamente la etapa de Viena, para el encuentro con Kruschev. Por último, con el pretexto del bautizo de un sobrino de Jacqueline, se efectuaría una escala en Londres, que Kennedy aprovecharía para conversar con MacMillan.

La personalidad del general De Gaulle también interesaba profundamente a Kennedy: en la práctica, fue una de las preocupaciones constantes que no le abandonaron durante los meses siguientes. El general era un personaje histórico y además estaba profundamente convencido de serlo: toda su actitud, tanto política como personal, traslucía un soberano orgullo; pero este le condujo a disentir sistemáticamente de los Estados Unidos, planteándoles alternativas serias para su actuación en Europa. El entendimiento con De Gaulle llegó a preocupar tanto a Kennedy que buscó horas en su cargadísima agenda para recibir lecciones de francés, con el objeto preciso de dialogar directamente con el anciano general, sin necesidad de intérprete, e intentar desarbolar de aquel modo su bastión psicológico.

La visita de finales de mayo de 1961, sin embargo, se desarrolló en términos relativamente apacibles. Jacqueline Kennedy obtuvo un éxito personal, tanto a nivel público como diplomático: el gentío de París se rindió a su encanto, quizá porque halagaba ciertos fondos de «chauvinismo», en cuanto a su solera francesa. John Kennedy comentaría más tarde jocosamente cómo había sido postergado en beneficio de su esposa... En cuanto al orden diplomático, Jacqueline no consiguió rendir de igual modo a De Gaulle porque esto era imposible, pero sí mantener con él, en su lengua, una conversación mucho más suelta de lo que él solía conceder: tuvo el acierto de suscitar temas de historia francesa y el general, satisfecho, habló extensamente.

Durante sus entrevistas con Kennedy, no resistió a la tentación de «adoctrinarle»: era un político viejo y experimentado, que acogía con amabilidad a un aliado de características inversas –joven e inexperto, precisamente–, si bien representase a la nación más poderosa de Occidente. Pero Kennedy no tomó a mal la suficiencia de su anfitrión: era el primer convencido de que debía aprender y aunque le agradase más o menos el tono de las lecciones, estaba dispuesto a aprovecharlas todas.

Las conversaciones con De Gaulle fueron, por lo demás, una especie de «puesta a punto» para la prueba, sumamente arriesgada, que aguardaba a Kennedy en Viena.

El programa de las conversaciones con Nikita Kruschev establecía un horario muy denso, con algunos paréntesis breves para banquetes oficiales: se daba por descontado que los dos dirigentes políticos tendrían mucho que decirse... y que probablemente les costaría ponerse de acuerdo.

Así pues, por fin, en medio de la expectación mundial, Kennedy y Kruschev se encontraron en la embajada de los Estados Unidos en Viena. El dirigente soviético se presentó en una actitud muy diferente a la que había mostrado en ocasiones anteriores: estuvo jocoso y dicharachero. Kennedy respondió a sus ocurrencias con otras y el ambiente pareció distenderse desde los primeros momentos.

Era solo una apariencia. Cuando dejaban de estar cara al público y se encerraban para conferenciar, se terminaban las bromas y Kruschev discutía con dureza inquebrantable. Kennedy cayó repetidas veces en la trampa de enredarse en discusiones ideológicas, donde la dialéctica de Kruschev operaba a sus anchas y le hacía inabordable; y aunque se esforzó en descender a temas y situaciones concretos, no siempre consiguió mantener el diálogo en ellos, donde eventualmente se hubiera podido hablar un lenguaje, ya que no idéntico, por lo menos afín y mutuamente inteligible. En efecto, las barreras ideológicas les separaban sin remedio, y Kruschev no parecía dispuesto a prescindir de ellas, para entenderse mejor y enfocar realmente la política mundial de hecho, sino que por el contrario se parapetaba tras ellas. Era un polemista hábil, en ocasiones cazurro, pero sagaz y siempre efectivo.

Kennedy se fatigó en vano para perforar aquellas defensas y lograr algún acuerdo concreto. Fue el suyo, reiteradamente, casi un diálogo de sordos: por lo menos, un diálogo de recalcitrantes, que consumen muchas palabras para no resolver en el fondo nada esencial. Pero diálogo al fin. Algo se había ganado.

No hubo violencias verbales. Sin embargo, Kruschev se enfadó cuando Kennedy aludió a un posible «error de cálculo» que pudiera originar una guerra nuclear. Fue preciso explicarle qué entendía por tal el presidente de los Estados Unidos: se trataba de que cualquiera de ambas partes pudiera hacer falsas apreciaciones sobre la actitud, intenciones y posibilidades de la otra, actuando en base a semejante error. Precisamente, el encuentro de ambos dirigentes y la voluntad de conocerse mejor mutuamente evitaría posibles errores de tal género, dándoles una visión realista sobre lo que podían aguardar, como respuesta, a cualquier iniciativa propia.

Kruschev se quejó de lo que los Estados Unidos reputaban «conjura comunista» y actuaban en consecuencia, de modo beligerante, ante cualquier revolución que atentase contra algún régimen establecido. Y contraatacó certeramente, arguyendo que habían solido apoyar a los regímenes reaccionarios. Kennedy orilló el tema, evitando en particular mencionar al dictador Fulgencio Batista, contra quien se había alzado en su día Fidel Castro. No había tal conjura comunista, opinaba Kruschev, sino la voluntad de los pueblos de sacudirse unas situaciones de opresión.

Durante los paréntesis para banquetear, tanto uno como otro volvían a mostrarse sonrientes y bienhumorados, intercambiando donaires. Parecían dos camaradas sin problemas, reunidos en una francachela. A Kruschev le cuadraba bien aquel tono un poco burdo, sin llegar a la chocarrería, y Kennedy le seguía la vena, aunque no fuera el suyo. Durante la cena de gala en Schonbrunn, Nikita Kruschev hizo objeto de sus atenciones a Jacqueline, pero esta tuvo más dificultades en sostener la conversación con él que con el general De Gaulle y, finalmente, para salvar la situación, se le ocurrió hablarle de la «perrita espacial», que los soviéticos habían enviado en uno de sus satélites artificiales, y le dijo que le gustaría tener un cachorro suyo. Era un capricho de circunstancias, un recurso diplomático; pero su interlocutor lo tomó al pie de la letra y dos meses después, cuando Jackie había olvidado por completo aquella ocasión, tuvo la sorpresa de recibir en la Casa Blanca el envío de dos cachorros de la célebre perrita...

Kennedy y Kruchev consumieron su tiempo de conversaciones con mínimo provecho efectivo. Solo llegaron a un acuerdo sobre uno de los temas abordados, el de Laos, probablemente porque a Kruschev apenas le interesaba. En todos los demás, no hubo manera de coincidir en nada. Sin embargo, habían asomado en sus entrevistas temas tan inquietantes como el de Berlín, la amenaza nuclear, la intervención armada en países extranjeros y otros.

Kennedy marchó de Viena desanimado. Probablemente, había esperado más. Aparte su valor como signo de distensión, el encuentro había servido para muy poco. Lo calificó de «sombrío». Esta visión pesimista se debía en parte a su estado: el esfuerzo para mantener las discusiones con Kruschev había sido agotador. Por otra parte, el presidente pasaba una temporada de dolores de espalda agudos y continuos, como consecuencia de un mal movimiento hecho en Canadá, durante la ceremonia de plantar un árbol. Necesitaría algún descanso para considerar aquel acontecimiento en su justa dimensión: había sido una ocasión para medirse mutuamente, nada más. En lo sucesivo, podría calibrar con cierto conocimiento de causa las posibles reacciones de Kruschev, lo cual le ayudaría a evitar sus temidos «errores de cálculo». Tanto uno como otro habían sido sorprendidos positivamente por su interlocutor: antes del encuentro se subestimaban. Pero la tenaz pugna baldía de todas aquellas horas les había servido para darse cuenta de que enfrente había un oponente muy digno de aprecio.

Ello mismo reforzaba sus respectivos temores a la confrontación nuclear. Con lo que se aumentó su prudencia, que no querían demostrar en exceso. Si antes habían respetado la potencia bélica del enemigo, a partir de su encuentro en Viena respetaron también a este como persona. ¡No había sido tiempo perdido! Las actividades públicas, las manifestaciones a los medios de comunicación y los tópicos de cada régimen continuarían siendo los mismos de siempre. Pero, por debajo de aquella apariencia, había de actuar la decisión personal de dos hombres: y estos ya no se miraban como desconocidos. Sabían a qué atenerse: sabían de la tenacidad, la firmeza y la clarividencia del otro.

La política internacional les tenía planteadas muchas ocasiones para enfrentarse: las mismas que habían abordado, sin consecuencias efectivas, en la conferencia de Viena. Pero entre todas ellas la más inmediata, por no decir la más grave, era la de Berlín.

Como consecuencia de los tratados subsiguientes a la guerra mundial, la que fuera capital del Reich había quedado dividida entre las cuatro potencias vencedoras. El paso del tiempo había permitido una unificación de los sectores asignados a los Estados Unidos, Gran Bretaña y Francia, con un «status» propio y un gobierno autónomo. Pero la zona soviética permaneció segregada, bajo el régimen comunista propio de la República Democrática Alemana. Dado que Berlín se encontraba en pleno territorio de dicho estado, su situación era la de una auténtica «isla», rodeada por todas partes por el enemigo y dependiente, pues, tanto de la benevolencia de este como de la firmeza de los aliados. Ello se demostró durante la «prueba de fuerza» del bloqueo de la capital, en tiempos aún de Stalin, cuando fue preciso montar un puente aéreo para garantizar el aprovisionamiento de los berlineses: sin el espectacular alarde de dicho puente aéreo, Berlín hubiera quedado ahogado sin remedio.

Esta precariedad de su existencia mantenía la extrema delicadeza del asunto de Berlín: era, además, una cuestión de prestigio, en la que los Estados Unidos, con sus aliados, tenían empeñada su palabra. Por el contrario, para la URSS era algo más inquietante: una cuña clavada en la parte de acá del telón de acero. Como las condiciones de vida eran más apetitosas en el Berlín aliado, es decir, el Berlín occidental, se registraba un éxodo permanente de alemanes procedentes de la zona soviética: una sangría de mano de obra y sobre todo de especialistas cualificados. La fuga se producía a lo largo de toda la línea fronteriza, pero con particular intensidad en Berlín: 30.000 personas solo durante el mes de julio de 1961.

Pero Berlín era todavía más que eso... Punto neurálgico de Alemania, cuando esta lo era, a su vez, de toda Europa. La estrategia defensiva del viejo continente giraba sobre el gozne de la posición geográfica alemana y de su condición de país partido. No era solo altruismo lo que informaba la preocupación de los Estados Unidos: unos reveses en Alemania hubieran significado peligro inminente de caída del resto de Europa occidental en el ámbito de la URSS. De ahí que las diversas incidencias diplomáticas en torno a Berlín contuvieran siempre los gérmenes de un conflicto en gran escala.

El 25 de aquel mismo mes de julio, el presidente Kennedy se dirigió a su país acerca del tema. Empleó términos deliberadamente duros, alternados con ofrecimientos de flexibilidad:

—No podemos permitir, ni permitiremos, que los comunistas nos arrojen de Berlín, tanto si fuese gradualmente como por la fuerza... No es nuestro propósito desertar de nuestro deber respecto de la humanidad para buscar una solución pacífica...

Sin embargo, quería que quedase igualmente clara su voluntad negociadora:

—Estamos dispuestos a estudiar cualquier arreglo o tratado sobre Alemania que esté conforme con el mantenimiento de la paz y los legítimos intereses de paz de todas las naciones...

La prensa, en busca de sensacionalismo, recogió con preferencia sus frases más inflexibles, omitiendo los párrafos conciliadores. Y Kruschev, probablemente por conveniencia –que no porque le llegase el texto amputado–, optó por responder a aquellas, prescindiendo de las manifestaciones de buena disposición. El tono de las declaraciones de Kruschev, en consecuencia, fue francamente amenazador. La cuestión parecía envenenarse rápidamente... En la práctica, la opinión pública mundial pasó aquel verano con el alma en suspenso por el inquietante cariz de la cuestión berlinesa.

Durante los primeros días de agosto, la tensión no hizo sino crecer. Algunos políticos norteamericanos sospechaban la inminencia de alguna demostración de fuerza: el propio presidente se contaba entre ellos. Sin embargo, a los avezados organismos de información del país les sorprendió como inesperada la noticia del 13 de agosto: poco después de la media noche, las tropas de Alemania oriental cerraron todos los puntos de acceso al oeste y en la línea divisoria entre ambas zonas de Berlín se registró un movimiento febril de trabajo para abrir zanjas y tender alambradas. A partir de aquel momento, la separación iba a ser no solo política, sino también física: no se podría cruzar de un lado a otro. A ello siguió la erección de un muro: nacía el que sería llamado «el muro de la vergüenza», no sin acento marcadamente propagandístico.

Aquella noticia causó consternación en Alemania y sobre todo en el propio Berlín, donde muchas familias quedaron efectivamente incomunicadas, al residir unos miembros a un lado de la divisoria y los otros en el lado opuesto. Asimismo, se temió que semejante iniciativa preludiase un enfrentamiento más directo.

En Washington fueron convocados inmediatamente los especialistas en la cuestión alemana. De momento, la Secretaria de Estado había emitido una declaración, bastante enérgica, pero que no pasaba de ser una sucesión de palabras. Las sesiones de trabajo se prolongaron por espacio de cuatro días nada menos, mientras en Alemania crecía la angustia. El alcalde de Berlín occidental, Willy Brandt, condenó la falta de energía de los Estados Unidos. Pero estos estaban aplicando el sistema kennedyano del «riesgo calculado» y evitaban embarcarse en gestos excesivamente peligrosos, que hubieran podido determinar una reacción agresiva de la URSS. Finalmente, se decidió enviar a Berlín al vicepresidente Johnson, para reiterar el apoyo de los Estados Unidos y ofrecer a Moscú, con su presencia personal, la impresión de que, en efecto, la cuestión era muy valorada. Se dio orden de marcha sobre Berlín a un contingente de 1.500 hombres: acción simbólica, porque semejante fuerza no hubiera podido resolver nada –ni tampoco provocar un conflicto, en consecuencia–, pero suponía también un «acto de presencia» y un paso, de hecho, a través de la zona de ocupación soviética por las vías terrestres de acceso a Berlín. Y finalmente, el nombramiento del general Clay –que también era un figura simbólica de la defensa de Occidente– como representante personal del presidente en la ciudad de Berlín.

En resumen, eran todas medidas exteriores y estrictamente simbólicas. No se intentó nada contra el muro y los alemanes orientales continuaron su construcción sin ser inquietados. Se consumó la irremediable división de Berlín.

La actitud de la administración de Kennedy había consistido, simplemente, en «salvar la faz»; pero había evitado comprometerse realmente en la cuestión, por el temor de que esta desencadenase la tan probable conflagración. Los alemanes tuvieron motivos para estar quejosos; si bien el propio canciller federal, Adenauer, muy de acuerdo con los aliados, evitase también por su parte las alusiones demasiado contundentes sobre el muro de Berlín.

El presidente Kennedy había aprendido ya, durante sus primeros meses en el poder, una seria lección de prudencia.

El tiempo suavizó la tensión. Los comunistas habían detenido la sangría humana a Occidente y se mostraron más relajados. Cesaron las manifestaciones verbalmente virulentas. El hecho del muro fue aceptado poco a poco, de mejor o peor gana (muchos berlineses no lo toleraron jamás). Y en los medios de Washington se consideró, finalmente, que la amenaza se había alejado considerablemente...

CAPÍTULO DECIMOSEXTO

John Kennedy había sido elegido por escaso margen: muchos norteamericanos no habían confiado en él a la hora de la elección. Durante su mandato presidencial, su aceptación popular fue ascendiendo. Pero aquellos primeros meses no bastaron todavía para tranquilizar a los reticentes: de hecho, el presidente causaba la impresión de ir tanteando el terreno. Se le advertía inseguro. La conferencia de Viena, que fue reputada un éxito por sus partidarios, en cambio obtuvo pésima acogida por parte de los defensores de una línea dura frente a la URSS. Como hombre de formación hondamente democrática, el presidente debía estar dispuesto a encajar todas las críticas. Su poder –relativo– y el relumbrón de su cargo no le ponían a cubierto de ataques a veces muy acres y muy directos.

Era preciso aguantar el tipo...

Pocas veces acreditó Kennedy su presencia de ánimo como ante la tarascada que le tiró E. M. Ted Dealey, un tejano, típico representante del más hosco conservadurismo. Este sujeto asistió a una comida que el presidente ofrecía en la Casa Blanca a un grupo de editores de prensa de aquel estado. Por lo general, sus compañeros no se distinguían por su adhesión a la línea demócrata ni al estilo de Kennedy, pero la reunión había transcurrido con normalidad hasta que, llegada la hora de los discursos, Dealey se puso en pie y comenzó a leer una tremenda filípica, que por su inoportunidad dejó a todos helados.

—No crea que trata con retrasados mentales a quienes se puede engatusar –dijo entre otras lindezas– ni atrapar con palabras melifluas...

Hemos de estar convencidos de que podemos aniquilar a Rusia y esto es preciso que se diga claramente de una vez al gobierno soviético. Usted y su administración son débiles como señoritas.

Kennedy se mantenía imperturbable.

—No es esta la clase de hombres que necesita este país –continuaba Dealey–. Hace falta un hombre a caballo, que conduzca a nuestra nación con mano firme. En cambio, mucha gente de Texas y del Sudoeste opina que usted monta al triciclo de Caroline.

Kennedy continuaba sin pestañear, pero en realidad le había molestado únicamente la alusión a Caroline: aquel tipo no tenía ninguna necesidad de mezclar a su hija en sus violentos alegatos.

Cuando llegó el momento de responder, Kennedy lo hizo devolviendo los golpes con su frialdad habitual, quizá más acentuada por el esfuerzo que en aquel momento hacía para dominar un asomo de ira.

—Es más fácil hablar de guerras que hacerlas –declaró–. Soy tan duro como pueda serlo usted y no me han elegido presidente por considerarme blando.

Como quiera, él sabía la vulnerabilidad de su posición. Confiaba ampliamente en sus colaboradores personales, pero mucho menos en los miembros de los departamentos ministeriales: la burocracia del departamento de estado, en particular, fue siempre para él una rémora, que no logró neutralizar nunca.

Procuraba imbuir algo de su realismo al país, para desengañarle de ciertas presunciones mesiánicas que en otro tiempo se le habían fomentado.

En noviembre de 1961 reflexionaba así ante sus conciudadanos:

—Debemos admitir el hecho de que somos solamente el 6% de la población mundial, que no podemos imponer nuestra voluntad sobre el restante 94%, que no podemos convertir todos los males en bienes, ni cambiar a nuestro favor todas las adversidades y que por consiguiente, no puede existir una solución norteamericana para todos y cada uno de los problemas que afligen al mundo.

Conciencia de la limitación nacional, y también personal. No se hacía ilusiones. Cada vez que se había dejado seducir ocasionalmente por alguna –¿Cuba?, ¿Kruschev?–, los hechos le habían devuelto bruscamente a una valoración más ecuánime. A eso se le llama experiencia... John Kennedy se confirmó en la conveniencia de analizar exhaustivamente el presente para trazar un plan revisable de actuación en el inmediato futuro, escuchando siempre todos los pareceres en contra: tenía por costumbre recabar explícitamente el asesoramiento de personalidades muy distantes de él ideológica y temperamentalmente, que le expusieran con la mayor crudeza un punto de vista contrastante.

Solo de vez en cuando, como un desliz, se preocupaba del futuro lejano. Por eso se hace tan excepcional una conversación que tuvo con su esposa hacia las postrimerías de su primer año como presidente. Habían regresado de unos funerales y Jackie, algo impresionada por la ceremonia, había suscitado el tema:

—¿Dónde nos enterrarán a nosotros, Jack? –preguntó.

—En Hyannis Port, supongo –respondió él–. Iremos todos allí.

Jackie permaneció unos instantes pensativa. Luego prosiguió:

—Pues yo creo que a ti no debieran enterrarte en Hyannis Port: creo que tendría que ser en Arlington. Tú perteneces a todo el país.

—No me gustan las sepulturas solemnes, ya lo sabes...

Y bromeó sobre los gustos faraónicos de ciertos magnates, que él no compartía. La conversación quedó trivializada rápidamente y Jackie pensó que no tenía razón alguna, siendo ambos tan jóvenes y teniendo tanta vida por delante.

¿Hyannis Port? ¿Boston? ¿Arlington? ¿Qué le importaba entonces?

John Kennedy iría a Arlington...

CAPÍTULO DECIMOSÉPTIMO

Uno de los capítulos negros de la administración Kennedy se llama Vietnam. Es otro ejemplo impresionante de la divergencia entre las opiniones y los sentimientos de un hombre y la realidad de los hechos a que puede conducirle la urdimbre política y los condicionamientos del cargo más sobresaliente del mundo.

John Kennedy había visitado el Sudeste asiático en 1951, cuando era todavía un conglomerado bajo el régimen colonial francés. Entonces vio la realidad con nitidez y precisamente el comentarla con franqueza le valió un roce con el general De Lattre de Tassigny... Sus manifestaciones en los Estados Unidos fueron de este jaez: «En Indochina nos hemos aliado con los desesperados esfuerzos de un régimen francés por mantener los restos de un imperio... Tiene sentido detener el avance hacia el sur del comunismo, pero no hacerlo confiando solamente en la fuerza de las armas. La tarea consiste en crear un profundo sentimiento anticomunista entre los nativos de aquellas zonas y confiar en el mismo como elemento fundamental de defensa, más que en las legiones del general De Lattre. Hacer esto con independencia de las tendencias nacionalistas o desafiándolas está destinado a un fracaso seguro». O bien: «Sin el apoyo de la población nativa, no hay esperanza de éxito en ninguno de los países del sudeste asiático».

Ante el senado llegó a pronunciarse en términos inequívocos:

—Creo francamente que la ayuda militar norteamericana en Indochina, por importante que sea, no puede vencer a un «enemigo del pueblo» que cuenta con la simpatía y el apoyo encubierto de ese mismo pueblo... Para los Estados Unidos, intervenir militarmente y enviar tropas al terreno más difícil del mundo, cuando los chinos podrían enviar a su vez un contingente ilimitado, supondría enfrentarse con una situación mucho más comprometida que la que hallaron en Corea.

¡Así pensaba Kennedy antes de hallarse confrontado con aquella «segunda y peor Corea»!

Cuando ocupó la Casa Blanca, el deterioro de la situación dependía, una vez más, de la política que heredaba de la anterior administración. Por lo que se refiere a Laos, tal como pudo comprobar en la conferencia de Ginebra, el acuerdo era posible: con marcha atrás por ambas partes. En aquel caso, el presidente supo dosificar el esfuerzo de armamento con la flexibilidad diplomática, cuidando sobre todo –era una de sus preocupaciones constantes, desde sus primeros tiempos como congresista– que su antagonista no se encontrase en ningún momento acorralado, sino abriéndole en cada momento unas vías de salida airosa. La actitud equilibrada y firme de Kennedy acerca de Laos indujo a Kruschev a desistir del enfrentamiento allí. Él no quería una guerra y ambos coincidían en que Laos no valía la pena de correr semejante riesgo. Semejante mesura del novel presidente contrasta con la torpeza mostrada hacia la misma época en la cuestión cubana. Probablemente, la comparación entre ambas políticas le enseñaría mucho sobre lo que debía ser el estilo de un estadista en sus circunstancias. Los resultados hablaban por sí mismos.

Se había librado, bastante tranquilamente, del problema de Laos. Pero no conseguiría otro tanto con el de Vietnam...

Después del asedio de Dien Bien Fu y de la subsiguiente retirada de Francia, en 1954, de sus antiguas colonias indochinas, unos acuerdos suscritos en Ginebra distribuyeron aquella península en varias entidades políticas separadas. Vietnam, con capital en Saigón, pasó a estar bajo el gobierno de Ngo Dinh Diem: un personaje bien visto en los Estados Unidos. Los compromisos suscritos por la administración de Eisenhower con Diem fueron mucho más allá de lo que hubiera dictado una estricta prudencia: se le ofreció el apoyo de los Estados Unidos «para asistir al gobierno de Vietnam en el desarrollo y mantenimiento de un estado fuerte y viable, capaz de resistir los intentos de subversión o agresión mediante recursos militares».

La finalidad de este apoyo respondía a la idea mesiánica que por entonces se tenía en las altas esferas norteamericanas, entendiendo a su país como salvador de la democracia y de los valores de la civilización occidental. Ya de entrada, estos conceptos aplicados a un pueblo asiático pueden hacerse tornadizos o inaplicables; pero lo que en el fondo se ventilaba era la necesidad de oponer un bastión al comunismo. La administración republicana consideraba el gobierno de Diem una baza importante que oponer al comunismo, que de lo contrario descendería hacia el sur arrolladoramente.

Pero fallaron todos los cálculos. En primer lugar, Diem no fue nunca un gobernante querido por su pueblo. Era despótico y nepotista y su presunta defensa de ciertos valores nacionales no fue asumida por los vietnamitas; por el contrario, estos reconocieron mejor el espíritu de su tradición en la versión comunista, sabiamente vietnamizada, que ofrecía el líder de Vietnam del Norte, Ho Chi Minh. De manera que los Estados Unidos se vieron apoyando un régimen artificial, que justamente por serlo requirió de ellos un esfuerzo progresivamente más intenso. De este modo, casi insensiblemente, se fueron hallando más y más comprometidos en las cuestiones internas de Vietnam.

La situación se deterioraba. En marzo de 1960, los numerosos disconformes con Diem –denominados Vietcong– instituyeron un Frente Nacional de Liberación. Pocos meses después, el partido comunista de Vietnam del Norte se proclamó abiertamente en su favor, convocando al pueblo para la liberación del sur respecto del dominio norteamericano, tildado obviamente de imperialismo.

Probablemente, en el largo proceso que condujo a esta definición ya neta de la situación, los Estados Unidos dispusieron de múltiples ocasiones para replegarse discretamente, abandonando aquella empresa absurda de Vietnam. No aprovecharon ninguna. Muchos norteamericanos creían de buena fe que su país estaba llamado a ser el azote del comunismo, impidiendo que este se adueñase de la otrora pacífica población vietnamita: sin querer admitir que acaso la voluntad de aquella gente consistiera precisamente en ello, rechazando el régimen corrompido de Diem. De modo que su tan altruista compromiso en aquel país podía estar sirviendo precisamente a lo más contrapuesto a los ideales norteamericanos de libertad: con su presencia armada en Vietnam acaso los Estados Unidos estuviesen violentando la libertad de un pueblo lejano y difícilmente comprensible para ellos.

Lo cierto es que nacionalismo y comunismo –para emplear unos términos occidentales que desde luego solo explican aproximativamente la realidad vietnamita– actuaron íntimamente mezclados en la guerra de guerrillas que asoló el país. Los norteamericanos sobraban allí. Tampoco había ninguna justificación estrictamente patriótica por la que unos muchachos de Virginia, Colorado o Wisconsin hubieran de ser llevados a morir en las junglas indochinas... Pero los norteamericanos continuaron: no renunciaban al cumplimiento de los compromisos contraídos.

En mayo de 1961, el vicepresidente Johnson pasó por Vietnam, en el transcurso de una gira por varios países de oriente: su misión consistía en garantizar a sus dirigentes respectivos que los Estados Unidos continuaban en disposición de ayudarles, cosa que habían dudado después de su actitud respecto de Laos. La opinión de Lyndon Johnson a su regreso fue moderadamente optimista: consideraba que los Estados Unidos continuaban teniendo posibilidades de éxito en el sudeste asiático. Por tanto, no sugirió una política de repliegue, sino que más bien estimuló la intervención. Con todo, no le parecía conveniente el envío de tropas, lo cual hubiera sido considerado colonialismo: se trataba, según él, de asesorar al gobierno de Diem y proporcionarle los medios para que este se arreglase por su cuenta. Lyndon Johnson, sin embargo, incurría en un frecuentísimo error occidental: su ignorancia sobre el espíritu de Asia le sugería considerar a aquellos pueblos simples y facilones. Ngo Dinh Diem, por su parte, mantenía un criterio inverso: para él, los ingenuos y torpones eran los norteamericanos, empeñados en predicarle sus ideas democráticas y en forzarle a aplicarlas. Diem estaba cortado según los patrones del antiguo déspota oriental. El entendimiento entre ambas partes nunca sería satisfactorio.

A estas simplificaciones se unía un permanente error militar: la mayoría de los asesores militares en Vietnam se habían empeñado en adiestrar al ejército del país con vistas a una guerra convencional (un eventual ataque masivo desde el norte); cuando las acciones a que se vería obligado eran esencialmente de índole guerrillera. Aquellos militares consideraban la guerrilla con un mohín despectivo: como si fuese cosa de aficionados... Sin embargo, el destino de Vietnam había de decidirse precisamente a través de la acción guerrillera. Nunca servirían allí los conocimientos tácticos aplicables a una guerra en campo abierto.

Cuando el Vietcong, con su acción exclusivamente guerrillera, logró adueñarse de una capital de provincia –decapitando a su gobernador–, en Saigón se produjo un estremecimiento general, que no dejó de afectar a los asesores norteamericanos. ¡Algo fallaba!

Kennedy había recibido ya informaciones anteriores sobre la conveniencia de un cambio de táctica; y personalmente era partidario decidido de la formación antiguerrillera. Pero no le pasaba por las mientes la perspectiva de una retirada, sino que estaba muy imbuido de la necesidad de mantener el pabellón norteamericano en aquel decisivo sector. Su voluntad de cumplir los tratados a todo trance fue el cepo que apresó irremediablemente la política kennedyana sobre Vietnam: empeñado en mantener a todo trance la imagen de país fiel a sus amigos, permitió que se consolidara hasta extremos indeseables la imagen de país imperialista.

Porque el régimen de Diem era una ciénaga donde naufragaban todos los esfuerzos. Las bienintencionadas recomendaciones norteamericanas para que introdujese mejoras sociales –que hubiesen remediado el descontento de los campesinos, aliados naturales del Vietcong– eran desoídas sistemáticamente. Quizá no solo por mala voluntad: Diem y los suyos no podían captar sinceramente el sentido de los planes que se les sugerían. Estos venían de otro mundo... Pero la desastrosa realidad era que un ejército regular de doscientos cincuenta mil hombres, con el asesoramiento norteamericano, estaba en jaque frente a las incursiones del Vietcong, cuyas fuerzas se estimaban en unos quince mil combatientes.

Durante la noche, estos eran invencibles. Sus golpes se producían siempre sobre seguro. Llegó un momento en que no era recomendable aventurarse fuera de Saigón sin una sólida escolta militar. El campo era, de hecho, un dominio del Vietcong, mientras que el gobierno apenas controlaba la capital, Saigón, y algunas vías importantes de comunicación... solo durante el día.

Kennedy, requerido por muchos y complejos problemas dentro y fuera del país, no estaba en condiciones de dedicar al de Vietnam la atención exclusiva que su virulencia exigía. En octubre, apremiado por las circunstancias, envió una misión especial investigadora, presidida por el general Maxwell Taylor y Walt Rostow: es decir, un militar y un miembro de su propio *staff* de la Casa Blanca, sin el acompañamiento de una personalidad de rango equivalente perteneciente a la secretaria de estado. Aquella elección era sintomática: se excluía de hecho la aceptación del carácter esencialmente político del problema, para darle una consideración apriorísticamente militar.

Fue otro error. El punto de vista militar fatalmente había de inclinar la consideración del asunto del Vietnam hacia fórmulas de intervención armada, cuando la vía de salida hubiera debido ser fundamentalmente política y negociadora. De este modo, la actitud de la administración Kennedy quedaba condicionada.

Los enviados del presidente, en su informe, le presentaron a este una serie de diagnósticos acertados: su desconfianza hacia la colaboración con el régimen de Diem, tan negativa hasta entonces; la necesidad de unas reformas políticas en el país –ideal platónico norteamericano–; la necesidad de cortar la infiltración de ayudas procedentes del norte... Pero aquel texto contenía, además, algunas proposiciones que, estudiables en su momento, con la perspectiva del tiempo hay que calificar de funestas: porque abrían la posibilidad de la terrible «escalada» militar de los años que siguieron. Taylor y Rostow eran teóricamente adversos a una decidida entrada en guerra de los Estados Unidos; no obstante, sugerían una llamada «participación limitada», término que no era sino un eufemismo bajo el que se ocultaba, ciertamente, un compromiso militar ya más directo. Habiéndose comprobado que el mero asesoramiento efectuado hasta entonces no bastaba para resolver el problema, se referían a la asunción por parte del ejército norteamericano de «ciertos cometidos especiales», como el reconocimiento o el transporte aéreos... Solo la tradicional ingenuidad yanqui podía sugerir acciones tales en un contexto de marginación oficial respecto de la guerra. Incluso se aludía al envío a Vietnam de un cuerpo norteamericano de unos diez mil hombres, cuyo cometido se habría de limitar a la seguridad.

Así se comenzó...

Kennedy no dejó de percibir las implicaciones de un plan semejante:

—Comenzaremos enviando ese pequeño contingente –dijo a uno de sus colaboradores–. Luego nos pedirán más tropas... ¡Esto es lo mismo que beber una copa! El efecto se pasa pronto, y hay que beber otra y otra... La guerra del Vietnam solo se podrá ganar mientras continúe siendo la guerra de los vietnamitas. En el momento en que llegase a convertirse en una guerra del hombre blanco, la perderíamos: lo mismo que la perdieron los franceses diez años antes.

Esta clarividencia hace aún más dramática la inercia que arrastró el presidente Kennedy a una aventura cuyas posibilidades valoraba de tal modo. Los errores del régimen de Diem eran un lastre, pero este no lo justifica todo. Al presidente le perdieron, especialmente, aquella voluntad de fidelidad a los compromisos contraídos, la parcialidad y la deficiencia de sus asesoramientos y la multiplicidad de los asuntos pendientes de su decisión: cabe suponer que si hubiera podido concentrarse en la cuestión de Vietnam, a la luz de aquellas ideas suyas, hubiera resistido con más firmeza las presiones favorables a la intervención.

No fue así y esta se hizo cada vez más necesaria. Diem cubría las apariencias con intentos de reforma que a nadie satisfacían; la adhesión de los vietnamitas se inclinaba cada vez más netamente hacia las posiciones representadas por el Vietcong. Y los soldados norteamericanos fueron llegando, en número creciente, dispuestos a defender algo ya indefendible...

El desvío de Kennedy respecto de la realidad vietnamita se fue haciendo, por su parte, más patente cuando los resultados aparentes de las medidas adoptadas parecieron confirmar el acierto de las mismas: las acciones del Vietcong se redujeron, el hermano de Diem proclamaba el éxito de un plan para la organización y la seguridad de las poblaciones rurales...

Todo era apariencia y nada más que apariencia. Pero en Washington la acogieron con alegría, porque implicaba un éxito de sus desvelos. Incluso McNamara, tan exigente y riguroso, cayó en el triunfalismo:

—Todos los cálculos cuantitativos que poseemos –declaró en 1962– revelan que estamos ganando esta guerra.

No solo es significativa la animosa declaración, sino el sujeto de la misma: los Estados Unidos consideraban Vietnam, definitivamente, como una cuestión propia. El mal camino estaba emprendido sin remedio.

Al año siguiente, fue el propio Kennedy quien pronunció una frase huera, que resume bien su política, igualmente vacía de eficacia, acerca de Vietnam. Las apariencias continuaban siendo demasiado favorables, y él se permitió alardear:

—En Vietnam del Sur hemos embotado la lanza de la agresión,

Estaba equivocado. Su política vietnamita no solo no resolvía el problema, sino que había de legarlo aún más encrespado y deteriorado de lo que él mismo lo hubiera recibido. Vietnam fue el cementerio de una considerable parte de la juventud norteamericana. Nada más lejos de los propósitos y los ideales de John Kennedy.

CAPÍTULO DECIMOCTAVO

Se ha hablado aquí del sentido de la historia de John Kennedy. Pero todavía no se ha aludido a su sentido de la economía. Lo tenía también muy desarrollado, agudizado desde las conversaciones de su juventud en la sobremesa familiar, donde por influencia de las actividades de su padre el prisma económico era casi obligado para juzgar cualquier situación.

Ello le indujo a menudear las lecturas sobre la materia, a percibir las connotaciones económicas de cualquier acto político y, en fin, a dedicar a esta especialidad mucho de su tiempo durante sus mandatos como congresista y como senador. Asimismo, durante su campaña presidencial había sido una de sus principales fuentes de argumentos combativos. Frente a la paralización muy generalizada, que había determinado un crecimiento económico modesto –entre el 2,5 y el 3% anual–, Kennedy había propugnado entonces una briosa aceleración de la economía nacional.

—Durante los diez últimos años –decía–, la población de nuestro país ha crecido en un veinte por ciento: es decir, en unos treinta millones de habitantes. Pero este aumento no ha sido tenido en cuenta por los planificadores económicos. ¿Dónde estarán los puestos de trabajo necesarios para vuestros hijos? Durante la próxima década, si estos no han de quedarse fatalmente en paro, se hará precisa la creación de unos 25.000 puestos de trabajo cada semana... Para ello tiene que impulsarse vigorosamente la actividad económica, hasta lograr una expansión de por lo menos el cinco por ciento anual...

Llegado a la presidencia, John Kennedy afrontó, pues, los problemas económicos con un interés particular. Supo rodearse también de un equipo altamente cualificado: Douglas Dillon fue su secretario de hacienda y Walter Heller el presidente del consejo de asesores económicos; directores del presupuesto, sucesivamente David Bell y Kermit Gordon. En fin, Kennedy no dejó nunca de tener muy en cuenta las opiniones de grandes especialistas como Galbraith, Harris, Kaysen, Samuelson o Mac Chesney.

Durante sus primeros meses, el presidente de los Estados Unidos menudeó sus mensajes al congreso proponiendo diversas medidas reactivadoras. El congreso respondió bien, secundando su política: así, aprobó con bastante celeridad proyectos de ley sobre reactivación del comercio regional, construcción de viviendas, aumento del salario mínimo, liberalización de la seguridad social, subsidios de paro y subsidios a los hijos de parados, lucha contra la contaminación de las aguas, etc.

Pero Kennedy estaba preocupado por cumplir sus promesas electorales, por lo que no dejaba escapar el contacto con ningún economista sin interrogarle acerca de la viabilidad de las mismas. Cuando halló a Robert R. Nathan en el grupo de una de sus audiencias, procuró hacer un aparte con él para someterle también su gran preocupación:

—¿Cree usted que podré cumplir la promesa de lograr un índice de desarrollo del cinco por ciento?

Nathan era un veterano especialista, forjado en el «New Deal» rooseveltiano y debió acoger con simpatía la claridad con que el joven presidente le exponía su problema.

Respondió sin ambages:

—Creo que sí, pero tendrá que aceptar a cambio contraer un déficit de unos 5.000 millones anuales durante los diez años siguientes.

Kennedy quedó caviloso. Personalmente, no le hubiera agobiado una carga semejante, pero él quería evitar a todo trance causar la impresión de ser un presidente despilfarrador, sobre todo durante aquellos primeros meses de su mandato. Era preciso caminar con pies de plomo y no enajenarse la confianza de los grandes capitalistas. Por consiguiente, a pesar de su firme decisión reactivadora, las medidas más terminantes fueron generalmente aplazadas. Por ello tuvo que escuchar críticas de sus asesores más radicales, que no veían diferencia entre aquella cautela y la que había caracterizado la anterior administración de Eisenhower. En este tema, una vez más, Kennedy se había impuesto un difícil equilibrio entre su voluntad y las conveniencias políticas. Concebía su actuación como estadista al modo de una progresiva aceleración, como un «crescendo» muy sostenido: pero no podía permitirse arrancadas bruscas.

Dependía mucho de los grandes inversores y los financieros, casi todos los cuales tenían mentalidad republicana y se podían alarmar ante ciertos excesos de radicalismo. Sin embargo, el departamento de hacienda estimó que un crédito fiscal que proporcionase incentivos para la modernización de fábricas e instalaciones podría ser una medida bien acogida en aquellos medios. Fue una decepción. Los hombres de negocios no respondieron: desconfiaban, a pesar de todo, de la administración demócrata. No habían querido captar el sentido conciliador de muchos de los nombramientos de Kennedy, fijándose más bien en otros que tuvieron más en cuenta el interés común nacional que los intereses particulares concretos de los grandes grupos.

Se creó una atmósfera de tensión entre la Casa Blanca y el mundo de los negocios. Los intentos de aproximación fracasaron repetidas veces. El presidente hizo concesiones, concovó a aquella gente a banquetes y recepciones, se mostró simpático, accesible y bien dispuesto, recabó su consejo... pero la desconfianza persistía.

Tendría que llegar alguna ocasión de franco enfrentamiento.

En septiembre de 1961 el presidente había escrito a los presidentes de las principales compañías acereras para rogarles que se abstuviesen de aumentar los precios. Consideraba Kennedy que el acero era un producto determinante en la economía del país y que por tanto cualquier alza en sus costes habría de redundar en un alza general, hasta acusarse también en el poder adquisitivo del ciudadano medio. Por ello, había llegado a la conclusión de la extrema importancia que revestía en aquellos momentos el mantenimiento de una estabilidad en los precios: para lo cual requería la contribución de los principales personajes responsables. No era una medida de partido, sino de utilidad nacional, y por tanto simplemente patriótica. Por otra parte, se dirigió también al sindicato obrero del acero, para que los trabajadores colaborasen, a su vez, no exigiendo unos aumentos salariales que excediesen los aumentos en la productividad.

A comienzos del año siguiente, Goldberg, el secretario de trabajo, logró un éxito personal en un acuerdo con los obreros del acero, que mantenían efectivamente unas reivindicaciones no lesivas para el equilibrio de los costes. En abril de 1962 el sindicato y los industriales corroboraron aquellas condiciones. La cuestión del acero se mantenía, pues, en los límites marcados por la administración, dentro de los cuales la evolución económica general podía continuar desenvolviéndose de acuerdo con las previsiones.

Súbitamente, el 10 de abril, Robert Blough se presentó en la Casa Blanca. Blough era presidente de una de las más poderosas empresas del acero. Hizo entrega al presidente de un escrito, bastante breve, donde se anunciaba la decisión de aquella empresa en el sentido de subir los precios del acero a razón de seis dólares la tonelada. Pero la noticia ya estaba en la calle antes de ser comunicada a Kennedy. De un momento a otro podía producirse la estampida de los precios: las demás compañías seguirían aquel ejemplo y se destrozaría en pocas horas la estabilidad tan mimosamente cultivada.

Kennedy tuvo uno de sus arrebatos de cólera. Le parecía imposible aquella jugada, tan solo cuatro días después de haber aceptado los empresarios el ejemplo de moderación y comprensión que había ofrecido el sindicato.

Pero la cólera no arregla nada, sino todo lo contrario. Al presidente se le había escapado una frase, que trascendió, llamando «hijos de puta» a los hombres de negocios. Por mucho que intentó más tarde aclarar y limitar aquella expresión, ya estaba dicha, y naturalmente los hombres de negocios no se la perdonaron. Por lo demás, respondía muy gráficamente a lo que realmente pensaba Kennedy...

Convocó a sus asesores.

—Es preciso cortar a tiempo ese aumento de precios –les dijo–. Carezco de un poder directo para ello. Pero creo que disponemos de otros medios: hay que presionar, influir... en suma, aislar por completo a las compañías que aumentan los precios.

De aquella reunión salió ya un paquete de medidas indirectas. Ante todo, el departamento de defensa –una auténtica potencia compradora– retiró todos los pedidos de acero a las compañías en cuestión, pasándoselos a otras que «todavía» no habían aumentado los precios. Solamente esta acción suponía muchos millones de dólares... Por su parte, el departamento de justicia desencadenó una serie de investigaciones para descubrir si las compañías acereras habían quebrantado la legislación anti-trust. Se estableció contacto, de modo informal, con los responsables de otras compañías menores, procurando consolidar su posición de no aumento... Todo ello con la celeridad que caracterizaba al equipo de Kennedy. Resultó finalmente que las compañías que, siguiendo la iniciativa de Blough, habían aumentado los precios quedaron en efecto solas, a merced de las consecuencias desfavorables para ellas de la ley de la oferta y la demanda... y además expuestas ante la opinión pública por su acción antipatriótica.

Robert Blough tuvo que capitular: el anunciado aumento de precios quedó sin efecto.

Había sido una batalla durísima, pero rápida y eficaz. El presidente Kennedy había demostrado una habilidad y un dominio de la situación que le hacían temible en futuros encuentros semejantes. El mundo de los negocios vio así confirmados todos sus temores: bajo sus amables frases y su sonrisa de buen chico, era «el» enemigo, y no podía esperarse de él nada bueno. Hubo quien le tachó de dictador: su sistema de acción indirecta era digno de los peores autócratas. Aquel hombre haría cualquier cosa con tal de salirse con la suya.

En cambio, la opinión pública le aplaudió sin reservas. Por aquel tiempo, la popularidad del presidente venía aumentando con regularidad. Había demostrado conocer los entresijos de la política y las armas que podía emplear en cada caso para salvaguardar el bien común. No era un servidor de las minorías poderosas –que por eso le miraban con malos ojos–, sino sencillamente un estadista atento a la vida del país.

No obstante, Kennedy volvió a procurar congraciarse con los hombres de negocios: «hacerse perdonar» la corrección que les había infligido. Era una actividad derivada también de sus necesidades de gobernante, pero adolecía de ingenuidad. Nunca ganaría la adhesión de aquella gente. La inquina hacia el presidente de los Estados Unidos era casi un sentimiento atávico en ciertos medios. La imagen de Kennedy y de su grupo de colaboradores, intelectuales, deportistas, luciendo muchos de ellos en la solapa la insignia de la lancha «PT-109» –que hablaba de una relación de afecto personal–, eran lo más antagónico imaginable a los magnates de las finanzas. Por consiguiente, las relaciones entre un sector y otro podrían ser, a lo sumo, corteses; pero nunca serían cordiales. Y la colaboración se limitaría a tolerancia de circunstancias: una tolerancia bajo la sombra permanente de jugadas como las que habían constituido la crisis del acero.

Kennedy observaba al cabo de unos meses:

—Cada día comprendo mejor por qué Roosevelt, que comenzó siendo tan suave, finalizó en una actitud tan terminante de oposición al mundo de los negocios. Es tremendamente difícil ser amable con gente que está intentando cortarle a uno las piernas. En este país debe de haber unas diez mil personas metidas en ello (banqueros, industriales, abogados, editores, políticos): son un grupo pequeño, pero que hace todo lo posible para difundir la impresión de que caminamos hacia una depresión porque los negocios desconfían de la administración. Comienzan a llamarme el Hoover demócrata. ¡No debemos consentírselo!

—De ninguna manera debemos ahora doblegarnos ante ellos –confirmó O'Donnell.

—Ya intentamos hacerlo después del caso del acero –continuó Kennedy– y no nos sirvió para nada... No. Ellos continúan empeñados en responsabilizar al gobierno de todo lo que sucede apoyándose en que lo que nosotros hicimos a la industria del acero destruyó la confianza del mundo de los negocios. Pues bien, daremos la vuelta a la situación: presentaremos al país la imagen de un reducido grupo que se enfrenta con el gobierno y la economía simplemente porque el gobierno no aceptó rendirse. Esta es la pura verdad.

Hubo, pues, una auténtica guerra, aunque disimulada. La minoría discrepante abandonó la táctica de atacar de frente al presidente Kennedy y adoptó como blanco preferentemente a algunos de sus colaboradores más próximos: se procuró desacreditar a estos, para inducirles a la dimisión o forzar su despido; se trabajó en crear la imagen de una «Nueva Frontera» cuyos efectivos eran desaprensivos y «play-boys» y cuyas reuniones eran francachelas y orgías.

Kennedy no perdió la calma. El sabía cómo eran sus hombres. Creía en ellos y estaba dispuesto a mantenerles, arrostrando cualquier campaña en contra.

—No hay que preocuparse –decía–. Teníamos que contar con estas incidencias.

Era normal que, al sentirse atacada, la poderosa minoría de los negocios reaccionase con furia. Y además con fuerza, ya que sus conexiones con los medios de comunicación eran sólidas y efectivas. Pero la Nueva Frontera resistiría bien aquella clase de embates. Robert Kennedy, uno de los más afectados, no era tampoco hombre para amilanarse: su frialdad estaba a toda prueba. Adelante...

En todo este conflicto –que prácticamente abarcó el periodo entero de Kennedy en la presidencia–, es notable advertir un sesgo de su actitud: desde bastante pronto había reconvertido en unos planteamientos intelectuales sus experiencias del enfrentamiento con el mundo de los negocios. En un discurso que pronunció en la clausura de curso en la Universidad de Yale, John Kennedy aprovechaba aquellas circunstancias para enfrentarse con las ideas preconcebidas más enraizadas en determinados sectores del país –denominándolas, no muy adecuadamente, mitos–; arremetía, por ejemplo, contra la idea de que la confianza en la administración del estado fuese condición precisa para la prosperidad; la del crecimiento inmoderado del aparato gubernamental; la del aumento amenazador de la deuda nacional; etc. Él quería centrar la atención en un enfoque nuevo de la gestión política:

—Ahora no se encuentra en juego una gran lucha entre ideologías antagonistas que arrebaten al país por la pasión, sino la dirección efectiva de una economía moderna. No necesitamos etiquetas ni tópicos, sino una más profunda discusión básica sobre las complicadas cuestiones técnicas debidas al mantenimiento de una gran máquina económica.

Kennedy envidiaba sinceramente el clima de ciertos países europeos, que habían tomado el camino de una auténtica prosperidad en la medida que se hallaban libres de aquellos prejuicios, tan atenazadores todavía para el norteamericano: por ejemplo, la obsesión por el presupuesto nacional. Cada vez que tenía ocasión de conversar con algún político o economista europeo, le interrogaba ávidamente sobre el estado de ánimo, mucho más libre y desenvuelto, que permitía aquellos fenómenos de expansión.

Pero, mientras tanto, la cuestión de los impuestos fue una de las más discutidas por sus equipos de trabajo, que hallaron muy arduo ponerse de acuerdo en su consejo. El propio presidente oscilaba... Solo después de muchos meses de discusiones, se pudo anunciar una reducción de impuestos para 1963, mientras los correspondientes a 1962 se mantenían estables. Galbraith se había mostrado contrario a aquella solución, argumentando que las mayores necesidades del país se encontraban precisamente en la esfera de los servicios públicos atendibles mediante los ingresos impositivos; en cambio, liberar al contribuyente de ciertas cargas solo tendría por objeto estimularle a un mayor consumo de artículos superfluos.

Kennedy, por su temperamento, había valorado mucho aquellas objeciones, aunque finalmente se dejase ganar por la opinión opuesta. La preocupación social había corrido en él íntimamente mezclada con la económica. Más aún: los problemas económicos no eran para el presidente una serie de abstracciones teóricas, sino que se le presentaban encarnados en la situación concreta de una serie de hombres y mujeres. En última instancia, era esta la que exigía moralmente su atención como estadista.

Desde las primeras semanas de su mandato había bombardeado al congreso con proposiciones de marcado carácter social: cuestiones hospitalarias y asistenciales, planes gerontológicos, educación, recursos naturales, vivienda, etc. La preocupación estrictamente económica se coloreaba así de contenido humano. Más adelante se enfrentaría con cuestiones no menos apasionantes: protección del consumidor, retraso mental, prosperidad pública, ¡derechos civiles!... Kennedy estaba convencido de que la acción internacional de un presidente de los Estados Unidos –casi acaparadora en su tiempo– estaba condicionada por su capacidad para resolver las dificultades interiores de su país: ya que, obviamente, este fracasaría en su pretendido liderazgo si no se entregaba al mismo con un margen de seguridad, con los grandes temas nacionales debidamente atendidos.

El tiempo le fue asentando y confirmando sus valores, que en principio había debido disimular, por precauciones electorales: es decir, fue mostrándose cada vez más como realmente era. Fue el momento en que abordó con decisión sus ideas más queridas.

El proceso de adaptación a la Casa Blanca es una premisa inevitable para cualquier mandato fecundo: es preciso tomar contacto con muchos aspectos e implicaciones totalmente nuevos, absorbentes y a menudo trascendentales. Pero muchos presidentes no acaban de adaptarse nunca: son los que se quejan de las esclavitudes del cargo, consideran su residencia una «cárcel de oro» y envidian la libertad de movimientos de los demás ciudadanos. No era el caso de Kennedy, hombre político por excelencia. Él no se lamentó nunca de su situación: la había querido y la había buscado. Como presidente de los Estados Unidos se sentía realizado. Su cometido le apasionaba, descubría cada día que podía desarrollarlo satisfactoriamente, crecía su confianza en sí mismo y en su equipo y contemplaba con esperanza las perspectivas del futuro. Estaba en su ambiente. Había logrado, incluso, una deseable armonía entre la vida pública y la vida familiar: era muy feliz con los suyos, tenía tiempo para Jackie y para los niños y el trabajo, muy intenso, no le abrumaba. Cada uno de los factores de su existencia tenía, ni más ni menos, el lugar que le correspondía.

Este cuadro de equilibrio se debe en gran medida, ciertamente, a las condiciones muy especiales de John Kennedy y a su vocación para la máxima magistratura. ¡Había nacido para presidente! Pero también hay que atribuir un margen no desdeñable a una circunstancia de tipo general que se daba venturosamente en él, sin mérito por su parte: la edad. Kennedy se hallaba en una sazón de juvenil plenitud. Mientras que otros presidentes –como, por lo demás, muchas figuras destacadas en todos los órdenes– solo llegaban a serlo en la ancianidad o muy próximos a ella: es decir, en momentos de la vida en que se ha perdido notoriamente el empuje, la mirada en torno ya no es animosa, sino cansada o reticente, y las «ganas» de actuar han cedido a la necesidad de reposar, recordar o contemplar. La constitución de los Estados Unidos –como prácticamente cualquier otra institución semejante en el mundo– ha pasado inadvertido este factor: para las grandes responsabilidades ya no sirven los viejos gloriosos. Estos pueden ser –y debieran aplicarse a ello– magníficos asesores, llamados con la debida frecuencia a aportar sus conocimientos sobre cuestiones concretas, pero dejados el resto del tiempo a gozar de un ritmo de vida pausado. Los altos puestos de decisión y ejecución debieran estar ocupados necesariamente por individuos en una plenitud dinámica: tal que efectivamente disfruten con la acción y con la lucha y conserven la capacidad de entusiasmo. Sin embargo, la llegada de John Kennedy a la Casa Blanca había sido prácticamente una excepción y muchos de sus detractores continuaban reprochándole su juventud.

Hacia el verano de 1962 –ecuador de su mandato de hecho–, se encontraba en aquella fase de decidida consolidación. La presidencia ya no tenía secretos para él: no se repetirían los titubeos ni los errores de los primeros meses. Por otra parte, había perdido de vista las implicaciones de la campaña electoral, que quedaba muy lejos. Había discriminado ya entre los amigos auténticos y los ocasionales. Le quedaban pocos de aquellos, pero formaban el círculo de las no frecuentes reuniones que Jackie organizaba para amenizar su existencia, demasiado laboriosa. Estas reuniones eran muy divertidas y el presidente se revigorizaba psíquicamente en ellas. Algunos otros amigos de antaño no habían sabido adecuar su trato a la experiencia de la Casa Blanca, tornándose aduladores o bien ácidos envidiosos: tanto unos como otros habían sido eliminados del círculo. En realidad, la familia presidencial iba replegándose más y más. «La presidencia no es el mejor lugar para hacer nuevos amigos», observaría Kennedy. Y hubiera podido añadir: «...ni para conservar a los viejos».

Su fisonomía acusaba levemente la intensidad de aquellos meses: sus rasgos se habían acentuado y con frecuencia traslucían cansancio. Sin embargo, se reservaba rigurosamente los fines de semana para disfrutar de sendos cambios de aires. Cambios de aires que casi nunca coincidían con cambios de preocupaciones, porque eran habituales las citas o reuniones con colaboradores para tratar determinados asuntos.

Pero no se había envanecido. El eficaz uso del poder en determinados momentos de crisis no le había inducido a apegarse al mismo. Le parecía muy bien que Jackie inculcase a sus hijos que la Casa Blanca era su residencia solo temporalmente y él mismo lo tenía muy presente. Sobre todo, no había perdido su ironía, que se aplicaba a sí mismo con preferencia.

Esta le servía para no dejarse abrumar por la conciencia de su responsabilidad. Tenía muy presente un comentario de Franklin D. Roosevelt, que había calificado a Lincoln como «un hombre triste porque no podía conseguirlo todo a la vez. ¡Nadie lo consigue!». Por lo demás, indagaba muy seriamente sobre el carisma de la presidencia, que le embargaba y le intrigaba al propio tiempo. A finales de 1962 declaró: «No hay experiencia alguna capaz de prepararle a uno para la presidencia». Una encuesta sobre la respectiva grandeza de los anteriores presidentes de los Estados Unidos le dio mucho que pensar.

—¿Cómo es posible juzgar a los presidentes? –se preguntaba–. Solo el mismo presidente sabe en cada caso cuáles son las presiones que sufre y las alternativas reales que se le ofrecen. No sabiendo eso, desde fuera, ¿cómo aventurarse a juzgar su obra?

Los resultados de la encuesta le parecieron, en consecuencia, harto discutibles. Habían respondido a ella historiadores universitarios y su deformación profesional pesaba demasiado en la «clasificación» resultante.

—Muchas veces se consideran grandes méritos de algunos de mis predecesores el haber realizado determinadas cosas cuando no tenían más remedio que hacerlas. Una guerra facilita que un presidente sea bien considerado. Pero, por ejemplo, ¿cómo se juzgaría a Lincoln si hubiese vivido bastante para enfrentarse con el tremendo problema de la reconstrucción nacional? ¡Ah, este quedó para otros!

Todo ello contribuía a reforzar su naturalidad. Nunca estaba en «pose». Roosevelt –con quien algunos le han señalado numerosos puntos de coincidencia– solía estarlo. Kennedy era muy accesible a sus ayudantes especiales, que podían llamarle por teléfono en cualquier momento. A determinadas horas, la puerta que comunicaba el despacho presidencial con el de su secretaria, Evelyn Lincoln, estaba entreabierta: señal de que Kennedy se hallaba dispuesto a recibir a cualquiera de ellos para cualquier asunto. Eso sí, los despachaba muy rápidamente, con su centelleante capacidad de captación y resolución. Creía que sus ayudantes debían estar capacitados para todo, de modo que les entregaba cualquier informe o memorándum, sin reparar en el tema. Otra cosa es que luego, entre sí, ellos se redistribuyeran los encargos según sus respectivas especialidades. Pero el presidente no olvidaba nunca a quién se lo había confiado.

Fue un presidente «metomentodo», en el sentido de que su exuberancia de actividad le permitía atender a infinidad de asuntos e interesarse personalmente por ellos. Convencido de que la administración padecía un excesivo lastre de burocracia, asumió también la tarea –bastante ingrata– de despabilar a los funcionarios anquilosados. Les telefoneaba inesperadamente preguntándoles por algún asunto concreto, reclamando con urgencia una información, formulando alguna pregunta... En todos los rincones de la administración cundió la vivificante, pero también molesta, impresión de que el presidente «estaba allí», exigiendo e impulsando. Estos no fueron esfuerzos malgastados; pero, por descontado, Kennedy no logró vencer la inercia de la mayoría de los organismos estatales.

Se desesperaba con ella. Existía la inveterada costumbre de aguardar las órdenes «por la vía reglamentaria». Así, lo que el *staff* de Kennedy lograba normalmente con una simple llamada telefónica, podía invertir semanas o incluso meses enteros en recorrer las diversas oficinas de su recorrido reglamentario: las decisiones se eternizaban.

Ya en 1963, habiéndose programado unos actos oficiales para la recepción del presidente Betancourt, de Venezuela, el día fue lluvioso y se suspendieron aquellos. Al cabo de un rato, Kennedy, al mirar distraídamente por una ventana divisó una formación de soldados calándose hasta los huesos bajo la lluvia.

—¿Qué ocurre? –preguntó al general Clifton, su ayudante militar– ¿No se ha suspendido el desfile? ¿Qué hacen esos soldados ahí mojándose?

—Verá, señor presidente: no debe haberse recibido la orden correspondiente por el conducto reglamentario.

—¡Déjese de esas pamplinas! Salga inmediatamente y dígales que pueden irse a casa.

Naturalmente, aquellas maneras de Kennedy desagradaban a muchos. En el fondo, la pugna sorda de sus iniciativas personales contra la resistencia de la rutina no llegó nunca a resolverse a su favor: lograba agilizar ciertos trámites solo ocasionalmente; pero en cuanto descuidaba su atención, la lentitud volvía a apoderarse de cualquier asunto abandonado a su ritmo.

A veces –pocas veces– estallaba:

—¡Pero, vamos...! ¿Es que aquí tengo que hacerlo todo yo?

No obstante, en el fondo aceptaba que así fuera. Casi parecía agradarle. Tenía arrestos para ello. Como el periodo que le tocó en suerte exigía del presidente de los Estados Unidos una toma de decisiones casi continua, adaptó su sistema de trabajo a aquella exigencia, controlando todo lo posible a los organismos que estaban bajo sus órdenes para que no le condujesen a situaciones irreversibles, congelando a menudo su intervención, y confiando sobre todo en sus asesores especiales, en cuyas reuniones fundamentaba él su propia opinión. Prefería abordar los problemas antes que se hicieran acuciantes: y en aquella sazón podían juzgarse con distancia y desapasionamiento. No quería que los acontecimintos le sorprendiesen inadvertido.

Pero aquel hombre brioso y seguro, jovial y firme, no había dejado de padecer físicamente. Sus viejos dolores no le abandonaban. Ni ciertas aprensiones –¿premoniciones?– que él nunca dramatizó. No daba importancia a las medidas de seguridad personal y a veces se sorprendía de que hubiera tanta gente ocupada en ellas a su alrededor. Decía:

—Si quieren matarme, me matarán.

En octubre de 1963, cuando se preparaban los protocolos con la Universidad de Harvard para la edificación de lo que había de ser la «Biblioteca Kennedy», estuvo tachando una por una todas las alusiones a su persona en que se empleaba la expresión «el presidente». Le parecía una referencia equívoca.

—¿Por qué lo tacha usted?

Kennedy respondió:

—¿Quién puede decir ahora quién será presidente dentro de un año?

No ya al cabo de un año: ¡tan solo dos meses más tarde!

CAPÍTULO DECIMONOVENO

Los líderes negros no habían sido en las elecciones demasiado entusiastas del candidato John Fitzgerald Kennedy.

Se le reconocían ciertas simpatías hacia la causa. Pero estas no se habían manifestado con la suficiente claridad: era una de tantas zonas dejadas deliberadamente en sombra en los ideales y las aspiraciones de Kennedy, por el temor a enajenarse votos sureños.

Sin embargo, él había incorporado el tema de los derechos civiles de los negros a su programa y en algunas ocasiones abordó con bastante energía el grave problema que aquejaba a aquella raza marginada:

—Un niño negro, cualquiera que sea su talento natural, tiene, estadísticamente, la mitad de las probabilidades de terminar sus estudios secundarios que un niño blanco; un tercio de las oportunidades de finalizar los estudios universitarios; una cuarta parte de las oportunidades de llegar a ser un hombre de negocios; y cuatro veces más probabilidades de quedarse sin trabajo.

Existían ya algunas disposiciones legales favorables a la integración racial: pero no se observaban. El tribunal supremo había declarado ilegales las escuelas con segregación; pero en 1960 menos del 0,16 por ciento de los estudiantes de color asistían a escuelas integradas. Se había avanzado muy poco, en la práctica.

El gesto de Kennedy al interesarse eficazmente por Martin Luther King pesó más en su favor que sus contadas declaraciones teóricas. Aunque los líderes continuaron reticentes, la masa negra apreció mucho aquella actitud y a la hora de votar hizo notar su peso. Observaron los especialistas que si en 1960 no hubieran votado más que blancos en los Estados Unidos, el candidato republicano Nixon se hubiera llevado la victoria, con el 52% de los votos.

No obstante, Kennedy continuó mostrándose reservado acerca del asunto durante los primeros meses de su presidencia. Calculaba... Por una parte, no quería definirse aún demasiado, porque necesitaba el apoyo de los parlamentarios sudistas para algunos otros proyectos. Por otra parte, su conocimiento del congreso le indicaba que aquella sería, por el momento, una vía muerta para los derechos civiles. En cambio, veía más practicable la vía de las medidas directas por el poder ejecutivo.

Además, los problemas exteriores, que le acapararon mucho durante aquella primera etapa, no le permitían concentrarse en la cuestión racial: descargó esta, en consecuencia, sobre su hermano Bob, en cuanto secretario de justicia.

Mientras tanto, propició la promoción de funcionarios negros a puestos de relevancia federal. Intentaba dar un rodeo al tratamiento legislativo, forzando con la elocuencia de los hechos lo que más tarde pudiera ser una aceptación legal de los plenos derechos de aquellos ciudadanos.

Bob cumplió bien su misión. La Comisión de Derechos Civiles presionaba de firme. Paradójicamente, en su creación este organismo había sido pensado con una composición tal que más bien frenase el movimiento negro y atemperase el ardor de sus líderes. Pero en tiempos de los Kennedy había dado un giro radical respecto de aquella idea original y espoleado por la clamorosa realidad era un factor de movimiento y de urgencia. Discrepaba del departamento de justicia en algunas cuestiones de método y de prelaciones, pero en la práctica complementó la actividad de este, precisamente activándola. Robert Kennedy, como su hermano, había contemplado la cuestión racial hasta entonces un poco de lejos, otorgándole una adhesión idealista y cordial, en coherencia con sus ideas generales de libertad para todos, pero sin la «garra» beligerante de quien siente algo muy en lo vivo. Necesitó entrar de lleno en los problemas que había suscitados para comprender que el tema requería otro talante; y poco a poco se fue entregando al mismo, con la fría pasión, con el entusiasmo meditado que le caracterizaba. El presidente, cuya sintonía con su hermano era completa, participó de aquellos sentimientos. Pero en ningún momento perdió de vista que la cuestión racial era «una más» en el complejísimo panorama que le requería. La subordinación a un conjunto tan amplio restó quizá a su acción la brillantez o la resonancia que los líderes negros reclamaban. Se procedió mesuradamente, ganando una tras otra pequeñas batallas, que serían decisivas no obstante a la hora del resumen. Y solo en algunos momentos la dinámica de los hechos empujó al presidente a actitudes personales espectaculares: uno de ellos fue el suscitado por el «caso Meredith».

James Meredith era un veterano negro de las fuerzas armadas que quiso matricularse en la Universidad de Mississippi. Probablemente, lo hizo desde un principio con ánimo revulsivo: no ignoraría él cuál era el clima segregacionista de aquel estado ni la tradicional oposición del centro en cuestión a admitir estudiantes de color. Su intento equivalía, pues, a una especie de desafío.

Según parece, Meredith se había sentido animado por los conceptos del discurso de John Kennedy en su toma de posesión.

De hecho, su solicitud se produjo el 20 de enero de 1961.

Naturalmente, no fue admitida: se le dieron unos argumentos especiosos para negarle la matrícula. Pero él, muy seguro de su derecho y bien asesorado, formuló una denuncia ante los tribunales. Él era un ciudadano de los Estados Unidos, que en uso de sus legítimos derechos aspiraba al ingreso en una universidad de su estado: ingreso que se le impedía, a fin de cuentas, por no confesados motivos raciales.

En primera instancia, la demanda de Meredith fue rechazada. Pero él apeló. Y finalmente el tribunal de apelación hubo de darle la razón, revocando la sentencia anterior. Era junio de 1962. Se declaraba ilegal la no aceptación de aquel alumno: su matrícula debía ser cursada, en consecuencia. Hubo algunas maniobras, que prolongaron la cuestión algunos meses todavía. Pero la legalidad se impuso en su orden, confirmándose la decisión del tribunal de apelación.

Efectivamente, la legalidad llegaba hasta allí. Pero no se habían equivocado los Kennedy al dar por descontado que la cuestión de los derechos civiles no debía debatirse únicamente en el terreno jurídico. Más allá de la legalidad, comenzaba el imperio de la pasión. El estado de Mississippi ardió en cólera, azuzado por su gobernador, Ross Barnett. El error de este fue quizá buscar una popularidad fácil por el camino de la demagogia, hipertrofiando una cuestión que hubiera podido manejarse mejor en silencio. Barnett se erigió en campeón de la intransigencia blanca. Aceptar a un estudiante negro en la universidad del estado parecía a muchos ciudadanos del mismo una agresión intolerable, un atentado contra el honor colectivo. Esta fraseología es precisamente la que desempolvaban, como quien se dispone a utilizar el viejo rifle del abuelo.

—No nos rendiremos a las fuerzas perversas e ilegales de la tiranía –declaró, nada menos, Ross Barnett.

Y apareció en persona cuando James Meredith, acompañado por varios policías federales, se presentó en la universidad el 20 de septiembre dispuesto para matricularse. Una gran manifestación estudiantil clamaba «¡Gloria a la segregación!» y Barnett, en olor de triunfo, leyó un largo alegato en que se oponía a los deseos de James Meredith. Lástima de autoridad malgastada. El gentío le aplaudió cuando entregó el texto al interesado, con una frase lacónica:

—Toma, y cúmplelo.

Robert Kennedy, utilizando el «sistema indirecto», hizo citar a las tres principales autoridades de la Universidad de Mississippi, para responder sobre unos cargos de desacato respecto a una sentencia judicial. La gestión tuvo efecto porque los interesados se asustaron, aviniéndose inmediatamente a matricular a Meredith.

El gobernador del estado se encolerizó. Mientras tanto, el departamento de justicia había logrado una orden del quinto tribunal de apelación en que se prohibía al gobernador Barnett y a cualquiera de sus subordinados que impidiesen el acto de matrícula de James Meredith. Era una guerra en toda regla, pero el combativo gobernador la aceptó con entero ánimo de tal: y de nuevo apareció para impedir en persona que Meredith se saliese con la suya. La muchedumbre ululaba a su favor, tildando de comunistas a los miembros del gobierno federal y coreando «¡Negro, vete a tu casa!».

Mientras ponía en marcha aquellas acciones disuasorias, Robert Kennedy había procurado convencer por teléfono a Ross Barnett de que su actitud equivocada no hacía sino empujarle a un callejón sin salida. Pero resultaba difícil argumentar con aquel hombre que, como la mayoría de los retrógrados, no respondía en el mismo lenguaje razonable, sino con frases hechas e invectivas. Él no aceptaría nunca a un negro en la universidad: era lo único que podía sacarse en limpio.

Hubo que enviar tropas federales, en previsión de desórdenes. La crispación popular permitía temer que la situación se deteriorase aún más. El gobernador, lejos de apaciguar los ánimos, se había erigido en adalid de la insubordinación. Fue declarado reo de desacato a la ley y se le dio un plazo para rectificar su actitud, con la amenaza de un arresto y una multa de diez mil dólares diarios a partir de la fecha señalaba.

Los Kennedy sabían que aquellas medidas no bastarían. El 29 de septiembre, dispuestos a apurar todos los demás cauces, hubo una reunión en el despacho del presidente: este quería hablar personalmente con el gobernador de Mississippi, aunque su hermano le había descrito ya la clase de tipo que era. Mientras aguardaban la comunicación, muy conscientes de lo que se ventilaba en ella, se gastaban bromas como en su mocedad en la casa paterna. Cuando la telefonista avisó que Ross Barnett estaba a la escucha, Bob le anunció como se anuncia la presencia de un boxeador famoso entre las cuerdas de un ring; y animó a su hermano a la manera de los cuidadores a sus pupilos:

—¡Hala, muchacho, a por él!

El presidente tomó el auricular y habló en tono muy grave, fríamente, midiendo sus palabras. Poco podía sospechar el gobernador que solo unos segundos antes había estado bromeando de aquel modo.

—Gobernador, ese asunto me tiene preocupado. No conozco al señor Meredith, ni sé cómo se ha llegado a este punto. Pero de acuerdo con la constitución de los Estados Unidos, debo hacer que se cumpla la ley. Espero que usted colabore en ello.

No se consiguió nada. El gobernador evitaba pronunciarse, pese a que su conducta había sido ciertamente inequívoca hasta entonces.

—Deseo que esto se arregle de modo amistoso, gobernador. No debe haber muertos ni heridos en Mississippi por esta causa.

Por último, Kennedy colgó el teléfono desalentado.

—¿Sabéis qué me ha dicho el tipo ese? –exclamó–. Pues, «muchas gracias por la ayuda que nos ha prestado en el programa avícola».

La cuestión continuaba en ebullición. Bob tomó el relevo y llamó al abogado Watkins, a quien Barnett había anunciado como mediador suyo: el viaje de Watkins a la capital tenía por objeto retrasar el desenlace y aquello era precisamente lo que el fiscal general deseaba evitar.

—Quiero saber dos cosas –le dijo a Watkins muy secamente–. Primera: ¿cuál es la disposición real del gobernador: va a cumplir la orden dictada por el tribunal o la va a desafiar? Si está resuelto a desafiarla, ¿se va a producir una batalla campal cuando el gobernador sea arrestado? Segunda: ¿podemos saber lo que vamos a necesitar ahí? ¿Debemos enviar un cuerpo de ejército o una división? Depende, naturalmente, de lo que vaya a hacer el gobernador. Creo que tenemos derecho a saberlo, ¿no?

Las respuestas no fueron tan concretas como las preguntas de Bob Kennedy:

—Creo –dijo Watkins– que el gobernador Barnett impedirá el paso del señor Meredith personalmente, como otras veces ha hecho. Pero no habrá desórdenes. Él mismo se dirigirá a la muchedumbre para recomendarle calma.

—Eso no me convence. No se puede pedir a los demás que se porten bien cuando uno mismo está obstaculizando el cumplimiento de una orden judicial.

—Tenga presente, señor fiscal general, que la situación es explosiva en torno a la universidad. No veo cómo podrían controlarla las fuerzas del orden.

—¿Lo intentarán? –le acosó Bob.

—No lo sé.

Continuaron las llamadas telefónicas, en uno y otro sentido. John Kennedy se reservaba un papel más bien distante, indiferente y conciliador; Bob, más apremiante y conminatorio. El gobernador Barnett ofreció la solución de llevar a Meredith de incógnito a Jackson, matriculándole allí. Los Kennedy la rechazaron: no se trataba de eludir el problema, sino de resolverlo.

En efecto, James Meredith era «el» problema: un problema-símbolo y por eso John y Bob Kennedy estaban luchando a pleno rendimiento para respaldar su tozudez. Darse por vencidos hubiera sido renunciar al cumplimiento de los derechos de un ciudadano norteamericano en quien podían mirarse cientos o miles de ciudadanos como él. Por descontado, si Meredith no hubiera sido un hombre de temple extraordinario, el asunto no hubiera llegado hasta aquellas alturas. Muchos, incontables, negros como él habían sido pisoteados o apartados anteriormente, sin que se armase una zarabanda semejante. Pero el denuedo de Meredith había determinado el respaldo del presidente. Y entonces estaban ambos embarcados en la misma aventura: el aspirante a universitario de Mississippi y el presidente de los Estados Unidos.

La tensión aumentaba con el paso de las horas. En un determinado momento, por fatiga o por cálculo político, deseando evitar males mayores, Kennedy se avino a la propuesta de Barnett en el sentido de matricular a Meredith secretamente en Jackson. Pero poco después fue el propio gobernador quien dio marcha atrás: no había acuerdo.

—No tendrás más remedio que adoptar medidas de fuerza –le dijo Bob–. Lo sabía. Esa gente no cede por las buenas.

—Hemos hecho todo lo posible para evitarlo, pero de veras no hay otra solución. No puedo tolerar que el estado de Mississippi se enfrente con el gobierno federal. Si por blandura lo consintiera, las consecuencias serían aún peores: quedaría establecido un precedente funesto.

En consecuencia, el presidente dio la orden de federalizar la guardia nacional de Mississippi y enviar a dicho estado un contingente del ejército.

Barnett no dejó de percibir la gravedad, siempre creciente, de las nuevas decisiones. Pero, en el fondo, se sintió halagado por ella: aumentaba su importancia y le confirmaba en su papel de héroe local. Sus nuevas proposiciones eran ya un juego a la pequeña epopeya.

—El pueblo de Mississippi está enfervorizado –dijo a Bob, y en esto no mentía–. Hará cualquier cosa en defensa de sus ideales: si es preciso, resistirá a los federales... Naturalmente, por este camino vamos al desastre. Por eso propongo otra alternativa: las fuerzas del estado pueden rendirse al ejército. Es una solución honrosa.

—Yo diría grandilocuente y estúpida, además de peligrosa –le respondió el fiscal general–. Oiga, gobernador, deje ya la actitud que ha asumido. Esta tarde el presidente va a televisar una alocución al país y está dispuesto a explicar este asunto con todo detalle, incluyendo cómo se desdijo usted ayer de una proposición que había formulado por propia iniciativa.

Este argumento fue decisivo para Ross Barnett: por vez primera se había dado en el blanco de su vulnerabilidad.

—Veamos otra posibilidad... Puedo hacer llevar a Meredith a la universidad, bajo protección, mientras la policía del estado custodia todos los accesos... Se matriculará, si, al fin se matriculará, tal como ustedes se han empeñado. Evitaré el escándalo, diré que he debido doblegarme ante una fuerza superior... y haré un llamamiento para que la lucha continúe, pero limitada a los tribunales.

Bob Kennedy aceptó, disimulando el suspiro de alivio que aquella proposición le arrancaba. Quedaban a salvo el principio de la autoridad federal y el respeto a las leyes, que su hermano y él habían debido defender a cualquier precio. James Meredith ingresaba en la Universidad de Mississippi, a pesar de ser negro.

Pero Barnett se equivocó al ofrecer que evitaría el escándalo. Hubo graves desórdenes y murieron dos personas. Un estudiante pudo gritar a Meredith: «¡Negro!, ¿merecía esto la muerte de dos personas?». Tenía una parte de razón. Ahora bien, Meredith no había pensado solo en sí mismo. Si hubiera sido un egoísta o un megalómano vulgar, no hubiera desencadenado aquella tormenta. Pues para él no finalizó con el éxito de su matrícula. En este punto, el presidente y su hermano se dieron por satisfechos y pudieron permitirse ocuparse de otros asuntos. Pero James Meredith tenía su vida y su familia en constante peligro, hubo de acudir a la universidad siempre bajo protección y cursó toda la carrera sin el alivio del compañerismo y mucho menos de la amistad, antes bien, rodeado de odio por todas partes. No fueron años agradables para él: su entrada en la universidad –que atrajo la atención del mundo entero– había sido solamente el comienzo de toda una serie de riesgos y penalidades que el mundo ya no supo.

James Meredith lo había arrostrado todo pensando en sus hermanos de raza y en la brecha que podía abrir para ellos. Cuando se graduó, en 1963, la brecha allí quedaba. Y por donde había pasado él podrían pasar otros negros, quizá ya con menos dramatismo.

En cuanto a John y Robert Kennedy, habían comprobado que la cuestión racial en ciertos estados del sur no era simplemente un anacronismo sentimental, ni un prejuicio esclerotizado. Era algo mucho peor: una pasión, un odio viscerales. Como hombres y como ciudadanos amantes de su nación, deseaban vivamente aniquilarlos. Como políticos, volvieron a adoptar un distanciamiento prudente. Habían tomado partido tan decididamente no por el hecho de que un negro fuese atropellado, sino por algo más general: por una vulneración flagrante de la constitución y un atentado contra el orden del estado federal. Por tanto, una vez resuelto el agobio a este nivel, podían reintegrarse a sus posiciones más cautas en la cuestión concreta de los derechos civiles. Los líderes negros, siempre tan sensibles, no dejaron de percibirlo así. Agradecían la energía desplegada en favor de James Meredith... pero la echaban de menos en el resto de las cuestiones que tenían ellos pendientes.

Las medidas puestas en marcha por el departamento de justicia rendían poco a poco sus frutos. Pero eran medidas sensatas, nacidas de una inteligencia lúcida y fría. Por consiguiente, poco tenían que ver con el clima pasional de la calle, allá donde la segregación racial constituía aún un punto de honor. Muchos blancos del sur mostraban una invidencia y una cerrazón irracionales. Pero, a su vez, no todos los negros seguían las normas no violentas de líderes como Martin Luther King: los había también cegados e inasequibles a la negociación.

El volcán no estaba apagado: runruneaba tan solo hasta la próxima erupción. Esta se produjo en abril de 1963, en la ciudad de Birmingham: una de las manifestaciones pacíficas de Luther King fue disuelta por un comisario brutal llamado Eugene «Bull» Connor, mediante el drástico sistema de lanzar sus perros contra los negros. Una vez más, la violencia lograría resultados contrarios a los fines propuestos: la fotografía de una pobre mujer negra, indefensa, atacada por uno de los terribles perros de Connor fue publicada por la prensa de todo el mundo y logró más en favor de los derechos civiles que mil discursos repletos de argumentos jurídicos. Llegaba directamente a los sentimientos: era intolerable que situaciones semejantes se produjesen en un país civilizado.

Hubo también enfrentamientos en la Universidad de Alabama. Allí también actuaba un gobernador segregacionista, George Wallace. Se registraba una escalada de la conflictividad.

Y el presidente no se inhibió:

—Hemos dicho al mundo, y también a nosotros mismos, que este es un país libre. ¿Queríamos decir acaso con ello que es un país libre para todos excepto los negros?, ¿que no tenemos clases, ni castas, ni «ghettos», ni raza superior excepto en lo que se refiere a los negros?

Kennedy procuró enfatizar a continuación:

—Esta es una cuestión de moral tan antigua como las Sagradas Escrituras y tan clara como la constitución norteamericana. Ha llegado el momento en que esta nación cumpla su promesa. Los fuegos de la frustración y de la discordia están ardiendo en todas las ciudades donde no se aplican los preceptos legales. La crisis moral no puede ser solucionada con medidas simbólicas, ni abandonada a las manifestaciones callejeras. Se aproxima un gran cambio y nuestra obligación es procurar que sea pacífico y redunde en beneficio de todos.

Este valiente discurso presidencial fue correspondido al día siguiente por el asesinato a manos de un blanco de Medgar Eves, el amigo y consejero de James Meredith.

Los Kennedy activaron sus gestiones, preparando la opinión de los líderes políticos ante las nuevas medidas a adoptar. Estaban sinceramente convencidos de que debía actuarse con decisión. Los sondeos registraban una creciente ola de odio contra ellos en los estados del sur. No importaba: eran los meses en que John Kennedy había soltado amarras finalmente con sus antiguas preocupaciones electorales. Era el presidente de una nación aquejada de un grave conflicto interno y debía usar todos los medios a su alcance para remediarlo.

El 19 de junio de 1963, presentó por fin al congreso la ley de derechos civiles. Un largo camino se iniciaba. Pero su curso, aunque laborioso, sería irreversible...

Martin Luther King y los demás líderes negros, muy activos durante aquella temporada –conscientes de la etapa crucial que significaba–, propusieron una gran manifestación pacífica, con que apoyar el proyecto de ley, induciendo al congreso a su aprobación rápida. Pero los Kennedy la desaconsejaron: los representantes, muy celosos de su libertad legislativa, podían reaccionar negativamente ante una presión de aquella índole. Por último, se decidió organizar una «marcha sobre

Washington», despojada de toda carga incitatoria o propagandística: una simple exhibición de la presencia negra, que debía serlo también de su calma, de su paciencia... y de su confianza en la acción de los legisladores.

El 28 de agosto de 1963 fue un día memorable para la población de color estadounidense. Más de un cuarto de millón de personas integraron la marcha, que aunque solo fuera por estas proporciones hubiera resultado ya impresionante. Pero, además, tal como pretendían sus promotores, fue un alarde de orden, serenidad y nobleza. Para quienes atribuían a los negros los peores defectos y les señalaban como un peligro público, aquella inmensa marea de negros mostrando pacíficamente la realidad de su ciudadanía, sin atacar ni molestar a nadie, fue toda una revelación. Cuando Martin Luther King dirigió la palabra a la inmensa muchedumbre, esta se sintió dominada por una emoción casi palpable.

—Aunque aún tendremos que enfrentarnos con muchas dificultades, yo todavía sueño... –dijo–. Sueño que en las colinas rojas de Georgia los hijos de los esclavos se sentarán a la mesa de la fraternidad con los hijos de sus antiguos amos... Sueño que incluso el estado de Mississippi, que hierve en el fuego de la injusticia, llegará a ser un oasis de libertad... Sueño que los valles serán levantados y las cumbres rebajadas, lo áspero se suavizará y lo torcido se enderezará... y aparecerá la gloria del Señor y todos los hijos de la carne la contemplarán juntos.

El interminable mar de cabezas comenzó a moverse rítmicamente. Prendidos por el encanto visionario de aquellas frases bíblicas, los presentes se habían dado las manos y oscilaban a un lado y a otro, gritando a coro a su líder:

—¡Sueña, sueña más aún!

Imborrable espectáculo. Los perseguidos y segregados proclamaban, todavía, su esperanza.

Aquella noche, John Kennedy dijo a los organizadores de la marcha:

—Esta nación puede sentirse orgullosa.

CAPÍTULO VIGÉSIMO

Si alguna otra pequeña esperanza le había quedado al presidente Kennedy tras la conferencia de Viena, además del parvo acuerdo sobre Laos, se refería a la cuestión de las pruebas nucleares: Kruschev había ofrecido no reanudar dichas pruebas mientras no lo hicieran, por su parte, los Estados Unidos. Fue una aseveración deslizada en medio de las interminables horas de discusión, pero que John Kennedy valoró mucho.

No obstante, aquella otra esperanza se había desvanecido muy pronto. Los soviéticos reanudaron sus pruebas nucleares a finales del mes de agosto de aquel mismo año, aunque los Estados Unidos no lo habían hecho. ¿Había olvidado Kruschev lo dicho en Viena? ¿O bien lo incumplía conscientemente? No había más remedio que continuar adelante, si no se quería ceder a la URSS definitivamente la primacía en aquel orden: los Estados Unidos tuvieron que reanudar, a su vez, sus pruebas subterráneas, cosa que hicieron inmediatamente, el 5 de septiembre. Muy disgustado, el presidente había tenido que dar la orden.

Pero la amenaza nuclear le preocupó siempre. No solo en su aspecto inmediato y obvio, a saber, el peligro de una guerra aniquiladora a que podían verse arrastradas las superpotencias; sino también en sus implicaciones menos visibles. La lluvia que caía sobre la tierra era portadora de partículas radioactivas. Aunque no llegase a estallar jamás la temida guerra total, la mera sucesión de las pruebas nucleares por una y otra parte atentaba contra el hábitat humano: la tierra iría haciéndose poco a poco menos vivible.

Él no tenía solución para aquel problema. Como no podía tolerar que su país quedase rezagado en la carrera nuclear, ofreciéndose entonces como fácil víctima del enemigo, debía disponer, y aun estimular, la continuación de las pruebas y el perfeccionamiento de los armamentos nucleares. A lo sumo, podía intentar una y otra vez acercamientos diplomáticos –su correspondencia con Kruschev no se interrumpió– y clamar en público sobre la angustiosa situación en que la humanidad se estaba colocando. Nada más. La simultaneidad de ambas acciones les presta cierto aspecto de hipocresía: el presidente denunciaba con dureza aquello mismo de lo cual era responsable. Pero es una hipocresía forzada, debida a la disyunción entre los roles de Kennedy, a saber, jefe de una gran superpotencia, cuyo destino dependería acaso del armamento, y pacifista sinceramente deseoso de salvaguardar el futuro de toda la humanidad.

Ante la asamblea general de la ONU pronunció un discurso, a ratos un tanto efectista, señalando la tremenda responsabilidad histórica de aquella coyuntura:

—Quienes hoy nos encontramos en esta sala seremos recordados como integrantes de la generación que convirtió el planeta en una llameante pira funeraria, o bien de la generación que cumplió su voto de salvar de los azotes de la guerra a las que seguirán. A nosotros nos incumbe la decisión. Nunca han tenido las naciones del mundo tanto que perder o tanto que ganar. Juntos salvaremos nuestro planeta o juntos pereceremos en sus llamas. Podemos salvarlo, y debemos hacerlo, y en tal caso ganaremos la gratitud eterna de la humanidad, y en cuanto pacificadores, la bendición de Dios.

La asamblea general había solicitado de la Unión Soviética que se abstuviese de hacer estallar un arma nueva impresionante: la bomba de cincuenta megatones. Aquella gestión no dio resultado: el 30 de octubre estallaba la bomba de cincuenta megatones. La prensa mundial pudo desatarse en condenaciones: ¡no eran más que palabras! Frente a estas, en el equilibrio mundial pesaba en adelante la existencia de aquel nuevo y terrible potencial destructor. Kruschev se permitió bromear públicamente sobre el hecho:

—En vez de cincuenta megatones –dijo–, la bomba ha resultado ser de uno más, pero no vamos a castigar por eso a nuestros científicos.

Un ambiente de desaliento cundió por las cancillerías. Si aquella era la disposición de los soviéticos, ¿cómo confiar en unas perspectivas de paz?

Kennedy vacilaba: la sucesión de los acontecimientos le arrastraba cada vez más desbocadamente a la carrera nuclear. No podía resistirse a ella: los Estados Unidos debían precaverse contra un ataque. Muchas voces le urgían para que autorizase las pruebas nucleares en la atmósfera. Otras le frenaban: el «premier» británico, Harold Mac Millan, insistía para que aplazase una decisión semejante. Kennedy respetaba mucho a Mac Millan –acaso el estadista extranjero con quien mejor llegó a colaborar–, pero la opinión de este fue quedándose cada vez más sola, entre el clamoreo que exigía una reacción nuclear vigorosa. Antes de tomar la decisión definitiva, John Kennedy telefoneó a los expresidentes Truman y Eisenhower: no quería asumir solo una responsabilidad semejante. Acaso pretendiera cubrirse con los consejos de sus predecesores o esperase secretamente que estos le disuadieran del proyecto. Pero no fue así: muy al contrario, Eisenhower le contestó con frialdad que debiera haber tomado mucho tiempo antes aquella determinación.

No tenía escapatoria. Acosado por las circunstancias y por la opinión pública, el presidente Kennedy ordenó también las pruebas nucleares en la atmósfera: la humanidad daba un paso más hacia su propia destrucción, y él lo sabía...

Aquél fue una especie de tema-pesadilla de su mandato presidencial. Kennedy no renunció a la posibilidad de un entendimiento con la URSS, convencido de que sería el único medio de cortar la fatídica escalada. Aunque impulsó la carrera de armamentos, estuvo siempre alerta diplomáticamente a los menores signos de distensión en la otra parte, para volver al cauce de las conversaciones. En efecto, la Unión Soviética llegó también a la convicción de que armarse definitivamente no conduciría a ninguna solución, sino a acrecentar los riesgos de conflagración. Y finalmente, dio pruebas de nuevo de cierta voluntad negociadora.

La administración norteamericana se apresuró entonces a captar aquella onda. Fue nombrado para dirigir por su parte las negociaciones un hombre tan experimentado y buen conocedor de la URSS como Averell Harriman: nadie como él estaba en condiciones de desentrañar las claves de las diversas actitudes soviéticas, conduciendo las respuestas norteamericanas del modo más sutil y eficaz para los fines de la paz.

Kennedy apoyó su trabajo con un discurso que fue uno de los más sentidos de su vida, en el que empleó acentos persuasivos profundamente humanos, más allá de la verbosidad política:

—Todos habitamos este pequeño planeta –dijo–. Todos respiramos el mismo aire. A todos nos preocupa el futuro de nuestros hijos. ¡Y todos somos mortales!

Kruschev, en aquella ocasión, baladronadas aparte, colaboró de veras. Le estimulaba a ello –todo hay que decirlo– el creciente conflicto que enfrentaba a la URSS con China: se encontraba con un inesperado enemigo a sus espaldas... Para atender aquel nuevo frente, le convenía estabilizar relativamente sus diferencias con los Estados Unidos.

Ello fue una de las causas para que, por último, las negociaciones llegasen a buen fin: se firmó un tratado de prohibición de pruebas nucleares. Muchos otros países se apresuraron a suscribirlo, por su parte: actitud platónica, ya que pocos de ellos se encontraban en condiciones de llegar algún día al rango de potencia nuclear. Pero no lo firmó China, en cuyos planes entraba ciertamente la adquisición de aquel armamento. Y en el lado occidental tampoco lo firmó Francia, que conducida por el altivo De Gaulle se preparaba también a poseer una fuerza nuclear propia: con lo que se desentendía de la tutela norteamericana, proclamaba muy claramente su voluntad de autonomía y daba un chasco –o intentaba hacerlo– a los Estados Unidos.

El tratado era un paso... Pero nada más que un paso. Aquellas disidencias particulares mantenían el riesgo de nuevos enfrentamientos. Por otra parte, nadie otorgaba una credibilidad absoluta a ciertas firmas al pie de unos documentos... Kennedy se abstuvo de gloriarse del tratado como de un éxito: avizoraba el futuro y aguardaba. La amenaza nuclear no se había desvanecido: a lo sumo, se había aplazado...

CAPÍTULO VIGÉSIMO PRIMERO

Y Cuba continuaba –¡naturalmente!– a las puertas de los Estados Unidos. Y Fidel Castro continuaba empleando su oratoria diluvial en fustigar al poderoso vecino. Pero su fuerza no era solamente palabrería: los refugiados cubanos que llegaban continuamente al continente comenzaron a hablar de una masiva ayuda militar soviética que afluía sobre la isla.

Poco antes de que Raúl Castro, hermano de Fidel y ministro de las fuerzas armadas, llegase a Moscú el día 2 de julio de 1962, se hizo firme el convenio ruso-cubano de establecer en la isla del Caribe bases de proyectiles nucleares. Dada la situación geográfica de Cuba, aquellas bases no podían tener más que un objetivo: los Estados Unidos, situados a tan corta distancia. Se trataba, por tanto, de una acción de gravísima trascendencia estratégica: una amenaza inmediata, comparable a la de quien sitúa un puñal a un centímetro del pecho de su oponente. Entre aquella acción y el ataque mortal no había más que leves diferencias de serenidad, oportunidad o temple. Un mal momento, el «error de interpretación» tan aludido por Kennedy, bastaría para desencadenar lo irremediable.

La situación era, por tanto, poco menos que desesperada. Afortunadamente, John Kennedy había aprendido mucho durante aquellos meses ya transcurridos en la Casa Blanca y no perdió los nervios: ante todo, quiso tener una certeza absoluta sobre la cuestión. Nada de precipitaciones, ni de reacciones atolondradas: hechos comprobados, ante todo.

Los vuelos de reconocimiento, que por su orden fueron intensificados sobre la isla de Cuba, aportaron a mediados de octubre la prueba irrefutable de sus fotografías: era cierto que se habían instalado rampas de lanzamiento para unos proyectiles nucleares –cada uno de ellos portador de una bomba veinte o treinta veces más potente que la bomba atómica de Hiroshima– y que su orientación apuntaba evidentemente hacia el territorio de los Estados Unidos.

No cabía duda. Ya no se le podría tachar de precipitación: Kennedy tenía que actuar. Pero, ¿cómo? Aquella era precisamente la situación que él había intentado a todo trance evitar: la amenaza inminente en que un gesto extemporáneo o excesivo por cualquiera de ambas partes podía desencadenar la guerra total. Las intenciones de la URSS desde Cuba eran diáfanas: ¿cómo responder a ellas, eficazmente, sin desencadenar el infierno?

Durante una semana, John Kennedy conferenció casi ininterrumpidamente con sus asesores. Fue una semana silenciosa y trágica, en que se estaba ventilando la supervivencia de la humanidad. Pero esta dependía no solamente del tacto de los norteamericanos, sino también –aquí, la incógnita– del grado de lucidez con que desde Moscú fueran acogidos sus movimientos.

El presidente se vio asediado por las opiniones más contrastadas: ciertos medios del Pentágono le presionaban –ya desde las primeras noticias confusas acerca de las instalaciones cubanas– para que respondiese belicosamente. Pero él tenía muy claro que esto debía ser lo último que hiciera... Mientras requería ansiosamente los consejos de unos y otros, procuraba mantener sin embargo de cara al exterior un ritmo de trabajo normal: no debía traslucirse, ni llegar hasta Moscú, la impresión del frenético estudio a que se había entregado, también era secreto el resultado positivo de los últimos vuelos de observación... Incluso el presidente recibió al ministro soviético Andrei Gromyko, sin darle muestra alguna de inquietud: ambos sabían la verdad, pero se la ocultaban mutuamente.

—Nuestra ayuda militar a Cuba no tiene más que una finalidad defensiva –le dijo Gromyko, con la mayor impavidez.

Y John Kennedy asintió en silencio.

Podía continuar la farsa...

Los consejeros de Kennedy continuaban divididos: a decir verdad, se les había sometido un caso absolutamente inédito en la historia bélica. No había precedentes y la decisión equivaldría, posiblemente, a una jugada a cara o cruz. Tras una ausencia ocasional, el presidente les apremió para que adoptasen una actitud u otra. Sometida a votación, hubo once votos favorables al bloqueo de Cuba y seis en contra. El presidente rogó entonces que la decisión se tomase por unanimidad: en un caso tan trascendental, no quería que nadie quedase a cubierto, invocando que su parecer había sido otro...

Seguidamente, hizo preparar a Sorensen el discurso en que debía dar cuenta al país de las medidas que se adoptaban. En lugar del término «bloqueo», se prefirió emplear «cuarentena»: un eufemismo tras el que intentar vanamente disimular la firmeza de la acción. Kennedy envió a su familia a la residencia de Glen Ora.

—¿Querrás tú ir a pasar las próximas horas en el refugio antiatómico de la presidencia? –le preguntó a Jackie.

Ella negó con firmeza.

—Reflexiónalo –insistió John– Van a ser unas horas de incertidumbre en las que no sé lo que puede suceder: quizá lo peor.

—No: prefiero quedarme en Washington, aquí, a tu lado.

El presidente se hallaba, a pesar de todo, más seguro que nunca de sí mismo: sabía lo que arriesgaba y por qué debía hacerlo. Los telespectadores pudieron compartir la serenidad que irradiaba, pero no les escamoteó la realidad del peligro que todos corrían. Era, sencillamente, un hombre ante su pueblo y ante la historia. No pasó inadvertida la trascendencia del momento.

Kennedy calificó en su discurso las seguridades que le habían ofrecido los soviéticos como «engaño deliberado»: al cual debían responder los Estados Unidos con unas medidas «iniciales»; subrayó especialmente este concepto.

—Conciudadanos –finalizó el presidente, evitando los tonos dramáticos de voz, pero matizando sus palabras–, no dude nadie que esta es una actitud difícil y peligrosa. No es posible predecir qué rumbo tomará ni qué pérdidas puede costar. Pero el mayor de los peligros consistiría en no hacer nada. Nuestro objetivo no es el triunfo del poder, sino la reivindicación de un derecho. No es la paz a expensas de la libertad, sino la paz y la libertad al mismo tiempo en este hemisferio y queremos suponer que también en el resto del mundo. Con la ayuda de Dios, conseguiremos nuestro objetivo.

¡La suerte estaba echada! A partir de aquel momento, el curso inmediato de los acontecimientos dependía del talante con que los dirigentes del Kremlin acogiesen la actitud norteamericana.

Hubo un silencio mundial.

Todas las miradas estaban fijas en el Kremlin. Particularmente, los asesores del presidente Kennedy intentaban desentrañar los menores signos, para prever lo que pudiera seguir...

Nada.

Las horas se hacían angustiosas. No había respuesta soviética. Averell Harriman se atrevió a pronosticar que Kruschev se mostraría flexible.

Los hechos confirmaron aquella impresión: la mitad de la flota soviética que navegaba con rumbo a Cuba, cargada con material de guerra, recibió orden de virar en redondo y emprender el regreso a sus bases. Suspiro general de alivio. Pero no bastaba: los demás buques parecían aguardar otras órdenes. Y entre ellos un buque cisterna penetró en la zona bloqueada. Kennedy tuvo que serenar a los militares impulsivos que pretendían atacarlo:

—Calma. No sabemos si se trata de un error... Piensen que un buque cisterna no supone peligro especial. Sería terrible estropearlo ahora todo por un gesto de violencia.

Mientras tanto, hubo ciertos movimientos diplomáticos: la URSS parecía buscar, efectivamente, una salida airosa del atolladero.

Por último, se recibió una carta que el primer ministro soviético dirigía al presidente de los Estados Unidos. Estaba concebida en unos términos llanos y, al parecer, sinceros: proponía un arreglo bastante sensato, a saber, que la Unión Soviética dejaría de considerar necesaria su presencia en la isla de Cuba si los Estados Unidos le daban seguridades de no invadirla ni permitir que otros lo hicieran, así como retiraban su flota de bloqueo.

Era una base para negociar. Sobre todo, Kruschev se mostraba ecuánime, no se lanzaba al temido abismo de la agresión, ni siquiera de la amenaza. En la Casa Blanca cundió el optimismo. ¡Se evitaría el desastre!

Pero aquella buena impresión duró muy poco. Con un intervalo de solo unas horas, se recibió una segunda carta de Kruschev: ¡y esta parecía escrita por otro hombre! Era fría y cortante y no abría perspectivas esperanzadoras: proponía canjear las bases soviéticas en Cuba por las norteamericanas en Turquía, lo cual se debía suponer inaceptable. Así fue: el gobierno de los Estados Unidos no se avendría a semejante componenda. Para colmo, casi al mismo tiempo, un avión norteamericano fue derribado sobre Cuba: probablemente por alguno de los especialistas rusos acuartelados allí.

De esta manera, súbitamente, el asunto se escapaba de la órbita de la negociación, para recaer en la de las armas. Los militares arreciaron en sus presiones a Kennedy: para ellos, no tenía sentido aguardar más; el bloqueo, medida cautelar, no había producido los efectos disuasorios que se pretendían y por consiguiente era preciso responder en un lenguaje bélico. Kennedy argüía que cualquier grado de respuesta armada conduciría fatalmente a una escalada... es decir, en el límite, a la guerra total: y escudado en esta perspectiva les rogaba un poco más de paciencia.

—No nos precipitemos. La diferencia entre estas dos cartas de Kruschev es incomprensible. ¿Qué hay detrás de ellas? Un poco más de tiempo, y quizá veamos claro...

Se analizaron todas las hipótesis posibles. Pero no eran más que hipótesis precisamente, por lo que hubiera sido insensato basar sobre ellas cualquier acción sobre todo si debía ser violenta. Semejante incertidumbre avalaba la prudencia del presidente Kennedy. Pero este comprendía que no le sería factible contener indefinidamente a los militares; y con su habitual frialdad, reconocía las razones que les asistían. Él mismo había declarado ante todo el país que lo peor sería cruzarse de brazos...

Las reuniones eran muy lúgubres. Nadie veía una salida despejada. De pronto, Robert Kennedy tuvo un chispazo creativo y, en cuanto tal, poco razonado. Dijo:

—¿Por qué no hacemos una cosa? Prescindamos de la segunda carta de Kruschev: actuemos basándonos solamente en la primera, como si no hubiera más que esta.

Cuando examinaron lo que, en principio, había parecido una simple humorada, el equipo de los asesores presidenciales cayó en la cuenta de que había mucha sensatez subyacente. La experiencia de todos ellos les recordaba que, efectivamente, a nivel de las grandes decisiones estatales pueden producirse irregularidades increíbles debidas a fallos mecánicos de las burocracias. Sencillamente, podía haberse invertido, nada menos, el orden cronológico de las dos cartas. Cada vez más seducidos por aquella nueva hipótesis, se dedicaron a desarrollarla: acaso la primera carta recibida fuera la segunda escrita, fruto de una consideración personal por parte de Kruschev de la crisis cubana; pero mientras la primera, obra de su estado mayor, pudo haber seguido todo el largo trámite establecido, hasta llegar al conocimiento del presidente de los Estados Unidos, la segunda, expedida por la vía directa debido a la urgencia con que Kruschev consideraba el caso, se habría adelantado a ella... En este supuesto, de acuerdo con lo que sugería Bob Kennedy, efectivamente la carta definitiva, la que debía sustentar la decisión norteamericana, era la primera recibida, segunda en expedirse. Y había que dar por no recibida la otra, que era la dura.

Así se hizo: John Kennedy respondió con una nueva carta, en términos amigables. Si la hipótesis era cierta, obtendría resultados. Si la hipótesis era equivocada, se perdía el tiempo una vez más, ofreciendo facilidades a un enemigo cerril. Pero Bob argumentaba que aquel tiempo perdido no sería demasiado, en el peor caso, ya que si los rusos querían la guerra no tardarían en dar otras pruebas inequívocas de ello.

En la espera, el presidente estaba dispuesto –mal de su agrado– a dar las órdenes de ataque ante el primer signo agresivo desde Cuba.

Nueva tensión, con el ánimo pendiente del Kremlin...

Por fin, el domingo 28 de octubre, a primera hora de la mañana, se recibió respuesta de Kruschev. Era una respuesta directa: no había duda, el dirigente ruso continuaba en el tono de la carta conciliadora, la que según la última hipótesis –que así quedaba confirmada– contenía de veras su pensamiento decisorio. Habría acuerdo: Kruschev ofrecía interrumpir los trabajos en las bases cubanas y reintegrar a territorio de soberanía soviética «las armas que ustedes llaman ofensivas» sugería unas negociaciones para desarrollar en la ONU y requería de los Estados Unidos la suspensión de sus vuelos de reconocimiento sobre Cuba.

La crisis había sido conjurada.

Fue un éxito cierto de John Kennedy: probablemente, el más sólido y más trascendental de toda su carrera. La perspectiva del tiempo no ha hecho sino subrayar más la impresión que ya entonces se tuvo de que el mundo se había hallado al borde de un enfrentamiento irremediable entre las dos superpotencias, que solo la sangre fría del presidente, su absoluto dominio de los nervios en unos días y unas horas de máxima tensión, pudo orillar airosamente, hasta desembocar en una solución. Kruschev, por su parte dio también pruebas de moderación, tras haberse embarcado en un intento peligroso, al aprovechar las oportunidades que se le brindaban para salir del mismo.

Kennedy había fallado en Cuba estrepitosamente una vez. Pero hay que reconocer que justamente en Cuba dio la segunda vez la gran prueba de su temple como estadista. Él evitó resaltar aquella victoria moral: le importaba, sobre todo, no airearla porque ello hubiera podido enturbiar la distensión con la URSS.

De ella dependía la tranquilidad del mundo...

CAPÍTULO VIGÉSIMO SEGUNDO

Las ideas de Kennedy no eran simplistas. Por eso había rechazado desde hacía mucho tiempo –como, en su momento, le había correspondido a su hermano Joe– las tesis de un anticomunismo a ultranza. Él reconocía que al otro lado del telón de acero existían otras razones para vivir, diferentes de las que esgrimía el mundo capitalista. Aunque había nacido en el seno de este, y nunca renegó del mismo, admiraba la capacidad para galvanizar a la juventud que acreditaba el marxismo-leninismo y debía reconocer que en su país no se había logrado semejante intensidad, ni de lejos, en la integración entusiasta de las generaciones nuevas. En suma: algo había que aprender de los comunistas...

Con esta flexibilidad había impostado sus relaciones respecto de Kruschev. Pero la propia experiencia de estas le demostraba que, al lado de una cierta comprensión y unas buenas maneras inagotables, era preciso de vez en cuando dosificar la fuerza. Cuando, durante el verano de 1962, el presidente Kennedy recorrió Europa, en una especie de «viaje de Relaciones Públicas», su visita a Berlín debía adquirir matices muy agudos.

El viaje fue un gran éxito de multitudes: Kennedy fue recibido en casi todas partes con simpatía sincera. Aunque él no se lo había propuesto directamente, se le reconocía como el gran líder de Occidente. Pero el clima de la acogida en Berlín superó todas las cotas del entusiasmo.

En efecto, el hecho de que el presidente de los Estados Unidos hubiese incorporado a su itinerario la conflictiva ciudad era una toma de partido inequívoca. Así lo entendieron los berlineses: la prosperidad de estos dependía exclusivamente de la energía que para mantener el «status» de la parte occidental usasen los aliados y naturalmente en primerísimo término los Estados Unidos. Kennedy era, en este sentido, un personaje decisivo para ellos. Y se volcaron en las calles para aclamarle.

Él correspondió: la contemplación del muro divisorio –el famoso «muro de la vergüenza»– y el calor del afecto que los berlineses le demostraron hicieron que Kennedy vibrase aquel día como nunca. Así se explica que en su discurso perdiese algo de su habitual mesura: pronunció palabras emotivas, probablemente a impulsos de unos sentimientos vivos, más que de una reflexión pausada.

—Hay muchas personas en el mundo –dijo– que en realidad no comprenden, o dicen no comprender, cuál es la gran diferencia entre el mundo libre y el mundo comunista. Pues, ¡que vengan a Berlín! Hay quienes dicen que el comunismo es el camino del futuro. Pues, ¡que vengan a Berlín! Y hay quienes, en Europa y en todas partes, dicen que podemos colaborar con los comunistas. Pues, ¡que vengan a Berlín! Incluso hay quienes afirman que, aun siendo cierto que el comunismo sea un sistema perverso, lo es que permite progresos económicos. Pues, ¡que vengan a Berlín!

Aquel día, Kennedy había caído, pues, en las manidas dicotomías, que tanto le molestaban en labios de otros. Pero actuaba impelido, arrastrado, por unas vivencias muy intensas. No era una máquina política: era también un hombre que –¡alguna vez!– se disparaba...

El gentío le aplaudía aquellos latiguillos. Cuando, por último, pronunció la famosa frase identificándose con los afanes de sus oyentes, la ovación se hizo interminable:

—*Ich bin ein Berliner!*

Cuando despegaba el avión que le alejaba de la ciudad, Kennedy lanzó un suspiro de plenitud:

—¡Nunca viviremos un día como este, por muy larga que sea nuestra vida!

Hablaba también el hombre, permeable al cariño ruidoso de muchos otros hombres, que allí quedaban...

Y el hombre sentía igualmente las demás emociones propias de tal: las más hondas y las más lacerantes.

Era el presidente de los Estados Unidos: inflexible en política, exigente con sus colaboradores, tenaz con sus enemigos. Pero también era un padre.

En agosto de 1963, los Kennedy tuvieron un nuevo hijo, a quien se impuso el nombre de Patrick. El parto había sido arduo y Jackie quedó muy delicada. Pero el niño también estaba en condiciones precarias: falleció al cabo de cuarenta horas, sin haber salido de su incubadora. Fue un golpe muy duro para el matrimonio.

Cuando le dieron la noticia de que el niño había muerto, John Kennedy bajó la cabeza y lloró en silencio. Poco más tarde, tuvo que decírselo a su mujer, y lloró de nuevo. Por último, durante la «Misa de ángeles» que celebró su amigo el cardenal Richard Cushing, en su capilla privada, más gente tuvo ocasión de contemplar a aquel hombre abrumado, rodeando con su brazo el pequeño ataúd, como si no quisiera soltarlo por nada del mundo.

El cardenal se aproximó a él cariñosamente.

—Jack, Jack, es mejor que lo deje –le insinuó–. La muerte no es el final, sino el comienzo. Usted lo sabe.

Kennedy obedeció lentamente. Y salieron hacia el cementerio... Allí dejó que se marchasen todos, hasta quedar solo junto a la tumba. Meditaba. Oraba. Necesitaba aquella quietud: la quietud de la muerte, en que su hijo se había adentrado. ¡Qué misterio! Un niño recién nacido... ¿Por qué? ¿Por qué?

Su fiel Dave Powers contaría que le vio inclinarse hasta tocar el suelo y musitar:

—¡Qué terrible soledad!

La convalecencia de Jacqueline fue muy triste. No se les apartaba del recuerdo la imagen del niño muerto. El matrimonio, en sus conversaciones, solía recaer en cuestiones dolorosas. Un día decía ella:

—Solo hay una cosa que no podría resistir: perderte algún día...

—Ya lo sé, ya lo sé –respondió John.

Habían sentido la proximidad de la muerte, aquella vieja conocida, pero tan terrible al ensañarse con un niño recién nacido...

Las risas y los juegos de Caroline y John les devolvían a una realidad más gozosa: había que vivir.

Vivir...

CAPÍTULO VIGÉSIMO TERCERO

John Kennedy se revolvió en su asiento, impaciente.

—No veo la necesidad de que yo me mueva –dijo–. ¿No es el estado de Johnson? Pues que arregle él sus asuntos.

Su interlocutor guardó silencio, para dar tiempo a que se desvaneciese el arrebato. Sabía que tan solo al cabo de unos segundos el presidente sería accesible al razonamiento. Era simplemente cuestión de que su mente se hallase de nuevo tranquila, habiendo arrojado en forma de palabras la ocasional sobrecarga pasional. Libre de esta, la frialdad de juicio de Kennedy no se resistía nunca a una argumentación sensata.

—Bien, ¿qué opina? –le interpeló él mismo, al cabo de la pausa: daba por descontado, en efecto, que tendría que revisar su posición.

—La situación es delicada en Texas, señor presidente. No tengo que recordarle que ya en 1960 su margen en la elección fue muy escaso: 46.233 votos...

—No lo he olvidado.

—A continuación, el funcionamiento del partido demócrata tejano ha ido deteriorándose paulatinamente. El gobernador Connally y el senador Yarborough son incompatibles. Por esta razón, los demócratas están escindidos y además desmoralizados. En la actual situación, creo que no se podrían abrigar esperanzas para las próximas elecciones.

—Los republicanos aprovecharían esa ventaja, ¿no?

—Se la están sirviendo en bandeja. No es edificante el espectáculo político que están dando Connally y Yarborough.

—Bien, por eso digo que lo corte Lyndon Johnson: él conoce a toda esa gente, es uno de ellos. Lo cual quiere decir que le aceptarán, aunque les escueza. No tengo yo por qué inmiscuirme.

—Creo que sí, señor presidente. Olvida que la influencia de Lyndon Johnson, a pesar de todo, es limitada: está al margen de varios de los grupos del partido. Por otra parte, la importancia del estado merece que no lo dejemos escapar...

—Ya lo sé: tiene 25 votos electorales.

—En consecuencia, nuestro grupo de trabajo ha llegado a la conclusión de que es precisa una intervención personal suya, para restablecer la unidad del partido, o por lo menos una apariencia de tal, con vistas a las elecciones. Hay que conseguir minimizar el antagonismo entre Connally y Yarborough. Para ellos hemos pensado una rápida gira por los principales centros del estado, que sirva de ocasión para que ellos dos se exhiban juntos... A partir de aquí, podremos operar para reconstruir lo que buenamente se pueda. Y quizá, incluso, haya manera de convencerles para que observen una tregua.

—En suma –suspiró Kennedy–, es preciso que yo me pasee personalmente por el estado de Texas.

—Con el vicepresidente Johnson.

—¡Oh, sí, sí!, con Johnson. Pero él solo, no.

—Naturalmente, no tiene la magia de un presidente.

—Comprendido.

Kennedy guardó silencio. Como había supuesto, los argumentos eran consistentes. Su viejo espíritu electoral, que había permanecido adormecido durante casi tres años, volvía por sus fueros al ventear la proximidad de la campaña para su reelección. Estaba convencido de que Texas revestía una considerable importancia en el conjunto de la Unión y que, en cuanto jefe del partido demócrata, no podía asistir pasivo a que este se desgarrase por los personalismos de dos líderes. Toda su inteligencia parecía sacudirse ante los primeros cálculos electorales: posibilidades, previsiones, riesgos... Era preciso reducir estos al mínimo.

—Además, si tenemos en cuenta que Texas ha sido siempre un estado de suyo problemático...

—También lo recuerdo perfectamente. Sí, no podemos dejar esa cuestión en el aire. Es preciso resolverla, y con tiempo: una vez comenzada la campaña tendremos demasiados otros agobios que atender.

El presidente se daba por convencido. No le agradaba la perspectiva de una gira por Texas: justamente por el talante de sus habitantes, él no se sentía a gusto en aquel estado. No había sintonía posible entre el clásico conservadurismo tejano y el animoso progresismo de John Kennedy. Pero tenía que afrontar la dificultad, como tantas otras en su carrera: salir al paso de ella, desarticular a tiempo lo que podía ser un impedimento en su reelección.

En consecuencia, ordenó que se preparase el plan de la gira. Lyndon Johnson propuso hacerla finalizar con una invitación a su rancho: había olvidado ya la historia de la cabeza de ciervo disecada que el presidente no había querido colgar en ninguna parte... y se disponía a ser de nuevo un anfitrión espléndido. Después de la fatigosa sucesión de actos oficiales, discursos, desfiles y banquetes, una estancia en la paz opulenta de su rancho sería sin duda apreciada por el presidente.

La idea tuvo buena acogida. En el fondo, cada uno de los líderes enfrentados contaba con aprovecharla en su propio beneficio, más que en ventaja para el partido. El gobernador John Connally hizo una proposición atrevida: ¿no podría el presidente efectuar la gira en compañía de su esposa? Él sabía el enorme atractivo que ejercía Jacqueline sobre el pueblo, de modo que su presencia hubiera garantizado el éxito de la operación.

El momento era delicado para los Kennedy, y particularmente para ella, después de la desgracia de aquel verano. Mas, en otro orden, precisamente necesitaba distraerse y una vez su ginecólogo la declaró capaz de reanudar una vida normal, Jack la sondeó acerca de sus ánimos ante la campaña electoral.

—Sí, estoy dispuesta a actuar –dijo ella–. Puesto que lo quieres, haremos la campaña. Apareceré contigo donde tú quieras.

El presidente agradecía doblemente aquella disposición, pues le constaba el despego de su esposa hacia aquellos esfuerzos maratonianos. Por consiguiente, se proponía dosificar mucho sus apariciones: sugerírselas solamente en algunos casos muy especiales.

Y muy especial era el caso de Texas.

—¿Has pensado en el viaje a Texas con Lyndon Johnson? –insinuó.

Ella le miró despacio a los ojos. La pregunta era prácticamente una invitación: Jack quería que fuese. No vaciló ni un momento y requirió su agenda.

—¿Qué días son?

—21, 22 y 23 de noviembre –dijo él.

Jackie lo apuntó así en los espacios correspondientes, reservando las fechas. Iría con él.

—Debe ser importante eso de Texas, ¿verdad?

—Bueno, lo cierto es que no es propiamente una acción electoral. Pero debemos quitar obstáculos de en medio, ¿sabes? El gobernador Connally ha sugerido que serías muy bien acogida allí. Desde luego, mejor que yo: ¡a mí no me pueden ver! Tu presencia servirá para dulcificar ciertos enconos... Sí, creo que serás muy útil.

John Kennedy daba por descontado que el ambiente en el estado de Texas habría de ser tenso. Pero probablemente carecía aún de una visión cabal sobre el mismo. Se debía limitar a las generalidades ya sabidas. A la pugna interna Connally-Yarborough se unía el talante hosco propio de aquel estado, en general. Texas conservaba numerosos rasgos del «Far West», que son muy típicos exportados en celuloide, pero muy incómodos para bregar con ellos en política. La gente era adusta y violenta. Las relaciones humanas –tanto a nivel de familia como de economía o de ideas– estaban marcadas por la violencia. Las amenazas, la extorsión y la agresión eran demasiado frecuentes: muchas de aquellas manifestaciones, propias de crónica negra, ni siquiera aparecerían ya en los periódicos porque su misma reiteración les quitaba el carácter de noticia. Frente al poder central, Texas se mostraba singularmente reticente, también por razones históricas. Y mucho más respecto al joven presidente de la Unión, cuya ideología manifiesta chocaba con los principios más férreos de las minorías poderosas tejanas.

Sin embargo, aquellas características distaban mucho de explicar el clima de Texas y más en concreto de su capital, Dallas, en aquellas fechas. Probablemente, Kennedy no hubiera propuesto a Jacqueline llevarla consigo si hubiese poseído una información completa más actualizada. Cuando la fue recibiendo, era tarde para volverse atrás. Él no se volvía atrás nunca.

Dallas era ciertamente un mundo aparte, donde los hampones confraternizaban con la policía y donde ciertos conceptos muy vinculados a la «Nueva Frontera» como, por ejemplo, derechos humanos, carecían de fuerza y de sentido. Allí imperaba la ley del más fuerte, ¡todavía! El más fuerte podía serlo en virtud de sus dólares, de su revólver, de sus influencias... como quiera que fuese, imponía su voluntad. Nada de idealismo: un pragmatismo brutal. Este clima favorecía el predominio de una determinada clase de hombres, emprendedores y crueles, que generalmente se las habían arreglado muy fácilmente para imponerse también en los cuadros de los partidos. Para semejantes círculos, la visita presidencial no podía ser agradable. Esta no pasaría de protocolaria: el presidente se limitaría a pasar, dejarse ver y pronunciar algunas alocuciones. No había ningún riesgo, por tanto, de intrusión en sus asuntos, que por lo demás la legislación vedaba escrupulosamente. Pero lo que se ventilaba era algo menos que racional: sencillamente, a aquella gente no le sería agradable ver al presidente Kennedy. ¡Tan solo verle! Había una repugnancia profunda, un odio inexpresado.

Su viaje sería la ocasión para que comenzase a expresarse.

Por todo ello quizá los asesores del presidente valorasen con un exceso de optimismo el eco obtenido por la noticia de que Jacqueline iba a estar presente en Texas. La primera dama fue objeto de informaciones de primera página, mientras el presidente quedaba relegado a la quinta... En puridad, se trataba de un fenómeno informativo muy simple: los periódicos recogían el aspecto más superficial del viaje y Jacqueline recibió un tratamiento popular a nivel de estrella cinematográfica. Que a muchos tejanos les hiciese ilusión verla en persona no excluye en absoluto la animosidad de los mismos hacia su marido: su imagen había quedado generalmente tan marginada de la política que, en efecto, no asociaban su gentil figura con los contenidos ideológicos y los compromisos que John Kennedy encarnaba en la suya.

Los Johnson, que se habían adelantado a su rancho para preparar todos los pormenores de la estancia allí, transmitían también impresiones poco realistas. Estaban muy satisfechos con los agasajos que habían planeado... ¡y el rancho quedaba demasiado lejos del venenoso aire de Dallas! Probablemente, Johnson pensaba más en sus propias perspectivas políticas que en la razón profunda de la gira a Texas, de la cual era cierto que no sabía demasiado ni poseía recursos que emplear. Se había rumoreado que Kennedy podría presentarse a la reelección con un candidato nuevo a la vicepresidencia: es decir, Johnson podía temer quedar definitivamente en la cuneta. En consecuencia, todo su afán estaba volcado en congraciarse con el presidente, para asegurarse su papel de compañero de candidatura.

—Será un éxito. La gente se lanzará a la calle para ver y aplaudir a la señora Kennedy.

—Hay una gran expectación: ¡como la primera dama no suele prodigarse!

Por su parte, el presidente pareció muy interesado en que la experiencia resultase agradable para ella. Si la gira por Texas era un fracaso o Jacqueline se sentía a disgusto, su participación subsiguiente en la campaña electoral podía peligrar. Por el contrario, era preciso que aquellos tres días fuesen para ella alentadores y estimulantes. No renunciaba Jack a la ilusión –ya bastante remota– de que ella entrase a fondo en el juego político, y no solo para darle gusto, sino con plena convicción y con aquel curioso placer deportivo –es decir, beligerante y doloroso a veces– que era peculiar del clan Kennedy...

Así se explica que buscase huecos en sus demás ocupaciones para intervenir directamente en cuestiones muy femeninas.

—¿Pam? ¿Qué han pensado ustedes sobre el peinado de mi esposa? –preguntaba por teléfono, acaso entre la visita de un embajador y el despacho con O'Brien o Sorensen...

Pam Turnure, una de las colaboradoras más próximas a Jackie, era partidaria de que los desfiles se efectuasen en el automóvil con la capota transparente echada, para proteger su peinado.

—¡No! ¡No puede ser, Pam! Es preciso que la gente nos vea bien. No piense más en eso.

Pero Pam volvía a la carga: su proposición siguiente fue que se redujese la duración, y por tanto la longitud, de los trayectos.

—No, no –repetía el presidente–. No quiero recortar el trayecto. Se trata de que nos vean, ¿sabe? Esa es una de las razones políticas del viaje. Reflexiónelo todo partiendo de esa base.

Las ideas de Pam Turnure eran un poco teóricas: concebía a Jackie recién salida de su tocador... y así quería que se mantuviese durante aquellas agotadoras jornadas.

Al final, el presidente zanjó:

—Llame usted a Dave Powers y pídale darse una vuelta por Washington con él, durante cuarenta y cinco minutos, en un coche abierto. ¡ Ya veremos cómo está usted al regresar! Entonces, vuelva a opinar sobre esto.

John Kennedy no disimulaba su interés hacia los actos en Dallas. Preguntó directamente a su mujer qué tipo de vestuario pensaba utilizar: una conversación que ella no recordaba haber mantenido nunca con Jack.

—Será una comida muy lucida –le explicó–. Pienso que estarán allí todas las esposas de los republicanos más acaudalados, con sus abrigos de visón, sus brazaletes de diamantes... Quiero que tú aparezcas tan radiante como ellas, pero sé que de otra manera. Viste con sencillez, como a ti te agrada. Enseña a esos tejanos lo que es el buen gusto.

En la actitud de Jack había, sin embargo, cierto rastro sombrío. Su mujer lo advirtió. También Bobby lo había advertido por aquellos días. Era un especie de nube indefinible, que se interponía en su dinamismo habitual.

—Si es tan importante que me presente perfecta en la comida, ¿por qué te empeñas en que participe antes en el desfile? –preguntó Jackie.

Eran las dudas de Pam, todavía.

—Porque tan importante es lo uno como lo otro. El desfile es para la gente del pueblo: cualquier tejano debe poder verte, si lo desea. Y verte con comodidad. La comida es el encuentro con la gente importante: mejor dicho, la que cree serlo. ¡Una nidada republicana! Pero olvida eso: soy el presidente de todos los norteamericanos, aunque a muchos no les guste.

Jackie le mostró su selección de vestidos. Él la aprobó. Era impensable que su mujer pretendiera rivalizar con aquellas damas en joyas y perifollos: les ganaría por elegancia y por naturalidad. Quedó tranquilo.

—Quedarán encantados contigo –le dijo, repitiendo aquella frase de sus colaboradores.

Y no pensó más en el tema. No tuvo tiempo para ello. Los días que faltaban para la gira a Texas fueron laboriosos. El lunes estuvo en Florida, pronunciando discursos y presidiendo reuniones, en acción también proelectoral. El martes, mientras algunos de sus colaboradores se quedaban en casa descansando de aquel viaje, Kennedy recibió visitas y trabajó en su despacho. Al regreso de Texas, tenía prevista en su agenda una visita oficial del canciller alemán Ludwig Erhard: era un encuentro importante, que debía ser preparado concienzudamente. Pierre Salinger acudió a despedirse, porque iba a volar a las Hawai con un importante núcleo de ministros y colaboradores, presididos por Dean Rusk, para celebrar allí una reunión sobre Vietnam. John Kennedy cruzó unas palabras con su activo secretario de prensa, interesándose sobre quién asumía sus funciones durante su ausencia. Luego, tuvo un leve arranque de espontaneidad. Estaba fatigado y se quitó las gafas para concederse un respiro en su continua revisión de papeles y firma de documentos.

—Me gustaría no tener que ir a Texas –dijo, como hablando consigo mismo.

—No se preocupe: será un viaje magnífico y su llegada atraerá a las multitudes más que nunca.

El presidente esbozó una sonrisa, quizá algo escéptica.

—Vuelva pronto –le dijo.

Era una frase amistosa, que sonó extrañamente porque no solía prodigarlas. El afecto –enorme afecto– de Kennedy a sus allegados era muy pudoroso y se manifestaba raramente. Por eso, Pierre Salinger se sintió levemente impresionado.

Se había producido un notable divorcio entre el espíritu de los funcionarios de la Casa Blanca y sus conexiones en el exterior. Procedentes de estas, habían llegado en los últimos días algunas voces aconsejando prudencia respecto del viaje presidencial. Pero fueron sistemáticamente desoídas o minusvaloradas. ¿Quizá el *staff* de Kennedy estaba tan compenetrado con él que participaba de su completo desdén al peligro? La compenetración es una hermosa virtud, pero ellos hubieran debido mantener una distancia crítica, con objeto de hacer ver al presidente lo que él, llevado de su arrojo o de su ímpetu electoral, no había querido apreciar.

No fue así. Las comunicaciones más pesimistas fueron bloqueadas. Entre ellas, muy valiosas e insistentes, las de Byron Skelton, representante de Texas en el Comité Nacional Demócrata. Hubo quien llegó a despacharlas como corazonadas sin base objetiva. Pero un análisis desapasionado del historial de Skelton hubiera puesto de manifiesto que no era este hombre que se dejase llevar por impulsos irrazonados: era un veterano abogado, buen negociador y excelente enlace en el sur, que poco antes había empleado su prestigio allí para conectar al presidente Kennedy con los recalcitrantes protestantes de la Asociación de Ministros del Gran Houston. Los servicios prestados al presidente y la forma de conducirse siempre Skelton le acreditaban como informante fidedigno. Pues bien, él había aconsejado que se cancelase el viaje nada menos.

Y no solo una vez: Skelton llegó hasta el extremo de multiplicar sus gestiones, para conseguir ser atendido. En vista de que no lo era, por último emprendió viaje a Washington, dispuesto a informar personalmente sobre lo que él consideraba la enrarecida atmósfera de Dallas. Byron Skelton hizo, ciertamente, todo lo que estaba en su mano. Llegó hasta donde le permitieron. Y no suavizó sus previsiones inquietantes.

La mala fama de Dallas estaba confirmándose últimamente en lo referente al presidente de los Estados Unidos. Se habían tolerado, y verosímilmente hallaban eco, actitudes y manifestaciones francamente agresivas. Un ciudadano había declarado públicamente que Kennedy era «una carga para el mundo libre». Esta clase de manifestaciones no resultaba insólita en la caótica ciudad sureña. Muchos las apoyaban de hecho. Y aquella gente era demasiado propensa a pasar desde las palabras a la acción directa...

—Un chiflado es capaz de cualquier cosa –decía–. Y si el ambiente, en vez de contenerle, más bien le impulsa a la acción...

Perdió el tiempo. No valía la pena considerar siquiera aquellos temores. Era preciso que el presidente visitara Texas y se paseara por Dallas...

Paralelamente, otros se preocupaban también. El mismo Fred Holborn, asesor del presidente, admitía la posibilidad de que «se produjeran dificultades», ya que animó a Henry Brandon, del *Sunday Times* de Londres, para que acudiese a Dallas a realizar su información personalmente: gracias a aquellos avisos, Brandon fue el único corresponsal extranjero que se desplazó con motivo de aquel viaje presidencial. De fronteras afuera, carecía de trascendencia... De fronteras adentro, los más sensibles a la historia próxima de Dallas recordaban los molestos incidentes que allí solían producirse: el mismo Lyndon Johnson había sido increpado y escupido por unas amas de casa enfurecidas, durante la campaña de 1960. Más tarde, Adlai Stevenson había sido víctima también de las iras de la gente de Dallas. Y Stevenson fue también de los que se manifestaron claramente contra el proyecto del viaje presidencial.

—Tengo serias dudas sobre el viaje del presidente –dijo Stevenson a Schlesinger, cuando este le telefoneó para felicitarle en nombre de Kennedy por la sangre fría que había demostrado en aquel suceso–. Me ha sorprendido el ambiente de odio que reina en Dallas.

Schlesinger no trasladó aquella impresión al presidente. Hubiera sido desestimada.

La inquietud era tanto más intensa cuanto más próximos se hallaban los opinantes al clima real de la ciudad. Por eso, en los despachos de la Casa Blanca se prefería hacer caso omiso. Los conocedores de Dallas consideraban probable que «algo» sucediese; y la duda consistía en la valoración del riesgo que debía correr el presidente de los Estados Unidos a cambio de su intento de solución de unas querellas internas de su partido.

Se cruzaban las últimas instrucciones:

—¿Está fijado el orden de las comitivas?

—Sí, pero queda resolver dónde irá el senador Yarborough.

—Eso no agradará al presidente. Resuélvanlo.

—No es sencillo: se trata, precisamente, de uno de los puntos cruciales de estos actos. Yarborough...

—¡Lo sabemos! Justamente por eso es preciso que no se plantee ninguna fricción cuando el presidente y el vicepresidente paseen por Texas. Lo tienen que tener ustedes arreglado de antemano. Otra cosa: ¿Los itinerarios?

—Todo conforme.

—¿Los horarios?

—Los hemos cotejado al minuto. Tienen el detalle por escrito.

—¿La seguridad?

—El enviado de ustedes, Lawson, ha recorrido personalmente todo el trayecto con el jefe de policía de Dallas, Jesse Curry, y Forrest V. Sorrels, agente encargado de la oficina local del servicio secreto. ¿Es suficiente?

Había un ligero timbre de zumba en la última pregunta.

—Parece que sí. Todos deben saber lo que llevan entre manos.

—¿Algo más?

—Nada... por ahora.

El avión presidencial estaba siendo objeto de las últimas revisiones. Los miembros del séquito, por su parte, se disponían a acompañar, una vez más, a su jefe, que probablemente aprovecharía el vuelo para dictar órdenes y ponerse al día sobre una serie de cuestiones. El avión era una pequeña «Casa Blanca» ambulante, desde donde se podía controlar todo el país mediante unos sistemas de comunicación sofisticados. Por eso, el presidente de los Estados Unidos no dejaba de estar ni un solo instante en condiciones de adoptar las decisiones más trascendentales ni de comunicarlas inmediatamente a quien correspondiese. Uno de los miembros de su acompañamiento era un tal Ira D. Gearhart, a quien todo el mundo conocía por «el hombre del maletín». Su misión era, en apariencia, extremadamente simple y tediosa: debía estar siempre con su maletín al alcance de la mano del presidente. Pero en caso de una emergencia, Gearhart sería decisivo: porque era portador de las claves mediante las que el presidente de los Estados Unidos podía desencadenar una respuesta nuclear a una eventual agresión; asimismo llevaba los números secretos con que ponerse en comunicación, en plazos de pocos minutos, con el «premier» británico, el presidente de la república francesa, los supremos dirigentes del Pentágono, etc.

Listos los ayudantes, Gearhart, la tripulación del avión, las secretarias de Jackie... Todos listos para el viaje.

Dallas les aguardaba.

CAPÍTULO VIGÉSIMO CUARTO

Un presidente de los Estados Unidos no puede pedir tregua. La víspera de su viaje a Texas ofrecía una recepción en la Casa Blanca a los jueces. Aquellas obligaciones habían sido tan normalmente integradas en su ritmo de vida que él podía estar resolviendo unas cuestiones sobre el sudeste asiático escasos minutos antes, o incluso todavía en el ascensor, para presentarse inmediatamente en público, en apariencia interesado solamente por sus visitantes. Se dejaba llevar entonces por los responsables del protocolo, pero sabía dar una nota personal a cada saludo, intercambiando unas palabras espontáneas: su prodigiosa memoria le hacia mencionar con seguridad nombres, títulos y situaciones, de modo que muchos quedaban convencidos de que siempre habían permanecido presentes en el ánimo del presidente. Esta debe ser una de las cualidades del hombre público.

Jacqueline, por su parte, había regresado aquel mismo día de Virginia y presentaba un magnífico aspecto. La reunión fue un éxito. Después de los saludos y las presentaciones de rigor Kennedy se apartó del centro del salón, yendo al pórtico norte donde tenía otra mecedora; allí le siguió un pequeño grupo, al que no tardaron en sumarse varias damas, ansiosas de hablar con él en un ambiente menos ceremonioso. El presidente se mostró tan asequible como siempre.

¡Parecía estar en su elemento! Amablemente asediado, Kennedy se dejaba querer. Recostado en la mecedora, tenía observaciones gentiles para todas, pero especialmente las dejaba hablar... Bien disimulada por su mundología, en realidad su imaginación estaba muy lejos: a la reunión le concedía su presencia, las formas exteriores, pero su pensamiento había escapado hacía mucho rato.

Su cuñada Ethel, la esposa de Bob, una de las mujeres que más le admiraban y mejor le conocían, le estaba observando desde lejos. A ella no le pasó inadvertido aquel fenómeno. Percibió, además, que los pensamientos de John debían ser graves. Ethel se preocupó más todavía cuando, al término de la recepción, se cruzó con él, saludándole, y no obtuvo su respuesta. John estaba completamente distraído, ausente. ¡No se había fijado en ella!

Le pareció una mala señal. ¿Qué podía ser lo que acaparase de aquel modo el ánimo de John?

Nadie hubiera dicho semejante cosa al día siguiente. John Kennedy se levantó de buen humor y se dispuso a desayunar con sus hijos, como tenía por costumbre. Procuraba estar con ellos, en lo posible, el máximo de tiempo y el desayuno era una buena ocasión, que no solía desperdiciar. Las llamó con voz jovial, batiendo palmas, y los niños llegaron corriendo: ellos también comprendían que aquellos eran momentos que valía la pena aprovechar. Les habían dicho que sus padres iban a salir de viaje y Caroline, en ocasiones semejantes, tenía gusto en vestirse de una manera especial, para despedirles: aquel día se había puesto un vestido de terciopelo azul marino.

—¡Qué bonita! ¡Qué bonita está hoy mi niña! –exclamó Kennedy.

Ella se pavoneó con su vestido. Aquella incipiente coquetería y el aprecio que su padre le dedicaba eran también rasgos formativos de su personalidad, porque significaban una valoración especial de los hechos: era bueno que la niña señalase de algún modo las ocasiones de la marcha de sus padres, diferenciando aquellos días de los demás en que no prestaba tanta atención a su arreglo personal.

—Vamos a ver, ¿sabes dónde vamos?

—Sí, papá: al estado de Texas.

—¿Y sabes dónde está Texas?

—Claro que sí: al sur de los Estados Unidos.

—¿Y la capital del estado?

—Dallas.

El pequeño John la miraba con cierto asombro: ¡cuánto sabía su hermana!

—Bueno, quiero que estos días leas algo sobre Texas. A nuestro regreso, me lo contarás; y yo te diré si lo has entendido bien, ¡porque yo voy a ver todo eso directamente!

—O.K., papá.

Se sentaron a desayunar. El presidente continuó charlando con sus hijos, pero al mismo tiempo leía los periódicos; también tuvo un momento para llamar por teléfono a Ross Gilpatric, subsecretario de defensa. Jackie no había acudido al desayuno, porque estaba todavía en manos de su peluquero. ¡Seguro que Pam Turnure revolotearía a su alrededor, insistiendo en sus preocupaciones de siempre!, pensó Kennedy.

A las nueve y cuarto, Caroline tenía que marchar al colegio. Se despidió de su padre con toda naturalidad, dándole un beso. Aparte del detalle del vestido, no daba mayor importancia al viaje. ¡Estaba muy acostumbrada a que sus padres viajasen!

—Adiós, papá. Hasta la vuelta.

—Adiós, Caroline.

Poco después, el presidente se levantó a su vez de la mesa, para acudir a su despacho y trabajar un rato. No se despidió de John, porque al niño le agradaba verle despegar y contaba con que le llevasen al aeropuerto, llegaba la hora. Llamó por teléfono a más gente, dio instrucciones a los embajadores en Gabón y en Alto Volta, firmó varios documentos... Una jornada normal, aunque levemente más reposada. Firmó también las cartas dirigidas a los familiares de unos soldados muertos en acto de servicio en el extranjero. Obviamente, estas eran unas cartas estereotipadas según el modelo establecido por su secretaria; pero su redacción no carece de emoción y hay que pensar que efecto podría causar en unos huérfanos de guerra, por ejemplo, recibir una carta personal del presidente de los Estados Unidos en términos como estos:

«Quiero que sepáis que vuestro padre era un soldado valiente, que demostró muchas veces su lealtad y su entrega al cumplimiento del deber. Estas virtudes le merecieron el respeto y la admiración de sus compañeros de armas. Cuando seáis mayores os daréis cuenta de la importancia del servicio que vuestro padre ha prestado a nuestro país y os sentiréis orgullosos al saber que sus conciudadanos le están profundamente agradecidos por su colaboración a la seguridad nacional. Mi esposa os envía conmigo su más sentido pésame por esa pérdida irreparable».

A continuación, hizo llamar a Sorensen y revisaron juntos los discursos preparados para aquellos días. Había algunos párrafos bastante duros, que él se proponía pronunciar ante los auditorios tejanos con la intención de que fuesen una especie de revulsivo.

—Sí, sí, está bien –repetía al leerlos en aquellos momentos–. Así debe ser. Esto hay que decirlo.

«Siempre se escucharán en el país voces disidentes expresando una oposición tajante y sin matices, resaltando los errores cometidos sin la menor benevolencia nunca, mostrando las tinieblas a uno y otro lado y procurando desenrollar una influencia, pero sin asumir responsabilidades. Semejantes voces son inevitables. Pero actualmente se escuchan en el país otras presentando unas doctrinas que nada tienen que ver con la realidad, absolutamente inadecuadas para la década de los sesenta; al parecer, esas doctrinas suponen que bastarán las palabras sin las armas, que la humillación es tan aceptable como la victoria y que la paz es un signo de debilidad».

Kennedy arremetía contra los extremismos, sabedor de que sus auditorios iban a ser predominantemente derechistas. Pero –rasgo muy norteamericano– le pareció que el conjunto quedaba excesivamente serio.

—Creo que habría que animarlo con un poco de humor –observó–. ¿Qué clase de chiste podemos intercalar por aquí?

—Consultaré el archivo de chistes –dijo Sorensen dócilmente.

Mientras Sorensen se ausentaba, el presidente volvió a telefonear. Quería conocer las previsiones meteorológicas en Texas, para que su mujer fuese debidamente pertrechada. El pronóstico era de temperaturas calurosas. Kennedy se apresuró a ordenar que se incorporasen al guardarropa de Jacqueline varios vestidos frescos. Pero ya no era tiempo: las maletas de la primera dama habían sido cerradas y transportadas al helicóptero. Kennedy soltó un taco. Le contrariaba que Jackie hubiera de sufrir calor.

Estas y otras gestiones le ocuparon hasta el momento preciso de la marcha. En Washington, el día era muy gris y lloviznaba. Reclamó que le llevasen a su hijo, aunque la institutriz no quería que saliera de casa.

—Tiene miedo de que se enfríe –comentó el presidente–. No importa: que le preparen. Quiero que venga conmigo.

El niño salió disparado, gozoso de ir a despedir a sus padres, contra la opinión de la institutriz. Quién sabe lo que puede causar más placer a un niño de su edad: ir al aeropuerto con sus padres o dejar chasqueada a la institutriz... Bob Foster, el agente del servicio secreto encargado de la custodia de los dos hijos del presidente, estaba en su puesto. Kennedy tomó a John de la mano y se dirigieron al helipuerto de la Casa Blanca. Todavía le duraba el mal humor por el incidente del parte meteorológico y alguno de sus colaboradores tuvo que soportar las consecuencias. Consciente de que, como siempre, actuaba contra reloj, Kennedy subió a uno de los helicópteros preparados. Pero Jackie no había llegado aún.

—Que vayan a buscarla –ordenó.

A los pocos minutos regresaron sus enviados con la primera dama, que se había demorado un poco más de la cuenta. Kennedy no se lo reprochó, pero fijándose en las prendas de abrigo que llevaba, volvió a pensar en el calor de Texas y rezongó nuevamente sobre aquella cuestión.

Los helicópteros se remontaron por encima de la Casa Blanca para dirigirse a la base aérea de Andrews, donde aguardaba el avión presidencial.

John hijo iba muy contento, pero cuando sus padres le dijeron adiós definitivamente en la base y advirtió que a él le tocaba regresar con Bob Foster, se mostró contrariado.

—¡Quiero ir con vosotros! –protestó.

—No puede ser –le dijo su padre.

Pero John no atendió a razones y se echó a llorar. Sus padres decidieron que no descendiese del helicóptero, porque en el exterior había varios fotógrafos y no querían que fuese tomado en plena rabieta. Kennedy le volvió a besar, sin que ello le tranquilizase.

—Cuide de John, señor Foster –recomendó al agente.

—Sí, señor presidente –respondió este, algo sorprendido por aquella recomendación, que era del todo innecesaria.

Y para cumplirla, se aposentó en el sillón que el presidente acababa de dejar vacío, sentó al niño sobre sus rodillas y comenzó a contarle cuentos. John no se tranquilizó hasta que vio remontarse el avión presidencial.

—Allá van papá y mamá. ¡Adiós, adiós!

Eran las once y cinco.

A bordo del avión presidencial –denominado «Fuerza Aérea número uno», o simplemente «Ángel», en las claves del servicio secreto –cada cual se había enfrascado en sus propios quehaceres. Como de costumbre, el presidente se había encerrado en su despacho para trabajar: tenía sobre la mesa varios cables confidenciales de otros tantos embajadores, un informe sobre la visita del canciller Erhard y algunos documentos de la CIA. Al lado Jacqueline repasaba con Pam Turnure un discurso –el único y muy breve– que tenía que pronunciar durante aquellos días, y que le ocasionaba ciertas dificultades porque, siendo destinado a la Liga de Ciudadanos Unidos Latinoamericanos, estaba redactado en español, y ella se esforzaba en mejorar su pronunciación.

El vuelo hubiera sido plácido si en otro compartimento del avión no se estuviesen viviendo todavía, y muy ásperamente, las complicaciones del enfrentamiento Connally-Yarborough. Este no había sido resuelto por los colaboradores del presidente. Según parece, la habilidad del gobernador Connally le había permitido sacar *a priori* ciertas ventajas de los actos programados, para los que se había «colocado» mejor: el senador estaba francamente quejoso. Probablemente, Kennedy se hubiera disgustado, en caso de tener una noticia exacta de lo que sucedía. Pero no fue así: aunque le separaba un delgado tabique, habitaba otro mundo... El objetivo de aquel vuelo era precisamente paliar, al más alto nivel, las consecuencias de la disensión de los demócratas tejanos; pero la compleja trama protocolaria, en que tantos habían intervenido, podía decantar demasiado la pugna en favor de uno precisamente de los rivales, lo cual distaba mucho de la voluntad del presidente. Una vez más, Kennedy se encontraba preso en un juego que apenas conocía.

El «Fuerza Aérea número uno» tomó tierra en San Antonio a las 2,30, hora de Washington. Allí, bajo un sol de justicia, el vicepresidente Lyndon Johnson aguardaba para dar la bienvenida al jefe del poder ejecutivo. El gobernador Connally llegó, *in extremis*, en un avión particular, procedente de Houston, donde había tenido un compromiso político. Hubo nervios en el aeropuerto hasta el último momento. Pero cuando el avión presidencial se deslizó sobre la pista, ya todos estaban en sus puestos, como si nada hubiese sucedido. Al abrirse la portezuela, apareció en primer lugar Jacqueline Kennedy y el gentío comenzó a aplaudirla. Inmediatamente detrás salió el presidente.

—¡Éxito de Jacqueline! –pensó Connally–. Ha sido un acierto. Esto marchará bien.

La visita de San Antonio no ofrecía particulares dificultades: se trataba de que el presidente inspeccionase convencionalmente el «Brooks Medical Center», con el inevitable discurso de circunstancias. Al salir del aeropuerto, una pancarta decía: «Señor presidente: está usted en una ciudad de segregación racial». Kennedy torció el gesto. Pero había en el recorrido muchas otras pancartas, estas ya con bienvenidas amables o frases elogiosas. En el «Brooks» la afluencia de público había rebasado todas las previsiones. El acto resultó un poco caótico, pero ciertos desórdenes prestaba vivacidad y autenticidad a unos programas que, de lo contrario, estaban condenados a ser fatalmente anodinos. El viento soplaba de firme, alborotando el cabello de Jacqueline; el calor era muy intenso.

Tras el discurso, Kennedy fue invitado a examinar un tanque de experimentación donde cuatro cadetes, en una atmósfera que reproducía la situación de un ingenio espacial a diez metros de altura, respiraban oxígeno puro. Era un aparatoso armatoste y sus ocupantes daban la impresión de aburridos peces en una pecera. El presidente se mostró muy interesado, pues era otra de sus obligaciones morales a que él se sometía sin esfuerzo: otorgar a todo la máxima importancia, no limitarse a escuchar pacientemente las abstrusas explicaciones de los especialistas, sino intervenir él mismo en el juego, dando la impresión de que aquel era precisamente el centro de su preocupación. Pidió unos auriculares y habló con los ocupantes del tanque: les hizo una serie de preguntas y luego ofreció los auriculares a su esposa, pero ella rehusó. ¡Jackie no era capaz de mostrar aquella fascinación, siempre renovada y siempre en parte auténtica, hacia cualquier tema que se le presentase!

Pero John continuaba con aquel y a la sazón interrogaba al doctor Welch, que le había dado las explicaciones oportunas:

—Ya sé que estas experiencias son muy importantes para el progreso espacial. Pero supongo que tendrán, además, otras aplicaciones médicas. ¿Cree usted que su trabajo contribuirá a mejorar la tecnología de las cámaras de oxígeno, por ejemplo, las incubadoras para recién nacidos?

La pregunta pilló un poco desprevenido a Welch, que era un superespecialista típico y por ello necesariamente desentendido de otros temas colindantes. Respondió afirmativamente, sin embargo. El presidente Kennedy pareció darse por satisfecho.

Desde San Antonio se trasladaron en automóvil a la base aérea de Kelly, donde habían volado a recogerles los aviones, encabezados por el espectacular «Ángel». El matrimonio Kennedy estaba muy fatigado, porque los rigores de la temperatura habían acrecentado todos los inconvenientes de la popularidad, ciertamente sincera en San Antonio. Durante el breve vuelo hasta Houston, su siguiente escala tejana, tuvieron el último lapso de respiro: que no fue completo para el presidente, pues tuvo que intervenir y formular algunas sugerencias de aplicación inmediata sobre la cuestión Connally-Yarborough.

En Houston se repitió el protocolo anterior: también aguardaba el vicepresidente al pie de la escalerilla, también había un grupo de gente que aplaudía y quería estrechar la mano de los visitantes... Pero el ambiente global era más adverso: las pancartas reticentes, cuando no hostiles, eran bastante numerosas. Durante su recorrido en automóvil, el presidente pudo leer frases como estas: «Proscribid a los hermanos Kennedy», «Vigilen a Kennedy: quiere arruinarnos» o «La coexistencia equivale a la rendición».

No obstante, hubo gente entusiasta en las calles. Más saludos y más fatiga. Los Kennedy agradecieron la suntuosa «suite» que se había preparado para albergarles durante unas horas. Estaba previsto que descansaran. Pero solamente pudieron hacerlo en parte: el presidente hubo de sostener una conferencia con Lyndon Johnson que fue relativamente agitada. Su mujer le comunicó luego el desagrado que le inspiraba el gobernador Connally.

—Me resulta insoportable –le confesó–. Es de esa clase de hombres que... ¡no sabría decirlo! Pero habla demasiado de sí mismo y en cuanto a sus maneras... Por si fuera poco, parece dedicado a hostigarte.

—¡Ah, no! Olvida eso, Jackie. No conviene que digas que no te agrada. Si lo dices mucho, acabarás creyéndolo, y eso te creará un prejuicio que será muy negativo cuando tengas que verle al día siguiente. Es un hombre que sabe lo que hace: está atrayéndose a un sector de hombres de negocios. En el coche venía diciendo que piensa obtener en Texas más votos que yo. ¡Bueno, pues que lo diga! Por favor, no te enfrentes con él. Precisamente he debido venir aquí para arreglar enfrentamientos personales.

El programa continuó inexorablemente su desarrollo. Jackie pronunció su discurso para la organización de hispanoparlantes. Se defendió decorosamente, pero su marido la felicitó. Nuevos desfiles por las calles, aclamaciones y saludos. Era la faz externa de una presidencia...

No solo hay que tomar decisiones de alta responsabilidad o pelear con los sindicatos: también hay que mostrarse atractivo ante las muchedumbres, mover los brazos con gracia, acariciar niños, saludar a ancianos... dar la impresión de que se está sinceramente con todos. Ya sabemos que a John Kenndey aquello le salía con «profesional espontaneidad», valga la paradoja. Pero a Jackie le costaba más y por tanto mayor era también su fatiga. Cuando entre el gentío se aproximaba a ella alguien un poco extraño, la hermosa primera dama podía llegar a descomponerse. Pero los tipos raros son el condimento indispensable de la popularidad: enfermos, alienados, histéricos o simplemente entusiastas descontrolados pueden emerger en cualquier momento y precipitarse sobre la personalidad destacada. Que lleven un puñal o una flor en la mano es solo anecdótico.

La siguiente etapa de la gira era Fort Worth: los Kennedy cumplían, pero...

Por la noche, en privado, ninguno de los dos tenía por qué disimular su estado.

—Has estado hoy estupenda –repitió el presidente.

—Gracias. ¿Cómo te encuentras?

—Yo, agotado.

—Procura descansar.

—Tú también. Duerme todo lo que puedas. Yo me levantaré antes. Tengo que pronunciar un discurso ahí fuera, al aire libre, antes del desayuno. Continúa descansando entonces. Con que estés lista para desayunar, a las nueve y cuarto, es suficiente.

A la mañana siguiente, en efecto, el presidente habló ante un auditorio de obreros, muy de mañana, y con un tiempo desapacible. La lluvia y el viento a él no le molestaban demasiado, y pensaba que Jackie estaba mientras tanto bien arropada en su cama. El público se mostró francamente espontáneo y simpático.

—¿Dónde está Jackie? –preguntaron varias voces.

El presidente señaló el edificio próximo de su residencia.

—Se está arreglando –contestó–. Le cuesta un poquito más de tiempo que a nosotros; pero también es verdad que consigue estar más guapa que nosotros.

Le jalearon mucho la ocurrencia.

Kennedy sonrió satisfecho, sintiéndose amo de la situación. Aquello formaba parte de su cometido.

Todo formaba parte de su cometido, la cara y la cruz. La víspera, las calles de Dallas habían aparecido sembradas de octavillas con dos fotos impresas del presidente, de frente y de perfil, como las de una ficha policíaca, y la frase «Buscado por traición». El texto que seguía era una serie de impugnaciones, más o menos calumniosas, sobre todos los más manidos temas anti-Kennedy.

Y aquel mismo día, 22 de noviembre, el «Morning News» de Dallas insertaba un anuncio panfletario en el mismo sentido, a página entera, orlado con filetes negros, como si se tratase de una esquela funeraria. Con esta presentación, saltaba a la vista que el título, «Bien venido a Dallas, señor Kennedy», era un sarcasmo. No se le daba la bienvenida, sino que se le espetaban en forma de interrogatorio doce cuestiones en que era considerado culpable. Por ejemplo: «¿Por qué ha ordenado o ha permitido usted a su hermano Bobby, ministro de justicia, que adopte una actitud blanda con los comunistas, sus compañeros de viaje y los ultraizquierdistas de este país, mientras tolera que persiga a los norteamericanos leales que le critican a usted, a su administración y su jefatura?». El alegato era durísimo y sobre las octavillas de la víspera poseía una eficacia superior, puesto que llegaba a las manos de los lectores, no por el azar de una ráfaga de aire, sino en el contexto de un diario con personalidad definida.

El remate de aquel texto era aún más terminante: «Señor Kennedy, pedimos respuesta a todas estas preguntas y ahora mismo».

Los signos se hacían, pues, más indiscutibles. Ya no se podía tildar a nadie de exagerado ni de medroso: era la misma prensa local quien se hacía eco, previo pago de un espacio, de una corriente de opinión suficientemente considerable. Más adelante se supo que el anuncio había sido costeado por un llamado «American Fact-Finding Commitee». Determinados sectores de Dallas no transigían con John Fitzgerald Kennedy, considerándole –según su propia terminología– algo así como un enemigo del estado.

Aquella inserción debió dar mucho que pensar al entorno del presidente. Pero ya era tarde. La llegada a Dallas, con el desfile de la comitiva por sus principales calles, iba a celebrarse aquel mismo día: imposible de todo punto alterar el programa, precisamente en lo que debía ser su punto clave, a saber, la visita a la capital del estado.

El propio Kennedy, acaparado por su actividad, solo pudo ver aquel anuncio a mitad de la jornada, y como un detalle más, que no podía sorprenderle. En todo caso, le entristecería su sectarismo, el uso desafortunado de argumentos archisabidos... Pero ser vulnerable a aquella clase de ataques también formaba parte de su función. Y también le ayudaba a ello su profesionalismo...

El presidente de los Estados Unidos dejó a un lado el ejemplar del «Morning News» con un comentario poco halagador para el director del periódico. Y continuó despachando con sus colaboradores, mientras el «Ángel» perdía altura en las inmediaciones de Dallas...

CAPÍTULO VIGÉSIMO QUINTO

El avión presidencial tomó tierra en el aeropuerto de Dallas a las once y treinta y ocho minutos del día 22 de noviembre.

Desde las ventanillas del gigantesco pájaro de acero, el cuadro que se divisaba no era diferente del hallado en las anteriores etapas del viaje: el grupo de las autoridades, destacado, aguardando para avanzar a saludar al presidente; y un pequeño gentío, al parecer entusiasta, que agitaba algunas banderitas.

Pero la realidad moral era muy diferente: aquel pequeño gentío había necesitado un cuajo encomiable para acudir al recibimiento. Eran los progresistas de la ciudad, la minoría de los partidarios de Kennedy, que desentonaban del conjunto conservador que dominaba en Dallas y por el cual eran mal mirados e incluso amenazados. Proclamarse adictos al presidente no era muy cómodo en aquella ciudad.

Por otra parte, cuando los pasajeros del avión fueron descendiendo de este y contemplando la escena más de cerca advirtieron que detrás de los entusiastas, que aclamaban, había otro nutrido sector de público que guardaba un silencio hostil; y que las pancartas que surgían de este sector no eran precisamente de bienvenida, sino de repulsa: «Yanqui, lárgate y llévate contigo a tu gente», «Es usted un traidor», «Ayudad a Kennedy a aniquilar la democracia», «Señor presidente, por sus tendencias socialistas y por haberse rendido al comunismo, se ha hecho merecedor de mi desprecio...».

Habían contado con ello, pero es probable que la virulencia de algunas de aquellas frases superase el grado previsto de hostilidad. Por otra parte, el gobernador Connally, muy seguro por hallarse en su feudo, se permitió romper el protocolo, dirigiéndose al comité de recepción antes que al propio presidente Kennedy. Este le observaba en silencio, estaba mal hecho, pero era real: ¡en Dallas, tenía Connally más autoridad que él! En consecuencia, su sentido político y su realismo le evitaron disgustarse. Saludó a todo el mundo, como si nada sucediese. Lyndon Johnson y su esposa dieron el acostumbrado saludo al matrimonio presidencial: era la cuarta vez que lo hacían en menos de veinticuatro horas y todavía, según el programa, tendrían que hacerlo dos veces más. Visto desde dentro, todo aquello resultaba convencional, si no irritante, pero se trataba del tributo ofrecido al público local: cada ciudad visitada debía sentirse el centro, de modo que se produjesen en ella los debidos actos de cortesía, como si fuese la primera y la única vez.

Los miembros del séquito comenzaron a sentirse intranquilos. Percibían la atmósfera enrarecida, como si los aplausos y los gritos favorables resonasen en un espacio desértico. Las grandes reservas de quienes habían desaconsejado el viaje se confirmaban a ojos vistas. «No hay que exponer a eso a un presidente», pensó más de uno, mirando ceñudamente las pancartas más agresivas.

Pero Kennedy actuaba, con su soltura de siempre, como si estuviese únicamente rodeado de amigos. Se llegó hasta una anciana de ochenta y cinco años, que había sido conducida hasta allí en su silla de ruedas, le dio la mano y le dijo unas palabras amables; tendió la mano también al gentío repetidas veces y se separó insensiblemente de Jackie, que por unos momentos se sintió perdida. El presidente estaba en su elemento. Quedaba para otros padecer.

Entonces volvían a recordar la historia y los informes sobre Dallas. Y se hacían súbitamente elocuentes. La gente de Kennedy echaba miradas cada vez más torvas al público de aquella tildada como «capital del crimen»: cada hombre se les antojaba un enemigo dispuesto a cualquier cosa, cada mujer una furia pronta a desatarse. Aquella imagen estaba falseada solo en parte. Dallas no era ya una ciudad de hampones: los profesionales habían sido, por lo general, erradicados. Pero la violencia había enraizado en la gente corriente, en el ciudadano medio, lo cual era mucho peor. Las estadísticas no son partidistas: según estas, en Dallas se cometían al mes asesinatos en número superior al de toda Inglaterra; el total había ascendido en un 10% durante el año último. El 72% de aquellos asesinatos se perpetraban con arma de fuego: porque allí había una libertad absoluta para la adquisición de estas. De modo que cualquier matón, cualquier deficiente o cualquier apacible ama de casa podía disponer de un revólver o de un rifle, según le apeteciera. Usarlo o no sería solamente cuestión de oportunidades.

Aquella familiaridad con las armas de fuego había conferido a los ciudadanos de Dallas una especie de cinismo en sus relaciones interpersonales: donde no llegase la persuasión o donde resultase incapaz la sana emulación, el arma podía decir en cualquier momento la última palabra. Los apocados, los mezquinos y los inútiles tenían mucho que ganar en semejantes condiciones: disponían de un fácil sistema para anular sus desventajas.

Por si ello fuera poco, tal como había percibido bien Adlai Stevenson unas semanas atrás, la ciudad se encontraba en un estado de crispación. Era la suya, con toda evidencia, una sociedad enferma. Habían proliferado las esvásticas en las puertas de las tiendas de judíos. Se cantaban canciones amenazadoras contra el propio Stevenson. Los mítines y los cursillos extremistas tenían éxito asegurado. Naturalmente, se habían dado cita en Dallas las organizaciones más radicales y más extravagantes, seguras de encontrar partidarios: la famosa sociedad John Birch era muy poderosa y con ella pululaban los Cruzados Cristianos, la Convención de la Indignación Nacional, los Milicianos de la Revolución, etc. Todos estos elementos contribuían a exasperar aún más las divergencias de opinión.

Los dos partidos políticos clásicos se habían contagiado, por tanto, de la pasión de sus militantes de base. Encono, en vez de moderación; saña, en vez de lícita competencia, llegaban de abajo a arriba, y habían convertido a sus líderes también en gente –con excepciones– tocada del morbo de la violencia.

Resulta bastante lógico que un clima semejante se polarizase sobre la cabeza del presidente. Era generalmente odiado. De ahí que, incluso desde la óptica política que había justificado el viaje, hubiera sido sensato plantearse la conveniencia del mismo: ¿podía aceptarse, en aquellas condiciones, una probabilidad de que John Kennedy lograse en cierta manera «pacificar» una pugna interna de los demócratas? ¿No hubiera sido más verosímil esperar que su presencia avivase la inquina general? Entre las damas de Dallas –y no de baja extracción– estaba de moda un juego de sociedad llamado «¿A cuál de los Kennedy odias más?», pudiendo elegirse entre Bob, Jack, Ted y Jackie.

Una vez más, se había procedido a la ligera.

Todos habían pecado de ligereza.

Mientras John Kennedy caminaba con paso rápido hacia el coche que le aguardaba –paso que a ellos, en su angustia, se les hacía lentísimo–, los miembros de su escolta experimentaban en su propio sistema nervioso el impacto de aquella ligereza. Pero no podían hacer nada, más que, a lo sumo, acelerar aquel programa y conseguir que las horas de Dallas transcurriesen cuanto antes...

—Vamos, vamos, señor presidente.

Él saludaba todavía con la mano. Su fiel chófer estaba desenfundando ceremoniosamente los emblemas presidenciales del automóvil: acto que gustaba de realizar con una calmosa solemnidad.

Los agentes del servicio secreto hubieran deseado que el coche estuviera ya en marcha y recorriendo, a toda velocidad, el trayecto previsto a través de la capital. Pero, no: el chófer no se daba prisa; y el trayecto había sido programado a marcha lenta, para que toda la población de Dallas pudiera ver bien a los ilustres visitantes.

Tenía que ser así.

Pero también quedaban optimistas, como Dave Powers. Cuando el presidente hubo ocupado su puesto en el coche, Dave exclamó:

—A la hora de comer habremos conquistado a toda esa gente.

Seguidamente, dio un consejo a Jackie:

—Procure mirar siempre hacia la izquierda, y no hacia el lado del presidente. Porque si los dos saludan a un mismo votante, se ha perdido eficacia.

La comitiva se puso en marcha por fin.

Al volante iba, como siempre, Bill Greer; y a su lado, el agente Kellerman; detrás, en los asientos plegables, el gobernador Connally y a su izquierda su esposa Nellie; por último, John Kennedy y Jacqueline, separados en el asiento por el ramo de rosas que esta había recibido al descender del avión, como era también norma de todas las recepciones. Daban escolta al automóvil presidencial dos motoristas a cada lado, situados inmediatamente a continuación.

Antecedían a este automóvil dos ocupados por policías, un tercero conducido por Curry, el jefe de la policía local, y tres motoristas; y lo seguían en el desfile, por este orden, otro coche de escolta, con los agentes responsables de la seguridad del presidente, que escrutaban en todas direcciones, más ojo avizor que nunca; el coche del vicepresidente Johnson, a quien acompañaba el senador Yarborough, después de no pocas negociaciones; otro coche de escolta y finalmente el coche de la prensa.

Durante el primer tramo del recorrido, tras la salida del aeropuerto, la concurrencia a ambos lados de la carretera era escasa, aunque superior a lo que el propio Connally había esperado. Hacía mucho calor y el sol era cegador. Por eso, Jacqueline se puso gafas de sol.

—Mejor que te las quites –le sugirió su marido, añadiendo una vez más–: La gente ha venido a verte y si llevas puestas las gafas de sol puedes defraudarla, porque disimulas tu rostro.

Ella obedeció, dócilmente, quitándose las gafas; pero no las soltó y se las sostenía frente a los ojos cada vez que pasaban frente a un espacio vacío. Cuando había gente, le mostraba efectivamente su rostro libre, aunque la luz le obligaba a entornar los ojos.

Dos veces ordenó el presidente que se detuviera la caravana.

Una de ellas, porque una pancarta se lo rogaba explícitamente: «Señor presidente, haga el favor de detenerse y darnos la mano». Era un grupo de niños, que se entusiasmaron al ver que el presidente les hacía caso y descendía del coche para saludarles personalmente. La segunda vez fue para saludar a unas monjas.

—Esto marcha bien –decían en la escolta.

—Pero ese hombre se expone demasiado.

Lyndon Johnson, bastante aburrido, había hecho encender la radio de su coche, sintonizando una emisora que estaba retransmitiendo precisamente la llegada de la comitiva presidencial.

A medida que esta avanzaba, aumentaba la aglomeración de público a un lado y otro. Se aproximaba a la ciudad. También se percibió una mayor participación de la gente: ya no se trataba de simples mirones, sino que el público comenzaba a aplaudir. Era bastante gente quien lo hacía, aunque la tónica general de los circunstantes continuaba siendo la indiferencia.

Los agentes de la escolta multiplicaron su atención al entrar en el casco de la ciudad. A veces, se encaramaban en el estribo del coche presidencial, dispuestos a todo: aquella precaución solo hubiera sido útil en caso de ataque directo de algún perturbado que burlase la vigilancia, saliendo de las filas del público. Más les preocupaban las ventanas de los altos edificios, que aparecían en su mayoría repletas de gente: esta les resultaba incontrolable...

El senador Yarborough, que estaba disfrutando mucho en el desfile –en contraste con Johnson, que se mantenía impávido–, comenzó a inquietarse cuando la comitiva desfiló encajonada entre edificios: él pensó que alguien pudiese arrojar desde lo alto un tiesto...

Crecía el fervor de los entusiastas. Nellie Connally se volvió para pronunciar una frase tranquilizadora:

—No puede decirse que Dallas no le quiera, señor presidente.

—No, desde luego –respondió Kennedy cortésmente.

Pero los agentes continuaban midiendo angustiosamente el tiempo que aún debía durar el desfile, hasta llegar a salvo a su destino, el Trade Mart.

—Cinco minutos más y tendremos al presidente allí.

Cinco minutos: cinco eternidades.

De hecho, fueron los cinco minutos más cargados de la historia de los Estados Unidos.

En lo alto de un feo edificio de un depósito de libros, asomado a una ventana, había sido visto ya un rato antes desde la calle un hombre armado con un fusil de gran calibre provisto de visor telescópico. El ciudadano que le descubrió pudo haber dado parte a un policía que pasaba por allí. Pero creyó que el individuo en la ventana pertenecía a los servicios de seguridad y estaba apostado precisamente como parte del mecanismo de vigilancia sobre el presidente.

Aquel hombre pudo actuar con la máxima flema, sin ser molestado: colocarse el fusil en la posición más cómoda, enfocar el visor, aguardar el momento en que el coche presidencial se encontrase perfectamente a tiro... y disparar sobre seguro.

John Kennedy continuaba saludando efusivamente al gentío. Sonó un disparo, y luego otro.

Durante unos segundos, nadie se percató de lo que había sucedido. Pero inmediatamente, siguieron unas reacciones de enloquecimiento. Kennedy se echó una mano al cuello y cayó hacia adelante. Luego, inició otro movimiento, como si quisiera alisarse el cabello rebelde; pero no pudo finalizarlo, porque se desplomó por completo. Jackie se inclinó sobre él, atónita, y recibió en su regazo la cabeza maltrecha que ya no podía sostenerse. Manaba sangre en abundancia.

El gobernador Connally estaba también herido. Parece ser que gritó:

—¡No, no! ¡Nos van a matar a los dos!

Hubo una desbandada entre el público. Los coches que seguían en la escolta no podían enterarse directamente de lo sucedido, pero se vieron inmersos en la confusión. Comenzaron a oírse voces:

—¡Han disparado sobre el presidente!

El chófer Greer tuvo unos instantes de paralización: solo unos instantes. Se recuperó rápidamente y percatándose de que algo muy grave había sucedido apretó el acelerador y el automóvil presidencial, rompiendo la formación de la comitiva, salió disparado hacia delante. Ante todo, era preciso escapar de aquel lugar: en aquellas circunstancias, nadie podía saber si el tirador era uno solo o bien se encontraban en una ratonera desde donde pudieran ser blanco para muchos conjurados.

—¡Sal de aquí! –le gritó Kellerman, a su lado, cuando ya habían arrancado.

Eran las trece horas, treinta minutos.

Jacqueline, inclinada sobre su marido, apenas lograba coordinar sus sensaciones: un instante antes estaba allí, erguido y animoso, desafiándolo todo; de pronto, le tenía inerte, un pedazo de cráneo saltado por el impacto de la segunda bala; la sangre borboteaba como si fuera inagotable, manchándolo todo, su vestido, la tapicería del coche, las rosas... incluso el rostro de un motorista más próximo. Probablemente, perdió el control de sí misma y gritó aterrorizada:

—¡Dios mío, han matado a Jack! ¡Han matado a mi marido! ¡Jack! ¡Jack!

El viento le azotaba el rostro, debido a la vertiginosa velocidad del automóvil. Sonaban varias sirenas de la policía, a derecha e izquierda. Otros coches de la comitiva, avisados por radio del atentado, se habían lanzado a toda velocidad en pos del coche presidencial.

—¡Pronto, condúzcannos a un hospital! ¡Es muy urgente!

Es posible que hubieran fallado muchos aspectos en el dispositivo de seguridad aquella fatídica mañana de Dallas. Es cierto que los responsables de la seguridad del presidente, después del primer disparo, sufrieron un bache en su reactividad, y tardaron varios segundos en recuperarse de la sorpresa: pero se trataba de hombres, y no máquinas, hombres por lo demás muy adictos a John Kennedy y en este sentido tanto más vulnerables a las emociones, a despecho de su alta profesionalidad. Pero no puede discutirse la celeridad y la eficacia con que, superando el caos, fueron capaces de salir del lugar del atentado, para conducirle al hospital de Parkland en un tiempo récord de seis-ocho minutos. En circunstancias semejantes, no podía haberse hecho más. Si una sola oportunidad hubiera existido de salvar la vida de Kennedy gracias a la rapidez de su atención clínica, el chófer Greer y sus compañeros hubieran sido los autores del milagro.

Con las manos crispadas sobre el volante, Greer era pura concentración en la carrera. No podía ni quería indagar qué sucedía a su espalda: le bastaba saber que el presidente necesitaba ser atendido. Lo demás no le importaba. Esquivó obstáculos, adelantó a otros vehículos; solo atendía las instrucciones que le daban acerca de la situación del hospital.

Nellie Connally susurraba:

—Todo irá bien, tranquilízate.

Sin embargo, estaba convencida de que su marido iba herido de muerte.

Por su parte, Jackie sollozaba:

—Ha muerto. ¡Le han matado! ¡Oh, Jack, Jack, te quiero!

Era una suerte para aquellos hombres duros, tan leales a su jefe, no escuchar aquellas palabras: les hubieran afectado, probablemente.

El automóvil presidencial entró como un bólido en la zona acotada del hospital, yendo a detenerse frente a una entrada donde sendos letreros advertían: «Solo urgencias» y «Solo ambulancias». Inmediatamente, de los coches que le seguían saltó un enjambre de gente que se precipitó hacia él.

—¿Qué ha sido?

—¿Qué ha ocurrido?

—¿Cómo está el presidente?

Alguien respondió lacónicamente:

—Ha muerto.

Otros se movían en busca de asistencias. No había sanitarios preparados en aquella entrada y fue preciso ir a buscarles al interior, lo cual retrasó un poco la asistencia al presidente. Sin embargo, hubiera sido igual: lo que se hizo más tarde, fue un loable esfuerzo para desafiar a la evidencia. El balazo había destrozado el cerebro. Cualquier otro paciente ingresado en las mismas condiciones hubiera sido declarado ya fallecido.

Pero el ingresado era John Fitzgerald Kennedy y los médicos de guardia hicieron todo lo que su ciencia les dictaba. Hubo que sacar del automóvil primero el cuerpo de Connally, que se encontraba delante; y a continuación se hizo lo propio con el de Kennedy. Para ello hubo que vencer cierta resistencia de Jackie: esta, completamente enajenada, apretaba el rostro de su marido contra su pecho, como defendiéndole para que no fuera visto en el horrible estado que se encontraba.

—Por favor, señora Kennedy... Por favor, hay que llevar a su marido para que le vean los médicos...

Quien así hablaba era Clint Hill. Ella levantó la mirada al percibir aquella voz familiar.

—Por favor... –insistía él, dulce pero perentoriamente.

—No dejaré que se lo lleven, señor Hill –le respondió.

—Es preciso, señora Kennedy.

—No, señor Hill. Ya ve que está muerto. Déjeme sola.

Clint Hill comprendió de pronto la razón de aquella resistencia.

Probablemente, solo podía experimentar aquella iluminación alguien que tuviese un profundo afecto a la familia. Por otra parte, el agente Hill había asistido al momento de los disparos, estando a punto de caerse del coche cuando el chófer había dado la súbita arrancada: había visto el terrible cuadro del asiento posterior y sabía que el presidente llevaba el cráneo destrozado. La tozudez irracional de Jackie obedecía efectivamente a un sentimiento de pudor: no quería que le viesen de aquel modo. Inmediatamente, Hill se despojó de su chaqueta y se la entregó. No se había equivocado: Jackie cubrió con ella la cabeza de su marido y a continuación permitió que se lo arrebatasen para tenderlo en una camilla. Esta fue introducida rápidamente en el hospital.

Tras unos instantes de perplejidad, se levantó de su asiento y salió corriendo detrás de la camilla.

Esta fue conducida a uno de los quirófanos de urgencia. Varias enfermeras procedieron a desnudar al paciente, cuyos signos externos eran ciertamente cadavéricos. El primer médico que se presentó a reconocerle era un joven llamado Charles J. Carrico: le halló sin pulso ni presión sanguínea. Pero no estaba muerto y su corazón emitía algún que otro latido. Carrico hizo lo que debía hacer: le introdujo un tubo en la boca, con objeto de despejar la tráquea y permitir el paso del aire. Pero pronto estuvo rodeado de colegas, hasta el punto de que fue preciso despejar el lugar. Quedaron solo tres: Malcolm Perry, que había relevado al primer médico; Burkley, el médico personal del presidente, que había figurado en la caravana demasiado lejos del coche de aquel, pero acababa de llegar al hospital, ansioso de intervenir: en la práctica, era el único que conocía el historial de Kennedy, por lo que su opinión acaso hubiera podido ser decisiva, y Marion T. Jenkin, jefe de anestesiología del hospital.

Malcolm Perry se hizo cargo de la situación rápidamente: el tubo introducido por Carrico no servía, tal vez a causa de la herida del cuello. Mientras tanto, se trabajaba en transfusiones de sangre. El paciente estaba en coma.

—Escalpelo –pidió Malcolm Perry.

Rápido y seguro, practicó una incisión en el cuello: se trataba de una traqueotomía de emergencia. ¡Lo único que podía aún intentarse!

Jackie, relativamente repuesta, había empleado todas sus reservas de firmeza en lograr entrar en el quirófano: y allí estaba, contemplando con ojos aterrados aquella escena, incongruente y fantasmagórica. No tenía ninguna esperanza. Ella *sabía* que Jack estaba muerto y la actividad de aquellos médicos, afanándose por salvarle la vida, era una especie de protocolo más de una jornada demencial: como los repetidos saludos del matrimonio Johnson, una vez y otra empeñados en darles la bienvenida a localidades anodinas y semejantes; o la necesidad de estrechar la mano, con buena cara, a gente desconocida...

Cuando Malcolm Perry finalizaba su operación de traqueotomía, penetró en el quirófano otro médico, a quien los demás dejaron lugar respetuosamente: William Kemp Clark, jefe de neurocirugía. Interrogó a su colega con la mirada y este le respondió con un gesto de impotencia: era evidente que se estaba librando una batalla estéril. El tubo introducido en la tráquea fue empalmado con el aparato de anestesia. Pero el paciente no reaccionaba. Malcolm Perry, sin saber ya qué hacer, inició un masaje pectoral: durante diez minutos más, estuvo trabajando denodadamente.

Pero el presidente ya no respiraba de ninguna manera. Había dejado de sangrar, pues sus venas estaban exhaustas. El electrocardiograma estaba fijo.

Kemp Clark musitó:

—Demasiado tarde, Mac.

Este se dio por vencido, separándose de la mesa de operaciones. Alguien cubrió con una sábana la cabeza del presidente.

Kemp Clark, que quizá era entre los presentes uno de los que conservaba mejor la noción de la realidad, se dirigió a Jackie en tono contenido:

—Señora Kennedy, su marido ha recibido una herida mortal.

Ella respondió simplemente:

—Ya lo sé.

Por su parte, Burkley estaba abrumado; pero comprendía que le incumbía darle la noticia más claramente. No se veía con ánimos para ello. Las cuerdas vocales no le obedecían. Había intentado tomar el pulso al cadáver, probablemente por hacer algo. Finalmente, tuvo que enfrentarse con lo que consideraba su deber. Jackie parecía impenetrable, como si el dolor la hubiese convertido en una estatua. Burkley hizo un esfuerzo para sobreponerse. No era un jefe, sino un amigo y un héroe admirado, el que yacía allí sin remedio.

—El presidente ha muerto –acertó por fin a declarar.

Jackie no tuvo palabras para él, pero estuvo mucho más elocuente: aproximó su rostro al del médico de su esposo y le tocó la mejilla con la suya. Burkley no pudo resistir más y se separó de ella llorando abiertamente.

Aquel era el estado de casi todos sus allegados: recios hombrachones, habituados a los mayores peligros, gemían como chiquillos. Y la presencia de Jackie, con su apariencia tan entera, les destrozaba todavía más. Habían tenido un líder a quien consideraban intachable, invencible y arrollador:

su juvenil energía era un poco la suma o la manifestación brillante de las energías y las ilusiones de todos ellos. Y de pronto, ante sus propios ojos, sin que ellos hubieran podido hacer nada para impedirlo, estúpidamente, dos balazos habían acabado con él. Su líder ya no era más que un cadáver cerúleo. Había algo monstruoso, humillante y sarcástico en aquella realidad, que le confería visos de pesadilla. Cualquiera de ellos –Dugger, Clint, Kilduff, Powers– hubiera dado la vida por él. Sin embargo, habían asistido del modo más pasivo a la pérdida de la suya.

En aquellos momentos, nadie sabía nada todavía sobre el cómo ni el porqué del atentado. Los colaboradores más responsables temían que se tratase de una conjura política en gran escala y quienes conservaban mayor lucidez tomaban precauciones contra lo peor... El séquito de Johnson había procurado llevarle a lugar seguro, en el propio hospital, por si alguien intentaba también atacarle. La confusión era sobrecogedora, al suponerse de aquel modo la sorpresa, el dolor personal y la responsabilidad pública. Se registraron numerosas reacciones incongruentes o insólitas: muchos perdieron el control, aunque solo fuera por breve tiempo. La falta de certeza sobre lo que el crimen significaba hacía circular, como ramalazos, las versiones más disparatadas.

Pero así como la información desde fuera adentro fallaba por completo, la información de dentro afuera fue fulgurante y eficaz, por obra de los periodistas que figuraban en la comitiva y que se mostraron capaces de servir la terrible noticia con eficiencia insuperable: el primer boletín dando cuenta de que el presidente había sido víctima de un atentado estaba en el teletipo de la agencia UPI cuatro minutos después del suceso y dos minutos antes de que el automóvil presidencial llegase al hospital. Es decir, el público alejado geográficamente del lugar supo lo acaecido antes que muchos miembros de la propia comitiva, que fueron trasladados al hospital ignorantes del motivo de aquella carrera desenfrenada.

La conmoción en el país fue indescriptible y lo mantuvo en vilo durante el lapso de tiempo en que aquella primera noticia se fue primero confirmando y seguidamente aclarando y configurando.

A las dos treinta y dos minutos se puso en circulación una noticia oficiosa de la muerte del presidente, tomada de labios de un sacerdote que había acudido al hospital. Esta revelación no hizo sino confirmar los temores experimentados por muchos. La incertidumbre sobre una conjura continuó atenazando a la opinión pública durante varias horas, hasta que al no producirse nuevos hechos pudo irse descartando. El sucesor de Kennedy, Lyndon B. Johnson fue sacado del hospital y conducido al avión presidencial en medio de las mayores precauciones: allí prestó juramento como nuevo presidente de los Estados Unidos, cuando también el cuerpo de Kennedy había sido trasladado a bordo y estaban a punto de despegar con rumbo a Washington. A pesar de la calma aparente, todos tenían prisa en abandonar Dallas.

Entre tanto, el hombre del rifle, Lee Harvey Oswald, al parecer el autor de los disparos contra Kennedy, había dado muerte a las dos quince a un policía llamado Tippit y era detenido, tras una corta resistencia, a las dos cincuenta. Las líneas generales de lo sucedido comenzaban a perfilarse, aunque a bordo del avión presidencial faltase la perspectiva y el sosiego para apreciarlo así. Durante varias horas, aunque jurídicamente hablando los Estados Unidos de América tenían nuevo presidente, la situación permaneció tan confusa y agitada casi como en los primeros momentos: Lyndon Johnson, enormemente afectado también, no había conseguido recuperar su aplomo habitual, por lo que vacilaba sobre lo que correspondiera hacer. Por otra parte, el equipo de Kennedy –demasiado pendiente de su propio drama– no se ocupaba apenas de él, manteniéndole de hecho marginado. Aquellos hombres no acababan de asumir la realidad de que su jefe estaba muerto y por tanto la lealtad hacia él debía pasar, necesariamente, por una colaboración con su sucesor.

Sería preciso más tiempo para que todos se fueran situando en las nuevas circunstancias. Es decir, aceptando lo increíble: John Kennedy Había sido asesinado y la vida del país debía continuar.

EPÍLOGO

Nunca podría ser lo mismo.

¿En qué consiste el carisma de ciertos personajes, que marcan con una huella indeleble lo que tocan? Las palabras dicen muy poco: Nueva Frontera, Alianza para el Progreso, Cuerpo de la Paz... Son palabras nada más. Faltas del espíritu que las vivifica, faltas del hombre que debe estar detrás de ellas, sintiéndolas y padeciéndolas, las palabras no tardan en evaporarse. No son nada: meros signos que se vacían rápidamente de significado. Lyndon Johnson había jurado el cargo de presidente de los Estados Unidos y en un principio dio ciertas muestras de pretender continuar la línea de su antecesor. Tal vez fuera una medida táctica, para no enajenarse a los influyentes sectores que habían apoyado a Kennedy. Como quiera, el talante de Johnson era muy diferente, por no decir opuesto, y a medida que se fue familiarizando con el cargo, las reminiscencias de Kennedy desaparecieron. Llegó un momento, incluso, en que el presidente Johnson no disimuló su irritación cuando veía a alguien a su alrededor luciendo la insignia de la lancha «PT-109».

Todo había terminado.

Desaparecido Kennedy, la gran esperanza se desvaneció. Aunque discutible como político, había sido una gran esperanza: había intentado imprimir un sesgo nuevo al gobierno de los Estados Unidos. No tuvo tiempo para más... Pero desde entonces, la sucesión de los ocupantes de la Casa Blanca se ha hecho monótona y tediosa: no ha aparecido otro presidente con «garra» capaz de suscitar entusiasmos tan marcados.

Este es, pues, el resumen de una frustración. Su hermano Robert pareció decidido a recoger la antorcha e inició una fulgurante carrera electoral hacia la presidencia: tan impetuosa, que Lyndon Johnson, a quien le tocaba presentarse entonces a su reelección –cumplido los cuatro años de su primer mandato propio–, optó por retirarse, probablemente convencido de que el segundo Kennedy era invencible. Pero le vencieron, antes de tiempo, también las balas de otro asesino.

Tal vez no sea la de Bob «otra historia»: sino la continuación de una misma y única historia...

Luego, la desintegración de la leyenda de los Kennedy: Jackie, que había sido elevada a la categoría de mito nacional, prefirió regresar al nivel de mujer corriente y cambiar la imagen de viuda de un héroe por la de esposa de un multimillonario, casándose con el provecto armador griego Aristóteles Onassis; Ted Kennedy, esperanza de la familia, se vio envuelto en un triste y banal escándalo, que costó la vida de una chica, probablemente al regreso de una juerga... Liquidación de ídolos.

Una llama perenne, junto a una tumba de Arlington, recuerda a los norteamericanos que algo «pudo ser» en la vida y en futuro de su país allá por 1961-1963.

ÍNDICES

WINSTON CHURCHILL

JOHN FITZGERALD KENNEDY